锦溪镇志

LOCAL RECORDS OF JINXI

江苏省昆山市锦溪镇志编纂委员会　编

图书在版编目（CIP）数据

锦溪镇志 / 江苏省昆山市锦溪镇志编纂委员会编
.—北京：方志出版社，2019.9
（中国名镇志丛书）
ISBN 978-7-5144-3855-0

Ⅰ.①锦… Ⅱ.①江… Ⅲ.①乡镇—地方志—昆山
Ⅳ.① K295.35

中国版本图书馆 CIP 数据核字（2019）第 250388 号

·中国名镇志丛书·

锦溪镇志

编　　者：江苏省昆山市锦溪镇志编纂委员会
责任编辑：刘　珊

出 版 者：方志出版社
地址　北京市朝阳区潘家园东里 9 号（国家方志馆 4 层）
邮编　100021
网址　http://www.fzph.org
发　　行：方志出版社图书经销中心
电话　（010）67110500
经　　销：各地新华书店
排　　版：北京纺印图文设计制作有限公司
印　　刷：北京中科印刷有限公司

开　　本：787×1092　1/16
印　　张：23.75
字　　数：445 千字
版　　次：2019 年 9 月第 1 版　2019 年 9 月第 1 次印刷

ISBN 978-7-5144-3855-0　定价：189.00 元

序一

习近平总书记指出:“不忘历史才能开辟未来，善于继承才能善于创新……只有坚持从历史走向未来，从延续民族文化血脉中开拓前进，我们才能做好今天的事业。”中国优秀传统文化是在漫长的历史长河中历经无数次涤荡和沉淀而形成的思想精髓，蕴藏着无穷的宝藏和无尽的力量。发掘和继承优秀传统文化，是延续中华文明“根”与“魂”的必由之路。与时俱进，推动传统文化不断开拓创新，是中华文明常葆勃勃生机的重要保证。

“国有史，邑有志。”编修地方志是中国特有的文化现象，是中华民族的优秀文化传统。数千年来，连绵不断的志书编修为保护中华民族根脉，传承中华文明发挥了不可替代的作用。中国现存古志有8000余种，占现存古籍的十分之一。中华人民共和国成立以来，编修完成数万种省、市、县三级综合性行政区域志、部门志、行业志、专志等，编纂数万种地方综合年鉴、行业年鉴和专门年鉴等，整理出版数千种历代方志及相关研究成果，发表相当数量的方志理论与年鉴理论研究成果。这既是对我国国情、地情持续开展的大规模普遍调查，也是对各地自然与社会发展状况进行的综合研究，其成果构成了一座丰富的文化资源宝藏，为各级领导科学决策提供了重要参考，为推动经济社会发展和文化建设发挥了重要作用。

当前，中国特色社会主义进入新时代，全国地方志事业也进入新时代。如今的地方志事业围绕党和国家利益、经济社会发展，以人民为中心开拓创新，志、鉴、馆、史“四驾马车”并驾齐驱，志、鉴、馆、网、库、用、会、刊、研、史“十业并举”，加快实现在全国范围内全面推进地方志从一项工作向一项事业转型升级。在党中央、国务院的亲切关怀和各级地方志工作者的共同努力下，一批紧密结合社会发展需求、具有独特创造性的工作逐步开展，涵盖中国名镇志、中国名村志、中国名山志、中国名水志、中国名街志等“名志”系列文化工程是其中代表。作为首个“名志”系列文化工程的中国名镇志文化工程，启动于2015年，至今已是第三个年头。中国名镇志丛书在记述主体上，选择中国历史文化名镇、经济强镇、特色镇等在全国具有影响力和代表性的乡镇，旨在全面展示中国名镇的文化精髓；在内容题材选择上，重在突出不同名镇的“名”和“特”，力求集中体现不同名镇最精彩的部分，增强可读性；在志书编纂程序设置方面，志书申报、篇目设计、专家审读、专家组验收等流程环环相扣，紧密结合，力争把每一部志书都打造成精品佳志。

习近平总书记指出：“历史和现实都表明，一个抛弃了或者背叛了自己历史文化的民族，不仅不可能发展起来，而且很可能上演一场历史悲剧。”2018 年是改革开放 40 周年，40 年来中华大地发生了翻天覆地的变化，乡镇发生了极为深刻的改变，从粗茶淡饭到有机食品，从粗布衣裙到精美时装，从土屋平房到高楼大厦，人民生活水平大大提高，城乡差距不断缩小。然而，在感受辉煌成就的同时，我们也应该看到，许多精巧的古建、精湛的工艺、亲切的乡音、独特的乡俗也在快节奏的发展中与我们渐行渐远，曾经的家乡正逐渐变为记忆中的故园。

党的十九大报告提出乡村振兴战略，此后党中央、国务院又推出一系列重大举措。实施乡村振兴战略，必须全面加强乡村文化建设，培养乡村文化自信，培植文化之“根”，铸牢文化之“魂”。没有乡村文化的高度自信，没有乡村文化的繁荣发展，就难以实现乡村振兴的伟大使命。振兴乡村文化，既要塑形，更要铸魂，必须遵循乡村发展的客观规律，在发展中把文化的精髓保留下来，把乡土味道、乡村风貌的“魂”传承下去。在保留优秀乡村文化内核的基础上，用现代表现方式，把反映时代精神、先进理念的内容通过群众喜闻乐见的文化产品表达出来，才能够让乡土文化具有更强大的生命力。用创新性的模式书写乡镇志，传承和抢救乡土历史文化，激发爱国爱乡情怀，为探索中国特色新型城镇化发展经验、发展模式、发展道路提供历史智慧和现实借鉴，正是实施中国名镇志文化工程的目的和意义所在。

“月是故乡明”。中国人素有“家国情怀”，家乡的山水是最为美丽的，家乡的风俗是充满温暖的，一声亲切的乡音，一口熟悉的家乡菜，都能拨动游子的心弦，让其魂牵梦萦。中国名镇志丛书是一套全面梳理中国名镇历史人文，挖掘文化特色，突出“名”和“特”的镇志。它能让人民群众深刻感受到本土本乡自然的优美、历史的醇厚、人物的杰出、艺文的风雅等，有助于培养人民群众对家乡文化的自信，激发起人民群众浓烈的爱乡爱国情怀，助力国家新型城镇化建设和乡村振兴战略的实施。

是为序。

中国社会科学院院长
中国地方志指导小组组长　　谢伏瞻

序二

连绵不断地编修地方志是我国特有的文化传统，为传承中华文明作出了巨大的贡献。在党中央、国务院的高度重视和支持下，这一古老的文化传统焕发勃勃生机，展现新的活力，成为保存、继承、发扬光大中华优秀传统文化的重要依托，培育和践行社会主义核心价值观的重要媒介，社会主义先进文化建设的重要组成部分，发展中国特色社会主义，增强道路自信、制度自信、理论自信的重要载体，在实现“两个一百年”奋斗目标和中华民族伟大复兴中国梦进程中具有不可替代的地位和作用。

事物总是在不断发展中前进。经过改革开放以来30余年的发展，中国特色地方志事业与传统的编修地方志已不可同日而语，形成了志（志书）、鉴（年鉴）、库（地情数据库）、馆（方志馆）、网（地情网站）、刊（期刊）、会（学会）、研（理论研究）、用（开发利用）等多业并举的新格局。截至2015年10月底，全国编纂完成首轮、二轮省、市、县志书8000多种，编修部门志、行业志、专业志、乡镇村志27000多种，编纂地方综合年鉴2300多种，累计整理旧志2500多种，还编纂出版了大量的地情书，字数以百亿计，形成以反映国情、地情为主要内容，全面系统、持续不断、卷帙浩繁的社会科学成果群。另外，还开通了27个省级网站、230个市级网站、816个县级网站；建成国家方志馆1个、省级方志馆16个、市级方志馆86个、县级方志馆近300个。这些成果，成为国家极为重要的文化资源，是国家文化软实力和公共文化服务体系的重要组成部分。

最近几年，地方志工作的触角在不断延伸，部门志、行业志、专业志、特色志、乡镇村志编纂方兴未艾，成为当前地方志事业发展新的增长点和亮点。特别是乡镇志，兴起了编纂热潮，从自发的民间行为逐渐过渡为政府组织的文化行为，有的省份以政府令形式将其纳入地方志编修范畴，像河南省还以省政府办公厅名义要求全省普修乡镇志。乡镇志并不是一个新生事物，据现有资料可考，宋代常棠所撰《澉水志》是现存最早的一部乡镇志。与省、市、县三级志书相比，乡镇志虽属小志，但意义却不小，特别是在当前国家全力推进新型城镇化建设的背景下，乡镇志的作用更显重要。

启动中国名镇志文化工程，是适应当前新型城镇化建设形势发展需要、地方志事业发展形势需要的重要举措，也是充分发挥地方志存史、资政、育人功能的重要手段。作为最基层行政组织的志书，镇志是最接近中国社会发展变迁的国情、地情记录文本，具有重要的历史文献价值。而作为充分反映本区域自然、政治、经济、文化和社会的历史与现状的资料性文献，镇志又能全面展示发展脉络，摸索发展经验，为探索中国乡镇未来发展方向提供借鉴和参考。当然，对于祖祖辈辈生于斯长于斯的中国人来说，故乡就是一个魂牵梦萦的地方，故乡的情怀终生难忘。留得住乡愁，记得住乡思，充分展示名镇文化魅力，激发爱乡、爱国情怀，正是中国名镇志文化工程题中应有之义。

是为序。

中国社会科学院原院长
中国地方志指导小组原组长　王伟光

序三

“国有史，邑有志”，中国自古就有注重编史修志的传统。按照我国目前地方志行政法规，国家各级地方志机构的法定职责是编纂省、市、县三级志书，并不包括县以下的乡镇志和村志。这种规定，一方面可能因为全国有数百万自然村落和数万乡镇，全部实行官修很难实现；另一方面可能因为我国历史上就有“皇权止于县”的说法，县以下的民间社会历来是一个以自治为主的领域。然而，改革开放几十年来，我国社会正在发生巨变，这种巨变在基层社会的乡镇、村落、家庭领域更为深刻。作为“乡之首，城之尾”的镇，逐渐被日益崛起的大都市淹没了光彩，村落在快速的城镇化过程中每天都在大量消失，农村家庭的小型化、空巢化趋势非常突出。在这种情况下，我一直在思考，如何留得住历史文化记忆和乡愁，如何把修志的工作向基层社会延伸?

中国人的“家国情怀”，是从“诚意、正心、修身”开始，到实现“齐家、治国、平天下”。所以从国家一统志，省、市、县三级志，到乡镇志、村志、家谱，也是一个完整的系统。

正是在这种背景下，我们决定启动中国名镇志文化工程。乡镇是无数中国人生命的底色和成长的摇篮。如何在城镇化进程中，留得住乡愁，记得住乡音，忘不了乡思，事关城镇化进程的人文关怀和文化保护，事关文化血脉的传承。同时，科学记录城镇化进程，反映城镇化成就，也为今后探索城镇化发展规律、积累经验提供了基本素材。作为全面系统记述一定行政区域的自然、政治、经济、文化和社会的资料性文献，志书是以上功能最好的载体。

我国目前有 4 万多个乡镇，全部修乡镇志还不具备条件。中国名镇志丛书选择的是传统文化名镇、历史军事重镇、革命历史名镇、民族特色名镇、特色经济名镇、旅游景观名镇等类型的乡镇，应该是最具代表性的，在中国乡镇文化传承和社会发展中具有标杆意义。

编纂中国名镇志丛书是对乡土历史文化的保护。随着城镇化进程加快，有不少乡镇被撤并，有些还是在历史上有重要意义的历史文化名镇、特色镇等。如不及时对其历史进行整理、记录，这些重要的历史资料将散佚殆尽。因此，中国名镇志丛书的编纂是对宝贵历史资料的抢救。

编纂中国名镇志丛书是对乡土意识的传承。什么东西有魅力？故乡的山水，乡音乡情的记忆，乡土的气息和家乡菜的味道，不管走到哪里，总是触动心弦。中国名镇志丛书记录的是家乡的山山水水，家乡的历史文化，家乡的风土人情，留住的是乡愁。这些最能激发远方游子和本地民众的爱乡情怀、爱国情怀。

编纂中国名镇志丛书是一种学术探索。镇志的编纂，实质也是一次深入的社会调查研究。“麻雀虽小五脏俱全”，相比省、市、县，乡镇第一手资料的获得需要付出更大的努力。我们也希望在志书编纂上有所创新，使中国名镇志丛书成为一套图文并茂、雅俗共赏的新型志书。

中国社会科学院原副院长
中国地方志指导小组原常务副组长

江苏省昆山市锦溪镇志编纂委员会

名誉主任　黄乃宏

主　　任　李　猛

副 主 任　田　野　平峥臻

委　　员　张月根　邹引明　任文静　朱春浩　陈竹琳
　　　　　余志刚　赵　瑜　张路军　朱喜华　季国兴
　　　　　盛永明

江苏省昆山市锦溪镇志编辑人员

主　　编　田　野

副 主 编　平峥臻　金明林

顾　　问　陈　益　徐秋明　傅　强

撰　　稿　金明林

供　　图　朱艳蕾　浦美娣

晨捕归来

徐小军　摄

中国名镇志丛书凡例

一、以马克思列宁主义、毛泽东思想、邓小平理论、“三个代表”重要思想、科学发展观、习近平新时代中国特色社会主义思想为指导，坚持辩证唯物主义和历史唯物主义的立场、观点和方法，存真求实，全面、客观、系统记述中国名镇城镇化进程和改革开放成果，传承和抢救乡土历史文化，激发爱国爱乡情怀，留住乡愁，为探索中国特色新型城镇化建设、服务乡村振兴战略提供历史智慧和现实借鉴。

二、为全面反映入志事物发展脉络，各志上限追溯至事物发端，下限一般断至各镇志启动编修年份，个别重大事项可延至搁笔。详今明古，着重反映时代特色和地方特点，重点体现各镇的“名”与“特”。

三、记述地域范围以下限年份的行政辖区为主。为体现名镇在更大区域内的意义，可以从更开阔的区域视野记述与该镇相关的内容。

四、统一采用纲目体，设类目、分目、条目三个层次。横排门类，纵述史实，述而不论。

五、综合运用述、记、志、传、图、表、录等各种体裁，以志体为主。体裁运用适当创新，篇目设置不求面面俱到，一般意义上的乡镇级内容略去不载。

六、除引用文字和附录文献资料外，统一使用规范的现代语体文记述，行文力求朴实、严谨、简洁、流畅、优美，具有较强可读性。

七、人物部类遵循“生不立传”原则，人物传主按生年排序，只选录对本镇发展有重大影响的人物，不面面俱到。

八、各项数据一般采用国家统计部门数据。数据缺乏的，采用主管部门或主办单位正式提供的数据。

九、数字用法、标点符号、计量单位分别执行国家标准《出版物上数字用法》（GB/T 15835—2011）、《标点符号用法》（GB/T 15834—2011）、《国际单位制及其应用》（GB 3100—1993）和《有关量、单位、符号的一般原则》（GB 3101—1993）。历史上使用的计量单位，如斗、石、里、尺、磅、华氏度等，在引文时可照录。考虑到社会使用习惯，全书中亩不统一换算。

十、中华民国成立前的纪年，使用朝代年号纪年，括注公元年份；中华民国成立后的纪年，均使用公元纪年。志中所称“解放前（后）”，以该镇解放日为界；“新中国成立前（后）”，以中华人民共和国成立日 1949 年 10 月 1 日为界；“改革开放前（后）”，以 1978 年 12 月中共十一届三中全会召开为界。本志“××年代”，凡未加世纪者，均指 20 世纪。

十一、为节省篇幅，避免重复，本志采用条目互见法。参见条目的表示形式为：参见本志“××类目·××分目·××条目”。

十二、对旧志、古籍中的繁体字、冷僻字一般用简化字或通用字替换，易引起误解的则保留。

十三、记述各个历史时期的党派、机构、职务、地名等，均以当时的名称为准。对频繁使用的名称，首次用全称并括注简称，其后用简称。

十四、各镇志需要单独说明的事项，均在各自编纂始末中记述。

锦溪镇在中国的位置

审图号：GS（2019）4425 号

锦溪镇在江苏省的位置

图 例
南京 省级行政中心
苏州 地级市行政中心
溧阳 县级行政中心
省级界
地级市界
名镇(乡)所在区域
名镇(乡)
1∶3 060 000
审图号：GS（2019）4425 号
锦溪镇
昆山
苏州
南京
无锡
常州
镇江
扬州
泰州
南通
盐城
淮安
宿迁
徐州
连云港
黄
海

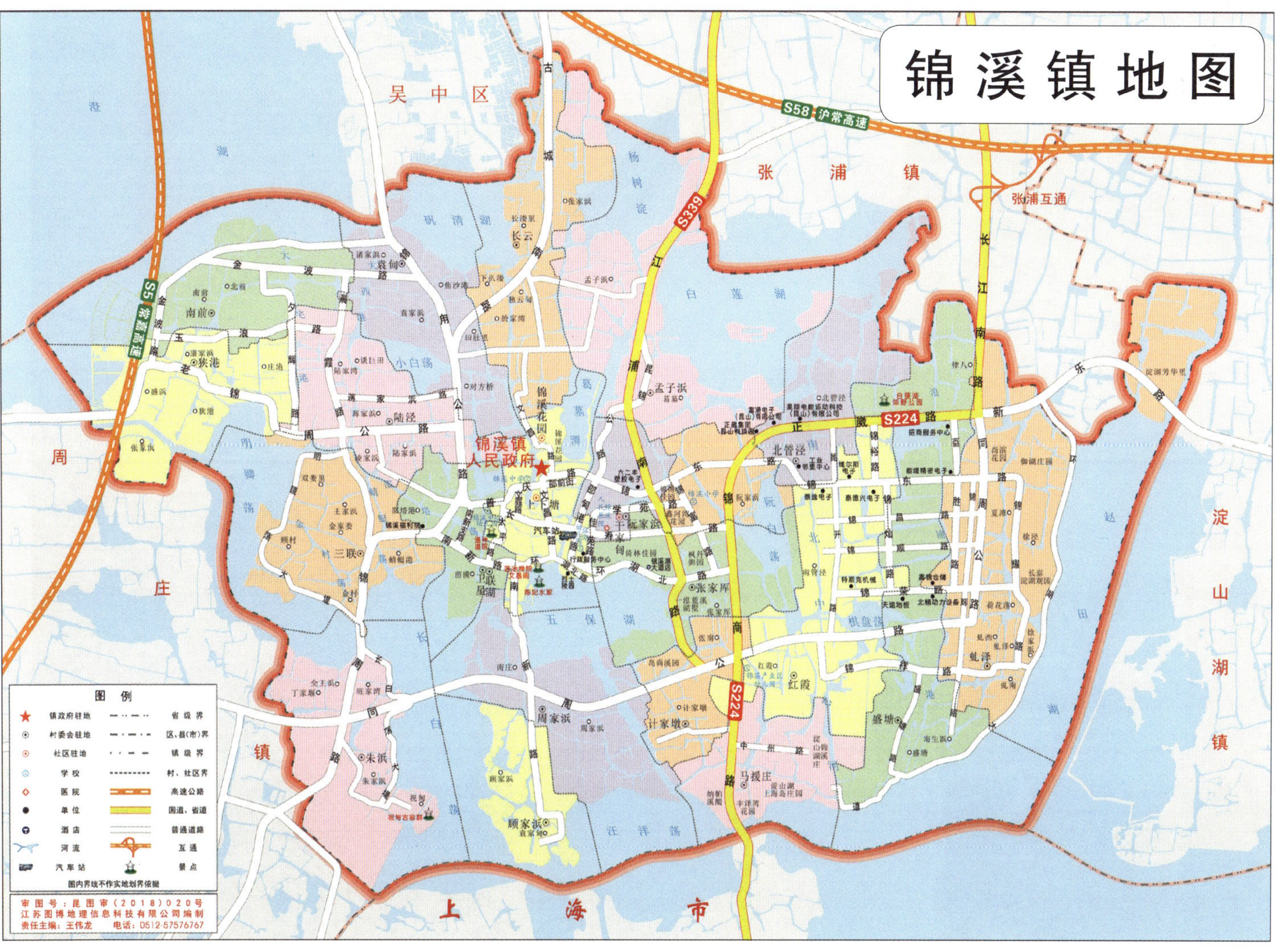
锦溪镇地图
吴中区
张浦镇
淀山湖镇
周庄镇
上海市
S58 沪常高速
S5 常嘉高速
S339
S224
张浦互通
澄湖
白莲湖
五保湖
汪洋荡
锦溪镇人民政府
长云
袁甸
南前
张港
陆泾
三联
金村
顾家浜
周家浜
朱浜
计家墩
马援庄
红霞
张家厍
北管泾
孟子浜
盛塘
蚬泽
汽车站
图例
镇政府驻地
村委会驻地
社区驻地
学校
医院
单位
酒店
河流
汽车站
省级界
区、县(市)界
镇级界
村、社区界
高速公路
国道、省道
普通道路
互通
景点
图内界线不作实地划界依据
审图号：昆图审（2018）020号
江苏图博地理信息科技有限公司编制
责任主编：王伟龙　电话：0512-57576767

生态水乡（2017 年）

韩永康　摄

溪水如锦　　李双喜　摄

古镇风貌　　石润红　摄

生态产业区　　顾洁　摄

生态农业园区　　李鹏举　摄

环湖居住小区　　锦宣　摄

祝甸砖窑文化园 赵铁忠 摄

古镇夜色 范啸 摄

水乡日出

孙林龙 摄

小镇生活 孙岩松 摄

水巷游览 刘凤兰 摄

中国历史文化名镇

中国世界文化遗产预备名单

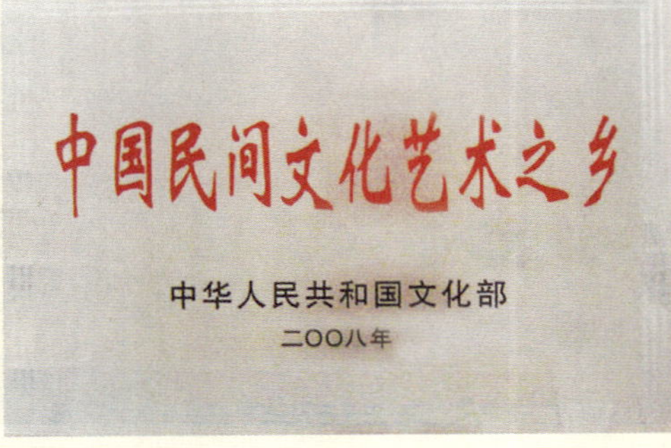

中国民间文化艺术之乡

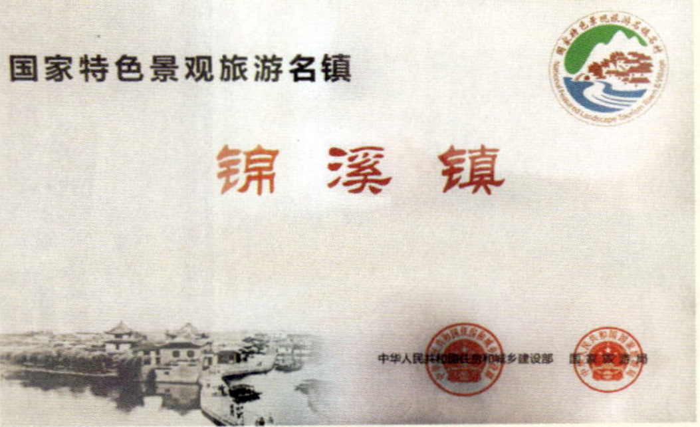

国家特色景观旅游名镇

国家卫生镇

中国最美小镇

中国人居环境范例奖

健康社区

目录

1 水乡天堂　灵秀锦溪

9 基本镇情

11 **建置区划**

11 建置沿革

12 行政区划

14 **区位　交通**

14 区位

14 交通

15 **自然环境**

15 土壤

15 地貌

15 水系

16 气候

16 **人口　民族**

16 人口规模

17 人口变动

17 民族构成

18 姓氏构成

19 **经济发展**

19 综合实力

19 农业

20 工业

23 服务业

23 **城镇建设**

23 道路交通

24 供水供电

24 供气
25 **社会民生**
25 文化教育
28 医疗卫生
29 居民生活
31 社会保障
31 行政服务
31 **行政村　社区**
32 虬泽村
32 盛塘村
33 马援庄村
33 红霞村
33 计家墩村
33 张家库村
34 阮家浜村
34 北管泾村
34 孟子浜村
34 联湖村
34 周家浜村
34 顾家浜村
37 朱浜村
37 三联村
38 卫星村
38 狭港村
39 南前村
40 陆泾村
40 袁甸村
40 长云村
41 上下塘社区
42 干家甸社区
42 锦溪花园社区

43 生态水乡

45 **湖泊**
45 淀山湖
45 澄湖
46 白莲湖
46 矾清湖
46 长白荡
47 明卿荡
47 五保湖
48 阮白荡
48 棋盘荡
48 杨树淀
48 汪洋荡
48 葛墓潭
48 其他湖泊

48 **河流**
49 长牵路港
49 邵甸港
49 陈墓港
49 郎浦港
49 **明镜荡国家水利风景区**
50 环湖生态廊道
52 **湿地**
52 五保湖湿地公园
53 东方荡生态乐园
53 白莲湖郊野公园
55 **古村落**
55 虬泽自然村
56 盛塘自然村
56 马援庄自然村
56 红霞自然村
57 张家厍自然村
60 葛墓自然村
60 祝甸自然村
60 金村自然村
60 宅前自然村
60 褚家浜自然村
61 **万亩生态良田**
61 现代生态农业园
62 长云农场
63 昆山欧耕尼克有机农场
64 **万亩生态水面**
64 生态放养
65 鱼种繁育
66 鱼病防治

67 古镇风貌

69 **古镇格局**
70 **古镇水道**
71 中心市河
72 南塘港
73 道院港
73 锦溪港
74 菱荡湾
74 古莲池
75 王家浜
75 北王家浜
76 **古桥梁**
76 天水桥
77 丽泽桥
78 溥济桥
78 太平桥

80 普庆桥
80 里和桥
81 具庆桥
82 众安桥
83 圣福桥
84 黄公桥
85 周公桥
85 隆福桥
86 青龙桥
87 中和桥
89 朝阳桥
92 十眼桥
92 **古街巷**
93 天水街
94 锦溪街
96 三贤街
98 上塘街
100 下塘街
103 南大街
104 菉荇街
104 三图街
105 长埭廊
105 **文物古迹**
105 大东古文化遗址
106 古内河水道
107 通神道院
107 陈妃水冢
108 文昌阁
109 莲池禅院
111 古巡检司
111 祝甸古窑群遗址
112 资福庵
112 武帝庙
113 古区公所
114 杨宅
114 王宅
115 **锦溪古八景**
115 “陈墓八景”
116 “莲池八景”

121 古镇保护

123 **保护规划**
123 总体规划
125 名镇保护规划
125 配套规划
127 **保护修缮**
127 古迹遗址修缮

130 古桥维修与保养
132 古河道保养与维修
133 古街巷修复
134 古民居修缮
135 古镇风貌整治
137 **保护制度**
137 《锦溪古镇保护与管理暂行办法》
137 《古镇保护市民公约》

145 **旅游开发**

147 **景区景点**
147 古镇历史文化游览区
149 祝甸窑文化游览区
151 淀山湖旅游度假区
152 现代生态农业体验区
154 **旅游线路**
154 寻幽访古人文游
156 健心水疗生态游
156 欢乐水乡亲子游
157 博物馆里考察游
160 锦绣前程精彩游
160 特色田园乡村游
161 **旅游服务与设施**
161 服务机构
163 售票服务
163 导游服务
163 游船服务
165 旅游交通
166 酒店、住宿、购物
167 **旅游文化节**
167 锦溪镇民间民俗文化艺术节
167 锦溪旅游文化节
170 锦溪镇金秋经贸招商专场暨旅游文化节
171 昆山锦溪中美滑水明星对抗赛
172 “锦溪杯”全国新人新作影像大展
173 中国锦溪博客邀请赛
173 江浙沪宣卷演唱交流会
173 2012 年春节民俗活动
173 锦溪鲃鱼节
173 锦溪博物馆节
173 中国锦溪国际水上摩托大奖赛
174 锦溪古镇千纸鹤季
174 锦溪水乡古镇祈福庙会
174 锦溪 2015 羊年春节活动

174 锦溪泡泡节
175 锦溪莲池禅院崇文祈愿典礼活动

179 民间博物馆之乡

181 **中国古砖瓦博物馆**
182 红烧土
182 铜雀台瓦当
183 西汉墓室砖
183 金砖
184 **古董馆**
185 木雕
185 水盂陈列室
186 天然漆及木器
186 **中国收藏艺术展览馆**
186 明清家具
187 青铜器
188 瓷器
188 **中国陶都紫砂博物馆**
189 古今名壶
190 现代名人精品
190 **金石人家篆刻艺术馆**
191 筛竹轩
192 翰墨楼
192 味石斋
192 思悟堂
192 **马若特泥禅坊**
193 北派泥塑
194 南派泥塑
195 **柿园书画艺术馆**
196 陆曙轮书画
197 陆家衡书画
198 **张省美术馆**
198 个人作品
199 馆藏作品
200 **中国锦溪宣卷艺术馆**
200 馆藏卷本
201 表演戏台
202 **锦溪镇杰出人物馆**
202 杰出人物展厅
203 陈三才烈士纪念馆

205 “锦溪宣卷”

207 **传承发展**
207 历史起源
207 发展演变

209 传承人
209 **艺术特色**
210 内容及分类
210 表演形式
212 **活动演出**
212 江浙沪宣卷演唱交流会
213 民间演出

215 风土民情

217 **传统服饰**
217 发饰
217 包头
218 大襟衫
218 布裙
219 襡腰
219 裤子
219 肚兜
219 绣花鞋
219 **传统节日**
219 岁时节日
220 民俗节日
222 **民间手工艺**
222 古砖瓦制作技艺
223 水乡木船制作技艺
224 纺织
224 小手工业
226 **传统习俗**
226 生养习俗
227 生活习俗
228 婚礼习俗
230 丧礼习俗
232 **民俗活动**
232 舞龙
233 舞狮
233 摇快船
233 挑花篮
234 荡湖船
234 打莲湘
235 划龙船
235 **方言俗语**
236 方言
237 谚语
239 歇后语
240 **锦溪山歌**
240 山歌类型
240 **土特产**
240 锦溪大米

240 澄湖茭白
241 袁甸慈姑
241 陈墓芋艿
242 蟹、鲃、鳗
242 **特色美食**
242 传统糕点
246 特色菜肴
249 时令小吃

251 名人与名镇

253 **人物传略**
253 顾华甫
253 陆完
253 陆允中
253 陆世鎏
254 陆世钥
254 盛符升
254 陈景琇
255 彭龙光
255 陈渭士
255 朱文焯
256 朱文鑫
257 朱文熊
257 陈定谟
258 陈其鹿
258 陈子彝
259 丁人鲲
259 陈定秀
259 陈华庚
259 陈三才
260 陈钧
260 陆钰
261 朱雷章
261 陈文鹭
262 沈以行
263 陈华癸
263 彭师章
264 顾文华
264 金瑞仙
265 丁维栋
265 陈华熏
265 沈家范
266 陈中孚
266 **院士与将军**
266 秦国刚
266 黄建伟
267 吴建初

267 **名人与锦溪**
267 陆龟蒙锦溪垂青史
268 韩蕲王锦溪练水师
269 高启陈墓咏“八景”
269 文徵明陈墓聚师友
269 海瑞陈墓救书生
270 吴伟业陈墓避乱
271 王韬启蒙在锦溪
272 沈从文客居陈墓
272 陈逸飞陈墓画桥
273 **教授、留学生之乡**
273 教授
274 留学生

277 艺文

279 **诗歌**
279 问吴宫辞
279 谒陆鲁望先生祠即事
280 陈墓八景
281 淀山湖
282 陈墓八景
283 溪上题友人园居
283 陈墓八景
284 为小江陆君题号兼寓寿
284 过陈墓谒陆鲁望先生祠
284 锦溪桥
284 甲申自述
285 矾清湖并序
289 赠别莲池讲师睿公用扇头韵
289 莲池八景
291 渡范迁湖
291 **“锦溪宣卷”唱本选段**
291 天堂哪有人间好
293 **锦溪山歌**
293 耘稻歌
293 东南风吹来浪头高
293 栀子花开来心里青
294 山歌越唱越好听
294 天上乌云薄薄行
294 花鸟鱼带古人（盘歌）
298 **散文**
298 古代散文
303 当代散文
308 **著作篇目选录**
308 明清时期
309 民国时期

310 新中国成立后
312 楹联
312 莲池禅院崇善堂中间对联
312 莲池禅院漱霞所朝外对联
312 莲池禅院鸳鸯厅后面对联
312 菱荡湾石埂牌坊对联
313 虬泽武帝庙大殿前后柱联
313 文昌路北首入口牌坊对联
313 陈妃水冢牌坊对联

315 大事纪略

317 陆辑安及其后代护藏《天下郡国利病书》
318 1938 年马援庄惨案
320 2000 年古镇旅游售出第一张门票
321 2003 年举行纪念天文学家朱文鑫 120 周年诞辰暨中国天文学术研讨会
323 2012 年锦溪古镇入选《中国世界文化遗产预备名单》

325 附录

327 吴梅村砚清湖诗考
331 清光绪三十二年（1906）版《江苏新字母》自序
332 追怀朱贡三先生
335 记陈三才
337 《陈华癸先生诞辰 100 周年纪念文集》序

340 主要参考文献

341 编纂始末

水乡天堂　灵秀锦溪

锦溪古镇，位于江苏省昆山市西南隅，东与上海近邻，西与苏州接壤，距上海虹桥综合交通枢纽仅45千米。

古镇锦溪，因镇内一条彩若锦带的小溪而得名，泽浸环市，街巷依水，古桥联袂。西汉名将马援在此练兵，东吴辅吴将军张昭葬于斯，东晋画家顾恺之在此隐息，唐代文学家陆龟蒙晚年的大部分时间在此居住；宋代诗人吴文英、状元卫泾，元人马致远以及明代“江南才子”高启、沈周、文徵明、祝允明、唐寅等辈相继在此步酬吟唱，为之留下了大量的诗文。

锦溪又为南宋皇妃香消玉殒之地。史载，南宋绍兴三十二年（1162），孝宗赵昚驻跸锦溪时，其宠妃陈氏病殁，水葬锦溪五保湖口，锦溪因此奉孝宗御旨改名陈墓，并沿用长达860余年。

锦溪，两千多年的历史，诸多的人文胜迹，无数独具明清特色的古建筑群，“三十六座桥，七十二只窑”的逶迤奇特以及以中国古砖瓦博物馆为代表的民间博物馆群，被誉为江南民间说唱艺术活化石的“锦溪宣卷”，伴随着如诗如画的水乡意蕴，在诸多江南水乡古镇中独领风骚。沈从文言她是“景色人事极好”，冯英子称赞为“淡妆浓抹总相宜”，刘海粟则评价为“江南之最”。

錦溪

锦溪，亦名陈溪，曾名陈墓。其历史悠久，自然环境独特。志载，一溪穿镇而过，夹岸桃李纷披，朝霞夕辉，尽洒江面，满溪跃金，灿若锦带，故名“锦溪”。据镇北原国营昆山大东砖瓦厂（以下简称大东砖瓦厂）出土的穿孔石刀、带把石刀、回纹硬陶片和朱浜村、宅前村围垦荡发现的石钺、石镰等文物考证，早在5000多年前的良渚文化时期，已有人类在此繁衍生息。春秋时，聚为集镇，地属会稽郡。三国至唐代，地属吴郡。五代属苏州。北宋时，定名锦溪。

北宋靖康二年（1127），宋室南渡。宋孝宗赵昚曾驻跸锦溪。山河破碎和一路上的颠沛流离，让紧随孝宗的爱妃陈氏身心俱疲，不久便含恨病逝于锦溪。悲愤万分的赵昚遂将陈氏水葬于锦溪五保湖口，并于水冢对岸五保湖畔构建莲池禅院，命僧为其超度守之，还降御旨将锦溪更名为“陈墓”。明文徵明有诗：“谁见金凫水底坟，空怀香玉闭佳人。君王情爱随流尽，赢得寒溪尚姓陈。”1992年10月，经江苏省人民政府批准，同意陈墓镇恢复旧名锦溪镇。陈墓一名，使用了860余年。

历史上，陈墓曾长期以界浦河（今南北中心市河）为界，分县而治。河东下塘以东，属昆山县管辖；河西上塘以西，属长洲县（元和县、吴县）管辖。直至1952年9月，吴县境内的陈墓镇划入昆山县。原昆、吴陈墓镇合并后，升为昆山县直属镇。同镇两县分治的局面因此终止。1985年2月，实行镇管村体制，围绕陈墓镇东西两侧的陈墓乡、淀西乡并入陈墓镇，使得陈墓镇辖区面积达92.43平方千米，户籍人口4.6万人，成为昆山县城外第一大镇。

锦溪，地处太湖下游淀泖地区，湖荡密布，河流纵横。古时，澄湖、明卿荡、长白荡、汪洋荡、淀山湖一线，上接大运河达苏州、太湖，下连淀浦河过松江直通出海口，是往来吴越间及吴地出海的重要水道。境内地势平坦，土地膏沃，物阜民丰，同时又远离城郭，不及世乱，如同世外桃源一般。唐“江湖散人”陆龟蒙晚年曾长期往返于此，其陆氏水东一族至今仍为锦溪大族之一。景祐年间（1034—1038），范仲淹出任苏州郡守，曾挥师上万开挖三十余浦，将太湖之水分泄于东海，其开江指挥所就设于镇西南明卿荡与长白荡相接的隘口之上，该地也被后人称为扎营坝。

宋室南渡，尤其是更名陈墓以后，陈墓之名得到扩散，一些北方大族相继流入。他们经历了颠沛流离的生活，深感陈墓平和安详，有的置地购宅，有的就一艘小船，把陈墓作为他们的安身之地。陈墓也由此逐渐繁盛，市镇的中心也由原来的锦溪河、道院港区域向东扩展至今菱荡湾、南大街、上下塘街一带。至元至元年间（1264—1294），陈

水乡古镇

墓市肆林立，客商云集，人烟稠密，已成为苏州葑门外一大镇。乡人顾华甫，海运万户，从事海外贸易活动，“富贵为江南望”。[①]

明洪武二年（1369），陈墓设立巡检司，掌管葑门外独墅、大姚、甪直浦等地治安。镇西（今道院港口）设有水关，名石音关，控制着进出陈墓的各路船只。由于管理严密，市镇繁华而不失宁静。一些富裕起来的大户，纷纷建造庭院。部分乡贤或独资或募资，修缮并扩建了文昌阁、通神道院、鲁望先生祠、海忠介公祠、莲池禅院等祠庙建筑，重建了里河桥、普庆桥、具庆桥、天水桥、青龙桥等众多桥梁。明朝中叶，因厌弃官场隐居青丘的著名诗人高启，十分仰慕陆龟蒙“笔床茶灶”的闲淡生活，常到陈墓拜谒鲁望先生祠，写下了著名的《陈墓八景》诗。之后，文徵明、沈周、祝允明、唐寅等吴中才子，不断相约陈墓，或吟诗唱和，或题画相赠，他们的高蹈之风，在陈墓乡贤中

---

① 〔清〕陈尚隆、陈树谷：《（乾隆）陈墓镇志》卷十“人物”。

引起了强烈的反响。一时间，不为官、不为财，崇文尚墨的良好风尚在陈墓骤然兴起，成就了陈墓人才辈出、文运鼎盛的历史。

明崇祯十七年（1644），明朝覆亡。此时的陈墓人已将家国情怀与个人命运紧紧地联系在了一起。崇祯末年，陈墓乡绅陆兆渔变卖了家中所有的田产作为粮饷，广征义勇保护乡里。他们立寨于镇西南长白荡中，日夜操练。清顺治二年（1645）十二月，趁夜黑攻打苏城（苏州），志谋恢复。但终因寡不敌众而失败，其弟亦死于战斗之中。乡人陆世鎏，崇祯年间（1628—1644）拔贡国子监，应天举人，曾任莆田知县。明亡后，便布袍棕履，隐迹于太湖之滨，一生著述等身。

明清两朝，陈墓走出过陈景琇、盛符生等5名进士，11名举人，5名贡生。辛亥革命以后，新学进一步兴起。一大批陈墓学子赴苏州、上海、北京等地深造或出国留学，其中包括著名天文学家朱文鑫、刺汪未果英勇就义的清华英烈陈三才、图书馆学家陈渭士、文字学家朱文熊等一大批负笈海外、学成后归国的优秀人才。他们在政治、经济、文化、科技等各个领域，取得了卓越业绩，古镇也因此被誉为“留学生之乡”“教授之乡”。

上千年的繁荣史，给水乡古镇留下了诸多名胜古迹。当人们划着小船在市河里穿行，五保湖中若隐若现的陈妃水冢，河道两岸古色古香的文昌阁、通神御院和莲池禅院，石桥的圆拱在头顶闪过，稳实的驳岸散发出湿润的气息，一处处风景令人应接不暇。

明人高启曾经写过一首《锦溪渔唱》，诗曰：“春风拂拂柳依依，无数莺声燕语时。红杏碧桃花烂漫，长堤曲港水流漓。浮梁滩下维鱼艇，野店门前飏酒旗。此景欲描描未尽，一溪烟雨当迷离。”这首诗的意境，至今仍可以在水乡古镇感受到。得天独厚的自然环境，世外桃源般的田园风光，源远流长的清幽气质，琳琅满目的丰盛物产，无不让国内外人士推崇备至。

1986年春天，一位名叫莫欧礼的美国游客悄然到达陈墓。他尽情游览以后，在中国的《旅游天地》杂志上发表了一篇文章。他说：“我没有到知名的旅游城市去，却去了江苏昆山的一个小镇。这个小镇名叫陈墓，游人不多，她比苏州还美，是典型的江南小镇，听说这里出瓦好，很有意思。”莫欧礼尽管是西方人，却知道什么才是真正的江南水乡。

事实上，在他之前，旅美青年画家陈逸飞已经不止一次到陈墓写生。他以陈墓里河

古镇一瞥

桥的水乡景致为内容创作的油画《晨》，印在了1985年联合国邮局发行的首日封上，传遍了世界的每一个角落。陈逸飞带着一挎包胶卷，乘坐小轮船，在陈墓的市河里流连忘返。他说，这样迷人的景色，一定要设法把它留下来。

从溪水中走来的锦溪，守护着历史，又书写着历史，传承着文化，又创造着文明。近年来，锦溪视古镇为珍宝。80年代，建立古镇保护机制，编制《锦溪历史文化名镇保护规划》，制定出台《锦溪古镇保护与管理条例》，通过开辟新区，将原古镇中与古镇风貌不协调的工厂、农贸市场、银行及政府机关撤出古镇区，并对原有的古建筑进行修缮，开设各类民间收藏博物馆十余家，创造性地走出了一条古镇保护、开发与利用的新路径，为全国的古镇保护工作提供了新的样板。锦溪先后获得国家AAAA级旅游景区、全国环境优美乡镇、中国历史文化名镇、中国民间文化艺术之乡、国家特色景观旅游名镇、中国最美小镇、国家卫生镇、国家水利风景区等荣誉称号和中国人居环境范例奖、中华宝钢环境奖，入选《中国世界文化遗产预备名单》。

今天，锦溪宁静与繁华并存，自然与心灵相融，传统与现代互动，人文锦溪与生态锦溪已成为推动经济社会发展的两大品牌，也为锦溪这片古老的土地插上了腾飞的翅膀！

夏　　锦宣　摄

基本镇情

锦溪，以溪得名，镶嵌在“五湖三荡”之中，宛若金波玉浪中的一颗明珠，被喻为“睡梦中的少女”，记忆中的水乡天堂，是典型的江南鱼米之乡。五千余年的文明史、两千余年的发展史，为锦溪留下了众多人文景观、古迹名胜和大量明清建筑，也孕育了锦溪淳朴敦厚、源远流长的民俗民情和文化特色，久有“生态之乡”“人文之乡”的美誉。曾先后获得中国历史文化名镇、国家AAAA级旅游景区、全国环境优美乡镇、中国民间文化艺术之乡、国家卫生镇、国家特色景观旅游名镇等荣誉称号和中国人居环境范例奖、中华宝钢环境奖。2012年，被列入《中国世界文化遗产预备名单》。

锦溪

建置区划

早在5000多年前的新石器时代，境内已有人类繁衍生息。春秋时，聚为集镇。北宋时，定名锦溪。南宋时，更名陈墓。清康熙年间（1662—1722），始称“镇”。明正德十三年（1518），昆山举人屈儒撰写的《陈墓纪原》载:“姑苏之东南去郡城二舍许，有陈墓村，村中以河为界，西为长洲，东为昆山。”《(康熙）昆山县志》载:“陈墓镇在西南四十余里，亦属长洲县，而东栅为昆之成区。”历史上建置变更频繁。1985年2月，陈墓、淀西2乡并入陈墓镇。1992年10月，更名为锦溪镇。2017年，全镇辖20个村委会、3个社区居委会。镇政府驻地在文昌路北首。

建置沿革 春秋战国、秦、两汉属会稽郡。

三国、唐代属吴郡。

五代时属长洲县（与吴县同城）。

宋时，以界浦河为界，分县而治。河东地属昆山县，河西地属长洲县。

明景泰四年（1453），河东陈墓属苏州府昆山县，河西陈墓属苏州府长洲县。

清雍正二年（1724），分昆山县置新阳县，河东陈墓仍属昆山县；分长洲县置元和县，河西陈墓属元和县。

宣统二年（1910），昆山、新阳2县推行地方自治，划为1市17乡，河东设陈墓乡，直属昆山县；河西建陈墓乡，直属元和县。

1912年，河东陈墓乡直属昆山县；长洲、元和2县并入吴县，河西陈墓乡直属吴县。

1934年，河东陈墓乡改称陈墓镇，属昆山县

1941年5月，河西陈墓乡改称陈墓镇，属吴县。

1947年2月，实行新县制，三千户以上称乡，五千户以上称镇，河东陈墓镇改设淀西乡、陈墓乡，属昆山县；河西陈墓镇改设陈墓乡，属吴县。

1949年5月8日，河西陈墓乡解放，建立人民政权，属吴县。5月13日，河东陈墓乡、淀西乡解放，建立人民政权，属昆山县。11月，昆山县增设淀西区，辖陈墓、淀西2乡。

1950年，河西改建陈墓镇，属吴县。

1952年9月，吴县所辖陈墓镇划入昆山县，分设1区（淀西区）、1镇（陈墓镇），陈墓地区结束两县分治体制。年底，陈墓镇上升为县直属镇。

1956年3月，淀西区更名为陈墓区。9月，撤区并乡，撤陈墓区，设陈墓乡，划分为陈墓乡、陈墓镇。

1958年10月，实行政、社合一体制，陈墓镇、陈墓乡合并，成立淀西人民公社。

1962年4月，调整人民公社规模，淀西人民公社调整为陈墓镇、陈墓人民公社（镇东农村）、淀西人民公社（镇西农村）3个行政单位。陈墓镇仍为县直属镇。

1966年4月4日，陈墓镇、陈墓人民公社分别更名为成茂镇、成茂人民公社。

1981年12月16日，成茂镇、成茂人民公社恢复原名为陈墓镇、陈墓人民公社。

1983年6月，改人民公社为乡镇建置，陈墓人民公社、淀西人民公社分别改为陈墓乡、淀西乡。陈墓镇仍为县直属镇。

1985年2月7日，陈墓、淀西2乡并入陈墓镇，实行镇管村制。

1992年10月8日，经江苏省人民政府同意，陈墓镇恢复旧名锦溪镇。

行政区划 南宋嘉定十年（1217），昆山县辖9乡24保，陈墓镇属全吴乡第五保；长洲县陈墓镇区划不详。

清乾隆五年（1740），元和县陈墓镇属吴宫乡。

1912年，行政区划沿袭清制，昆山县陈墓乡辖4区（成、律、吕、岁）、15图，吴县陈墓乡辖2都22图。

1929年，昆山县尚明甸乡、陈墓乡合并为县第六区，面积222.3方里（约55.6平方千米）；吴县陈墓1镇19乡闾（陈墓镇，南庄、南邵港、双溇、顾乡、陆湾、庄港、蒋乡、褚乡、袁乡、长溇、陆家、顾家、朱家、丁堰、张家浜、盛浜、全王浜、祝田、泽前）属县第十一区（也称周陈区）。

1934年，昆山县陈墓镇和大慈、尚明甸、杭上、张家厍、孟子浜1镇5乡属第六区。

1938年11月，河东撤销区制，陈墓乡直属昆山县。

1939年，河西撤销区制，陈墓乡直属吴县。

1941年5月，昆山县陈墓镇属第十一区，吴县陈墓镇属第十二区。

1942年，昆山县第十一区辖陈墓镇和大慈、尚明甸、杭上、张家厍、孟子浜5乡，计45保496甲；吴县陈墓镇和陈南、陈乡、侠浦、秀荡4乡，属县第十二区。

1945年9月，昆山县陈墓镇和大慈、尚明甸、杭上、张家厍、孟子浜5乡并入第六区。12月，第六区定名张浦区。

1947年12月，昆山县设淀湖区，陈墓乡（原陈墓镇）、淀西乡（原尚明甸乡）、大慈乡（原大慈乡、杭上乡）属淀湖区；吴县陈墓乡属淞南区。

1948年，吴县陈墓乡改属吴淞区。

1949年年初，陈墓、淀西2乡属昆山县第四督导区。5月，陈墓解放，建立人民政权，沿用旧制。昆山县陈墓、淀西2乡属张浦区，吴县陈墓乡改属淞南区。

1950年1月，昆山县改划小乡，淀西区辖尚明甸、虬泽、盛塘、陈墓、孟子浜、杨树、张家厍、大慈8乡，计45个行政村。3月，吴县淞南区改为甪直区，陈墓镇和明卿、长白、狭港3乡，计21个行政村，隶属甪直区。

1952年9月，吴县甪直区陈墓、周巨2镇和明卿、长白、狭港、双湖、浜湖、太史6乡，计48个行政村，划归昆山县淀西区。年底，陈墓镇设10个街道（三大街、南大街、中南街、中北街、民主街、北街、文化街、中心街、东北街、交通街）。

1953年，淀西区所辖尚明甸乡划入茜墩区。

1954年，淀西区辖周庄镇（区属镇）和盛塘、明卿、狭港、长白、太史、双湖、浜湖、孟子浜、尚明甸、张家厍、大慈、杨树、新乡、虬泽14乡，计98个行政村。

1956年3月，陈墓区（原淀西区）辖周庄镇和虬泽（盛塘并入）、大慈（尚明甸、杨树并入）、明卿（长白、狭港并入）、张家厍（新洲、孟子浜并入）、双湖（太史并入）、滨湖、南港、赵陵8乡，建立103个高级合作社。9月，县撤区并乡，撤陈墓区，设陈墓乡（虬泽、明卿、张家厍3乡合并）；周庄镇和双湖、浜湖、赵陵、南港乡划出。陈墓镇建置不变。青浦县淀西、沙田、石米、港北4个小乡划入昆山县陈墓区（后4个小乡合并为商榻乡）。年底，陈墓乡建立39个高级合作社。

1957年7月，商榻乡划回青浦县。

1958年10月，陈墓乡、陈墓镇合并，建立淀西人民公社。

1959年6月，淀西人民公社辖49个生产大队（1个渔业生产大队）、267个生产小队。

1962年4月，淀西人民公社调整为1镇2公社。陈墓镇辖7个居民委员会、40个居民小组及1个渔业队。淀西人民公社辖20个生产大队、128个生产小队。陈墓人民公社辖23个生产大队、154个生产小队。红星、尚明甸片10个生产大队划出，组建大慈人民公社。

1983年6月，根据《中华人民共和国宪法》规定，改公社管理委员会为乡人民政府，实行乡管村体制。生产大队改为村民委员会。淀西乡辖21个村民委员会，陈墓乡辖24个村民委员会。

1985年2月，实行镇管村体制，陈墓乡、淀西乡并入陈墓镇，陈墓镇辖45个村民委员会、6个居民委员会。1999年起，各村民委员会及居民委员会逐步进行撤并。至2017年12月，锦溪镇下辖20个村民委员会、3个社区居民委员会。

区位　交通

区位　锦溪镇位于素有“江苏东大门”之称的江苏省昆山市西南23千米处，北纬31°10′35″，东经120°53′44″。东临淀山湖与上海市青浦区隔湖相望，西依澄湖与苏州市吴中区相毗连，南以汪洋荡、长白荡与青浦区金泽镇交界，北以矾清湖、杨树淀、白莲湖与吴中区甪直镇、昆山市张浦镇相接，西南以明卿荡与昆山市周庄镇相邻。政区总面积92.43平方千米，隶属于江苏省昆山市。

交通　锦溪坐落在长三角经济圈核心腹地，交通便捷。沪常（S58）高速公路沿北境横贯而过，镇西有常嘉（S5）高速公路并设有常嘉高速澄湖服务区，南距沪渝（G50）高速公路、北距京沪（G2）高速公路分别为12千米和21千米。距离京沪高速铁路昆山南站22千米、上海虹桥综合交通枢纽45千米、上海浦东国际机场90千米。良好的区位条件、密织的交通路网，使越来越多的人流、物流、资金流和信息流加速向锦溪集聚。

自然环境

锦溪镇东西长 10.5 千米，南北宽 8.5 千米。地势平坦，平均海拔 3.8 米。黏土颗粒细密，含沙量少，适宜种植水稻及制造砖瓦土坯。《(民国）昆新两县续补合志》载，全县佃户佃租有“累岁而不纳”之现象，而“惟陈墓之佃岁终而毕纳，故置田者称上产焉”。90 年代，曾被称为“三五牌”，即五万亩耕地、五万亩水面、五万人口。锦溪湖荡密布，雨量充沛，气候宜人，资源丰富，物产丰饶，是典型的江南鱼米之乡。2017 年，有大小湖泊 16 个，以淀山湖、澄湖、五保湖等最为著名；河道 371 条，水质清澄，达到国家Ⅱ类水质标准；200 天以上空气质量达国家一级标准。

土壤 锦溪位于长江三角洲东缘，太湖流域下游冲积平原，成土母质为湖相沉积物，质地黏重且较坚实，呈微酸性至中性。土层厚度一般为 2 ～ 14 米。土质一般为青灰、灰黑色的砂质黏土和灰黄色砂质黏土，黏土颗粒塑性指数（Ip）87% 在 14 以上，适合水稻、三麦、油菜生长。湖荡底部和稻田中去除表层（约 0.5 米）后深 1 ～ 2 米处的泥土，颗粒塑性指数在 17 以上，属粉质黏土，是制作砖瓦土坯和细料金砖的极佳材料。

地貌 全境地势较为平坦，地面海拔一般为 3.7 ～ 3.9 米，最高 5.3 米，最低 3.3 米左右。陆地被水道、湖荡分割成大小不等的 400 余个圩垸，大的千亩以上，小的不到 3 亩。2017 年，陆地总面积 43.73 平方千米，其中耕地面积 28333 亩。古镇区南北略长，东西略窄。中心市河穿越市镇南北，数条支流呈“龙爪”形向东西伸展。

水系 境内湖、河、港、汊相连，主要河道向东、向南皆流入淀山湖，经上海市青浦区汇入黄浦江，属太湖流域淀泖水系。主要湖泊 16 个，其中界湖 6 个，包括淀山湖、澄湖、白莲湖、明卿荡、杨树淀、汪洋荡；其他镇内湖泊 10 个，分别为长白荡、五保湖、阮白荡、矾清湖、棋盘荡、袁甸南白荡、葛墓潭、南庄荡、百家荡、红霞后白荡。共有大小河道 371 条，总长度 258.22 千米。其中圩外河道 265 条，总长度 189.15 千米；

二级河道1条，三级河道7条，四级河道6条，其余均为五级河道。东西走向的主要河道有长牵路港、邵塔港、东西中心河（陈虬河）等，南北走向的主要河道有邵甸港、陈墓港、大东港、郎浦港、南北中心河（管泾港）等。这些湖泊和水道至今仍在交通运输、农田灌溉以及蓄水泄洪等方面发挥着重要作用。

气候 属东部沿海北亚热带南部季风气候区。受季风性气候影响，温和湿润，春、夏、秋、冬四季分明，光照充足，雨量充沛，无霜期长。春季温和，多东南风，由于受冷空气交替影响，天气晴雨多变，多锋面雨，降水范围广。夏季炎热，多南风和西南风，有雷阵雨。初夏梅雨期一般出现在6月中下旬，连续下雨，天气潮湿。秋季凉爽，但秋雨降水强度大，多北风和东北风。一般自9月中下旬起，受北方冷空气影响，气温逐渐下降，但立秋后或有"秋老虎"（气温回升，较炎热）出现。秋末至次年初春为霜期。冬季寒冷，多西北风，温度最低，有寒潮、冰冻和雪。年平均气温16.6℃。极端最高气温是2013年8月7日的40.6℃，极端最低气温是1991年12月29日的−7.9℃。台风多发生于7—9月，最大风力可达10级（28米/秒），常伴有暴雨。年平均降水量1148.4毫米，年平均降水日123.1天。

人口 民族

人口规模 50年代镇北原大东砖瓦厂（今锦溪花园大东厂园）、80年代宅前围垦荡等出土的文物表明，早在5000多年前的新石器时代，祖先们已在这里劳动、生息、繁衍。春秋时期，吴王命伍子胥相土尝水修筑苏州城的时候，这里已经出现了兴盛的迹象，定居人口日益增多。宋室南渡时，市镇逐渐繁盛。明洪武二年（1369），成为"葑门外一大镇"，"居庐栉比，五百余家，民物繁庶"[①]。历史上，陈墓镇长期两县分治。

① 〔明〕朱昱:《陆氏义塾记》,《（乾隆）陈墓镇志》卷六"寺观·天水庵"。

1949 年，吴县陈墓乡有 3324 户、14752 人，昆山县陈墓乡有 3556 户、14695 人。新中国成立后，随着经济发展和人民生活水平提高，人口增长较快。1952 年，吴县陈墓乡并入昆山县，改陈墓镇为县直属镇，陈墓镇时有 1941 户、7374 人，为纯居民镇。1985 年，实行镇管村体制，陈墓乡、淀西乡并入陈墓镇，全镇户籍人口 13419 户、46048 人，其中男性 23216 人，女性 22832 人。1987 年，全面实行计划生育，境内人口发展进入有控制的平缓增长阶段，人口素质包括文化素质有较大提高，寿命延长。2010 年第六次全国人口普查，全镇户籍人口 16413 户、43173 人。2017 年年末，全镇户籍数 15461 户，常住人口 44586 人，其中男性 21846 人，女性 22740 人，分别占 49%、51%。人口密度为每平方千米 482.85 人。其中非农业人口 9721 人，占总常住人口的 21.8%。大专及以上文化程度 15919 人，占 35.7%，具有博士学位 9 人，硕士及以上学位 28 人。居民人口预期寿命 82.87 岁，其中男性 80.59 岁，女性 85.15 岁。

人口变动 清末民国初，有山东、安徽及江苏苏北的灾民以及外地商贩、手工业者落户陈墓，其中兴化、盐城、扬中居多，他们主要从事船运、竹篾、铁业、渔业等行业，有的肩挑担子，串村走户售卖小商品。同时陈墓居民中部分青年多去上海、苏州当学徒，部分富户子女赴上海、苏州、北京及至海外求学，定居外地。新中国成立后，国家实行户籍管理制度，境内人口除自然变动外，整体保持稳定。城镇青年就业接受全县统一分配，部分青年被安置到昆山、苏州等地就业落户，少数应国家需要被分配到新疆、北京、南京及大丰等地工作。1988 年，因婚姻、贸易和外出上学等缘由，全镇人口迁入 98 人，迁出 283 人。2002 年，迁出 721 人，达到峰值。2004 年后，户籍意识淡化，迁出人数逐渐回落，但“新昆山人”迁入人数逐年上升。2006 年，迁出 54 人，迁入 265 人。2017 年，迁出 303 人，迁入 390 人，其中省内迁入 270 人（苏州市范围 228 人），省外迁入 120 人。2006—2017 年，总计迁入 3594 人。2017 年，全镇登记外来暂住人口 71410 人，其中男性 44535 人，女性 26875 人；务工人员 65943 人，经商人员 2164 人，分别来自河南、安徽、山西、陕西、甘肃、湖北、山东、四川、云南等 30 个省、自治区、直辖市。

民族构成 境内为汉民族聚居地。1985 年以前，境内没有少数民族人员登记记录。随着改革开放，外省市少数民族定居境内（主要是开办企业、就业、婚嫁），少数民族居民逐渐增多。1987 年，从云南、江西迁入白族 2 人。1990 年第四次全国人口普查，少数民族增至 5 个，人数增至 11 人，其中回族 3 人、藏族 1 人、苗族 3 人、侗族 1 人、白族 3 人。2000 年第五次全国人口普查时，少数民族人数 6 人，其中回族 1 人、苗族 2 人、白族 3 人。2010 年第六次全国人口普查，少数民族增至 11 个，人口 33 人。2017 年，全镇有土家族 10 人、苗族 9 人、壮族 8 人、满族 6 人、回族 5 人、侗族 5 人、白族 3 人、朝鲜族 2 人、黎族 2 人、瑶族 2 人、布依族 2 人、彝族 2 人、傈僳族 1 人、畲族 1 人，穿青人 1 人，共 59 人。

姓氏构成 常住人口中以陆、朱、王、张姓居多。1987 年，常住人口姓氏 205 个。2006 年，常住人口姓氏 206 个，其中单姓 204 个，复姓 2 个，分别是欧阳、皇甫。2017 年，全镇共有姓氏 284 个，其中超 1000 人的姓氏有 11 个，分别是陆姓 3834 人、王姓 3283 人、朱姓 3281 人、张姓 3194 人、顾姓 1978 人、陈姓 1897 人、沈姓 1886、徐姓 1625 人、杨姓 1530 人、金姓 1254 人、周姓 1164 人。仅 1 人的姓氏 64 个。

2017 年锦溪镇居民姓氏前 50 位排行表

表 1　　单位：人

序号	姓氏	人数	序号	姓氏	人数
1	陆	3834	24	俞	408
2	王	3283	25	曹	407
3	朱	3281	26	薛	376
4	张	3194	27	钱	370
5	顾	1978	28	邹	368
6	陈	1897	29	袁	363
7	沈	1886	30	郭	361
8	徐	1625	31	胡	316
9	杨	1530	32	陶	297
10	金	1254	33	丁	285
11	周	1164	34	龚	279
12	赵	976	35	戴	258
13	高	951	36	汤	253
14	李	848	37	蔡	249
15	吴	846	38	郑	228
16	冯	814	39	宋	211
17	蒋	744	40	刘	206
18	於	633	41	庄	206
19	黄	629	42	唐	201
20	夏	586	43	单	198
21	谢	576	44	诸	182
22	盛	527	45	汪	178
23	孙	493	46	缪	170

续表 1

序号	姓氏	人数	序号	姓氏	人数
47	严	166	49	阮	149
48	屈	159	50	姚	149

经济发展

综合实力 新中国成立前，锦溪历来以农业为主，种植水稻、三麦、油菜作物，工商业基础较为薄弱。新中国成立后，经济建设速度时快时慢。1978 年，工农业总产值 2016.08 万元，工业产值占工农业总产值的 18.68%，农业产值占 81.32%。改革开放后，调整产业结构，改变传统农业经营方式．乡镇企业蓬勃发展，工业经济获得新的跨越发展，商贸服务业快速崛起。1987 年，工农业总产值 11957 万元，工业产值比重猛增至 74.56%，农业产值占比降至 25.44%；人均国民收入 1349 元，居民储蓄 1290 万元。进入 21 世纪后，外向型经济和民营经济逐步成为产业支柱。2005 年，完成地区生产总值 38.02 亿元，国内生产总值 12.28 亿元。其中第一产业 7688 万元，占国内生产总值的 6.26%；第二产业 53508 万元，占国内生产总值的 43.57%；第三产业 61623 万元，占国内生产总值的 50.17%。公共财政收入 8069 万元。位列国家统计局农村社会经济调查总队公布的全国综合实力千强镇第 565 位。2017 年，完成地区生产总值 75.12 亿元。其中第一产业 2.15 亿元，占地区生产总值的 2.86%；第二产业 36.96 亿元，占地区生产总值的 49.20%；第三产业 36.01 亿元，占地区生产总值的 47.94%。人均地区生产总值 16.85 万元。完成全口径财政收入 12.80 亿元，其中地方公共财政预算收入 7.10 亿元。农民人均纯收入 33676 元。全国综合实力千强镇位次上升至第 302 位。

农业 锦溪四季分明，雨量充沛，土地肥沃，历来以水稻、三麦、油菜为主要种植作物，农业生产占主导地位。新中国成立后，实行土地改革，组织互助合作，大力开展农田基本建设，通过新开、拓浚河道，修筑沟渠，修建电排灌站等水利基础设施，不断

锦溪生态产业区

推广先进生产技术，发展农业机械，粮食产量稳步增长。1980 年，水稻、三麦、油菜亩产分别达 380.5 千克、211 千克、114.5 千克，分别是解放前的 2.2 倍、7 倍和 6.5 倍。

1983 年，实行家庭联产承包责任制。90 年代，推行农村土地规模经营，在土地确权基础上实施经营权流转。农业效益、农村面貌和农民生活发生了根本性转变。设施农业、高效农业、生态农业得到蓬勃发展。设立现代生态农业园区，建成万亩生态粮田、万亩果蔬基地、万亩水产基地。

2017 年，全镇农业总产值达 3.00 亿元，是 1985 年的 10.57 倍，其中农业 7199 万元、林业 1294 万元、畜牧业 2307 万元、渔业 1.92 亿元。粮食总产量 1.31 万吨，其中水稻 9279 吨、三麦 3825 吨、油菜 20 吨。水稻、三麦、油菜亩产分别为 613 千克、311 千克、142 千克。

工业 锦溪镇历史上工业基础较为薄弱，以砖瓦生产为主，故民间有“三十六座桥，七十二只窑”之说。1952 年工商登记资料记载，解放前夕有私营砖瓦窑 66 座、石灰窑 12 座，有私营米行兼营碾米的小型米厂 5 家和榨油的油坊 1 家，还有铁、木、竹、成衣、酿造等私营手工作坊 84 家。乡间农民家庭有纺纱织布的习俗。1956 年社会主义改造基本完成时，全镇有公私合营工业 4 家、手工业生产合作社 5 个。

正崴集团昆山科技园

80 年代，乡镇工业如雨后春笋一般，发展迅速。1985 年，与上海石化横向联合的化纤低弹厂年加工涤纶弹力丝 552.12 吨，生产涤纶华达呢 180.22 万米，实现产值 3902.82 万元，利税 360 多万元，成为江苏省化纤织物的骨干企业，受到江苏省人民政府嘉奖。1987 年，国营大东砖瓦厂年产 85 红砖 6928.46 万块，平瓦 122.91 万张；砖瓦一厂、砖瓦二厂等六大镇集体砖瓦厂年产 85 红砖 23478 万块；村集体小砖瓦窑多达 98 座，年产青砖、青瓦折合 85 标准砖 11238.4 万块，成为名副其实的“砖瓦之乡”。

1985 年 1 月，中共中央和国务院决定把长江三角洲开辟为沿海经济开放区。1989 年，锦溪镇成立了历史上第一家中外合资企业——大地玩具有限公司，美方投资 6 万美元，年出口玩具 10 万打。1991 年，总投资 125 万美元的中日合资企业——森茂服装有限公司诞生。1993 年，锦溪镇实现全社会出口商品交货额 22083 万元，比 1990 年的 1642 万元增长了 12.4 倍。1991—1993 年共批准外资项目 23 个，总投资 7126 万美元。1994 年，森茂公司一厂变为锦弘、景泰、锦利 3 家中日合资企业；总投资 600 万美元的中日合资企业——恩锦时装有限公司开业。1998 年，锦溪镇又成立了日进、锦翔两家时装有限公司。服装企业规模不断扩大，职工人数增加到 3600 人，全年生产服装 391 万件（套），实现利税 1200 万元，占全部镇办企业总额的 75%，成为远近闻名的“服装之乡”。

1999 年，锦溪镇规划并启动 3.8 平方千米的昆山经济技术开发区锦溪工业配套区的建设。2001 年 10 月，由台湾正崴电子股份有限公司投资开发的正崴精密（昆山）科技园区正式落户。2006 年 4 月，建立锦溪生态产业区。2017 年，园区规划总面积 6.51 平方千米，共有注册内外（台）资企业 981 家，其中外（台）资项目 99 个，总投资 13.2 亿美元；内资项目 882 个，总投资 86 亿元。完成工业总产值 201.18 亿元。进出口总额 134.15 亿美元，其中出口 49.46 亿美元。上缴利税 11.52 亿元。产业门类主要包括电子信息、精密机械、服装纺织、体育休闲、印刷包装、塑料五金等。

宝锦激光智能焊接机器人

丰岛电子智能生产线

服务业 陈墓镇历史上作为纯居民的县直属镇，商业较为繁荣。解放前，全部为私营商业。油坊、米行、南货、酒酱、绸布等行业实力雄厚。1950 年 10 月，成立陈墓供销合作社。1964 年下半年，陈墓供销社出席全国供销总社物价管理经验交流会，成为全国供销系统先进典型之一。1982 年，陈墓供销社商品销售额首次突破千万元，达 1030.46 万元。

1995 年，锦溪旅游公司成立，锦溪旅游业驶入发展快车道。2017 年，锦溪镇接待游客共计 155.44 万人次，出售门票 51.7 万张，门票收入 1773 万元，实现全社会旅游收入 2.66 亿元。

90 年代初期，锦溪镇城镇居民人均住房面积不到 10 平方米，“住房难”的问题十分突出。1998 年，全面推行房地产市场化体制，房地产市场得到迅猛发展。2017 年，全镇房屋销售面积 3.08 万平方米，其中普通住宅 1.26 万平方米，别墅住宅 1.82 万平方米，实现销售收入 3.6 亿元。2017 年，人均住房面积近 55 平方米。

城镇建设

道路交通 锦溪历史上“镇为泽国，四面环水，咫尺往来，皆须舟楫”，大大小小各类船只遍及各村各户。镇区有往来苏州、昆山、上海青浦等地的客轮，每日早、中两班。1984

锦溪客运站

2004 年，镇域公交开通

年，锦溪历史上首条公路——昆（山）陈（墓）公路建成通车。1985 年，又建成陈（墓）周（庄）公路。之后，陈（墓）虬（泽）公路、锦（溪）甪（直）公路等乡村公路相继建成，逐步形成了以公路为载体、以车辆为工具的交通出行体系。2002 年，实现村村通公路。2004 年，完成“农村通达工程”，实现村村通公交。2017 年，全镇共有市域公交线路 6 条，日行班次 193 班；镇域公交线路 12 条，日行班次 232 班。并完成公共自行车服务系统建设，设置公共自行车免费服务点 21 个。

供水供电 1985 年，陈墓镇市镇区建成自来水厂，日均供水 1600 吨。1986 年起，各村自办自来水厂。至 1992 年，全镇 100% 家庭用上自来水。1995 年，建造镇自来水二厂，1997 年扩建，日供水能力达 5000 吨。2006 年并入市网，改用“昆山直供水”。2017 年，全镇自来水管网总长度 400 千米，日供水量 2 万吨，受益人数 12 万人。

2017 年，辖区内有 110 千伏变电所 2 座、10 千伏配电线路 32 条 298.6 千米，总容量 23.04 万千伏安，总用电量 4.89 亿千瓦时，其中工业用电 4.43 亿千瓦时，农业用电 360 万千瓦时，照明用电 4270 万千瓦时。

供气 90 年代，市镇居民逐渐开始使用液化气。由专门从事液化气供应的单位或个人集中居民钢瓶，组织运输车辆至昆山充气，收取劳务费。之后，农村居民也逐步使用液化气。1998 年，锦溪燃气有限责任公司成立并投入使用，基本满足了全镇居民的液化气用气需求。2010 年 5 月，锦溪镇开通天然气。2017 年，天然气市政中压管网总长度 135 千米，用户数 3700 户，日均用气量 2.50 万立方米。

渠亭文化广场

社会民生

按照学有优教、劳有厚得、病有良医、老有颐养、住有宜居要求，锦溪积极推进幸福“五有”工程，居民生活水平不断提高。先后异地新建锦溪中学、锦溪幼儿园、锦溪中心小学、锦溪文体中心、锦溪汽车站、锦溪人民医院，高标准建设水榭蓝湾、锦溪花园等农民动迁安置小区，兴建老年日间照料中心 5 个，建成国家级水利风景区 1 个、江苏省级湿地公园 1 个。总绿化面积 697 万平方米，绿地率 23%。

文化教育

锦溪自古就有“枯灯夜读”的良好风尚，文人汇聚，文风繁盛。明末清初，陈墓镇就有义塾私塾，以供本乡子弟读书受教。戊戌变法后，吴昆公立两等小学堂创办。辛亥革命后，新学兴起，陈墓镇及周边农村办学踵兴。至 1929 年，仅昆山县陈墓地区就有小学 6 所，学童 565 人。1945 年，乡绅陈子静等人创办昆山县私立渠亭初级中学。1956

年，转为公立。1965 年，开始增设高中班。2017 年，全镇有中学、中心小学、成人教育学校各 1 所，在校学生 3142 人；镇幼儿园 2 所，农村幼儿园 2 所，在园幼儿 909 人。全部中小学教师中，具有高级教师职称 32 人，占比 15.24%；中级教师职称 130 人，占比 61.90%；教师学历达标率 96.19%。义务教育阶段学生入学率，在校学生巩固率、毕业率、升学率均为 100%。

80 年代中期，在陈益、陆家衡、周玉菁等人带动下，文学、书画、篆刻、诗歌等文艺活动活跃，涌现出万芊、张惠新、蒋志坚、朱勤、张斌等一大批在国内具有一定影响的青年作家、书画家。陈益出版小说、散文和文学传记 60 余部，获国家和省、市文学奖多次，1988 年被吸纳为中国作家协会会员。陆家衡的书法作品曾十余次参加国家级重大展览并多次获奖，出版书法专著 5 部，1991 年被吸纳为中国书法家协会会员。万芊出版微型小说集多部，作品曾获第三届紫金山文学奖，2009 年被吸纳为中国作家协会会员。乡土文学刊物《锦溪》，自 1985 年创办，至 2017 年年末，已累计出版 185 期。2006 年起，每年举办为期 5 个多月的群众文化艺术节，为锦溪优秀民俗传统文化的挖掘、保护、弘扬以及文艺人才队伍的培养、文艺事业的繁荣发挥了重要作用。

锦溪中心幼儿园 位于锦溪镇普庆路西段南侧。前身是始建于 1945 年的吴昆公立两等小学堂（有两个校区，一个在昆山县界，一个在吴县界）的附属幼稚园。2004 年，锦溪镇人民政府出资异地新建。全园占地面积 9438 平方米，建筑面积 4404 平方米，绿化面积 3900 平方米。拥有 12 个幼儿活动室、12 个幼儿睡眠室、标准化食堂、多功能教

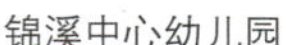
锦溪中心幼儿园

锦溪镇环湖幼儿园

室、图书室、阅览室、电脑室、科学发现室、美术室、舞蹈房、幼儿保健室等设施。幼儿活动场地 3338 平方米。为江苏省示范性实验幼儿园。

锦溪镇环湖幼儿园 位于锦溪镇东环湖新区佳苑路。占地面积 6936 平方米，建筑总面积 6578 平方米，主要包括活动室和卧室 12 个，舞蹈、创意美劳、科学探索、多媒体等专用教室 5 个，幼儿早教基地 1 个，可容纳 4 轨 12 个班、480 名幼儿入园学习。每个班级均设有各自分隔的游戏场地。每间教室均配有衣帽间、卫生间、活动室、休息室等。设有儿童戏水池、儿童沙坑、七彩跑道等儿童游乐设施，并配以太阳能及电辅热同步淋浴和烟雾报警、远程起泵等消防安全系统。2015 年 9 月正式建成启用。

锦溪小学 位于锦溪镇锦富路 421 号。前身为 1905 年创办的吴昆公立两等小学堂。原址位于锦溪镇菉荇街。2011 年 9 月，新址正式启用。学校占地面积 94 亩，建筑总面积 17854 平方米，建有行政楼、阶梯教室、图书室、教学楼、艺体馆、食堂和标准运动场等，规划设计 7 轨 42 个班，总投资 1 亿元。80 年代起，开展业余无线电活动，屡获全国金奖、银奖等奖项。为苏州市“十佳”体育特色学校。

锦溪中学 坐落于锦溪镇普庆路北侧。始创于 1945 年，前身为昆山县私立檠亭中学。校匾为国民党元老、书法家于右任题写。原址位于锦溪镇南五保湖畔。1993 年，锦溪镇人民政府出资异地新建。学校占地面积 59127 平方米，建筑面积 14083 平方米，有教育主楼 3 幢、标准化教室 15 个、专用教室 10 个，配有标准足球场、室内游泳馆等，活动场地 28800 平方米。校园内绿荫如盖，花团锦簇，为苏州市绿色学校和首批苏州市

锦溪小学

锦溪中学朱文鑫纪念碑

锦溪文体中心图书馆

教育现代化学校。

锦溪文体活动中心 位于环湖路北侧、邵甸港路东侧。2011 年 7 月正式动工兴建，2013 年 9 月竣工使用。中心总占地面积 40292 平方米，总建筑面积约 26000 平方米，总投资 1.19 亿元。主要包括综合服务大楼、演艺中心、体育馆和室外活动广场四大功能区。综合服务大楼内设图书馆、电子阅览室、排练厅、综合活动室、多功能室、文艺之家和多功能小剧场等。演艺中心设座位 378 张，配有现代化舞台音响系统。体育馆内设篮球场、羽毛球场、乒乓球台、台球台、健身房、过敏体质测试站等。以纪念著名天文学家朱文鑫而命名的槃亭文化广场，占地面积 1 万平方米，南侧立有朱文鑫巨型铜像，东侧为下沉式露天音乐广场，成为锦溪文化的又一新地标。

医疗卫生

锦溪医疗卫生事业起步早，基础好。解放前夕，全镇有个体中医诊所 17 个、西医诊所 5 个，公立乡村卫生服务站 1 个。1954 年，个体业主在自愿互利基础上组成联合诊所。1958 年，联合诊所并入镇卫生服务站，成立淀西人民公社卫生院。1966 年，上升为陈墓地区卫生院。1968 年起，各村陆续建成卫生室，形成县、公社、大队三级医疗网络。2017 年，全镇有锦溪人民医院（昆山市老年医院）1 所、村（社区）卫生服务站（中心）10 个，建立居民健康档案 3.87 万份，群众基本医疗服务得到有效保障。

锦溪人民医院 始建于 1948 年，前身为吴昆陈墓乡村卫生服务站。之后几度扩展搬迁，至 1961 年 2 月，搬迁至镇北大街（今长寿路西段）。2010 年 12 月，新锦溪人民医院奠基。2014 年 6 月 8 日，落成并整体搬迁启用。新医院位于镇东新区长寿东路，占地面积 4.73 万平方米，建筑面积 2.94 万平方米，包括门诊、急诊、病房、医技检查功能室、预防保健所、行政用房及其他辅助用房等主要功能区域，总投资 2.0 亿元。医院

锦溪人民医院

与复旦大学附属华山医院、华东医院，江苏省人民医院等建立了紧密合作关系，并确立了注重老年人生理和心理需求的老年科室，开设床位260张，其中老年床位150张。2017年，有医护人员310人，其中副主任及以上医师31人、主治医师57人，为全国二级乙等医院。

居民生活　解放前，居民生活甚为艰苦，经济收入极其微薄。市镇居民吃老板饭，每月工资为糙米5斗至1石。学徒3年，除吃饭外，每月作为5升米月规钱，用于理发、买肥皂和牙粉。农民终日耕耘劳动，由于产量不高，缴纳田赋、地租后所剩无几。贫苦

全民健身活动

农民种不起地，不得已，男子到地主、富农家做长工、打短工，女子做佣人维持生计。渔民则更为艰苦，一家一户常住船上，捕捞工具落后，所获甚微，且小鱼小虾沿街沿村叫卖也不值钱。如遇冬天连续刮风下雪，河水结冰，不能捕捞，常有人因无法生活而乞讨。

新中国成立后，开展互助合作，走社会主义集体化道路，工农业生产不断发展，居民生活日益改善，除部分困难户外，普遍能过上温饱生活。80 年代初，农村推行家庭联产承包责任制，农民生活水平得到很大提高。1985 年，农民人均净收入 757.57 元，农民建房逐步从平房向 2 层楼房转变。1997 年度，全镇农村新建房屋 5607 间，楼房达 5530 栋，占 98.6%。90 年代，中外合资企业、私营企业、个体工商户、土地承包等迅速发展，居民收入快速增长。2005 年，全镇农民年人均纯收入 8334 元，职工年平均工资 14691 元；全镇居民人均住宅面积 54.31 平方米。据 2006 年抽样调查显示：每百户家庭拥有家用轿车 2.5 辆，摩托车、电动车 80 辆，自行车 94 辆，洗衣机 58 台，电冰箱 53 台，彩色电视机 118 台，电话 76 部，移动电话 141 部。2017 年，锦溪镇农民人均纯收入 33676 元。按收入结构，工资性收入占 46.38%，经营性收入占 30.10%，财产性收入占 4.64%，转移性收入占 16.93%，其他 1.95%。家用轿车、彩色电视机、冰箱、空调、电脑等耐用消费品基本得到普及。

农民动迁安置小区水榭蓝湾

锦溪镇行政服务中心

社会保障 90年代后，社会保障体系逐渐完善。社会保险（养老保险、医疗保险、失业保险、工伤保险和生育保险）、社会救济、社会福利、社会优抚安置、下岗职工基本生活保障及再就业工程、住房制度改革、最低生活保障、失地失水农民补偿、拆迁征地补偿、农业生态补偿等政策的实施，使居民生活得到全面保障。2003年，推行新型农村基本养老保险制度。之后，逐步向社会保险制度并轨。2017年，全镇参加养老保险人数16206人，其中社会养老保险16085人，农村基本养老保险121人，总参保率99.87%；参加医疗保险人数27421人，其中社会医疗保险15982人，农村基本医疗保险11439人，总参保率99.73%。

行政服务 2005年，锦溪镇设立便民服务中心，按照“一窗受理、内部运作、上下联动、全程服务”的运作模式，推进机关廉洁、高效、便民服务。同时，全镇23个村（社区）便民服务中心也相继成立，使基层单位和镇村居民办事更加方便、快捷。2013年12月，位于镇东环湖新区佳苑路的新办公大楼全面启用，并更名为锦溪镇行政服务中心。中心办公面积2000平方米，服务窗口增至38个，进驻部门26个，服务项目200多项。2017年，全镇两级累计办理事项35万件，办结率100%。

行政村　社区

1962年4月，实行行政区划调整，陈墓地区改设县直属陈墓镇、淀西人民公社和陈墓人民公社。陈墓镇为纯居民镇，下辖7个居民委员会。淀西人民公社与陈墓人民公社为农业社。淀西人民公社下辖陆家、袁甸、双联、北联、长云、冯家坝、卫星、苗圃、陆泾、三联、向阳、顾村、明东、朱浜、祝甸、狭港、张浜、南前、北前、庄港 20 个生产大队。陈墓人民公社下辖三星、虬东、虬南、虬西、盛塘、西塘、南圣浜、东庄、西庄、红霞、张南、张中、张北、阮先、北塘、新计、东晞、葛墓、干家甸、新丰、顾家浜、袁家甸、南庄 23 个生产大队。1968 年，淀西人民公社设新农大队，陈墓人民公社设水产大队。

1983 年 6 月，改公社管理委员会为乡人民政府，实行乡管村体制。生产大队改为村民委员会。1985 年 2 月，实行镇管村体制，陈墓乡、淀西乡并入陈墓镇，陈墓镇辖 45 个村民委员会、6 个居民委员会。

1999 年起，各村民委员会及居民委员会逐步进行撤并调整。至 2017 年 12 月，锦溪镇共下辖 20 个行政村、3 个社区居民委员会。

虬泽村 位于锦溪镇界东首，距古镇 8000 余米，原由虬泽、虬西、虬南、徐家浜、荷花荡、徐泾、夏潭、梅浜 8 个自然村组成。2015 年，梅浜自然村整体动迁至水榭蓝湾、锦溪花园等小区。2017 年，村域总面积 7.14 平方千米，户籍人口 3161 人。耕地面积 1740.72 亩。村级集体经济总收入 588.69 万元，村民人均纯收入 33676 元。村委会所在地为虬泽自然村。

盛塘村 位于镇东南 7 千米处，南起淀山湖，东、西与虬泽村、马援庄村接壤，原由盛塘、小渔田、南圣浜、西盛 4 个自然村组成。2015 年，西盛、小渔田、南圣浜自然村动迁至水榭蓝湾、锦溪花园等小区。2017 年，村域总面积 4.36 平方千米，户籍人口 1850 人。耕地面积 2127.79 亩。村级集体经济总收入 529.27 万元，村民人均纯收入 33152 元。2012 年、2014 年两度被评为昆山市文明村。村委会所在地为盛塘自然村。

虬泽村

盛塘村公共服务中心

马援庄丰泽湾小区

红霞村富民工业基地

马援庄村 地处镇东南5千米处，南起淀山湖，东、西、北分别与盛塘村、计家墩村、红霞村交界，由马援庄、西庄2个自然村组成。2017年，村域面积3.13平方千米，户籍人口1556人。耕地面积652.66亩。村级集体经济总收入297.29万元，村民人均纯收入35924元。村委会所在地为马援庄自然村。

红霞村 位于镇东南4千米处，东与盛塘、南与马援庄、西与张家厍、北与北管泾等村相接，原由红霞、南管泾、南湾、后湾4个自然村组成。2015年，南湾、后湾自然村整体动迁至锦溪花园、水榭蓝湾等小区。2017年，全村区域面积3.74平方千米，户籍人口1843人。耕地面积1424.94亩。村级集体经济总收入421.79万元，村民人均纯收入34770元。村委会所在地为红霞自然村。

计家墩村 位于锦溪镇西南部，与上海市青浦区交界，由计家墩、张南2个自然村组成。2017年，计家墩自然村整体动迁至锦溪花园、水榭蓝湾等小区，原有村落经过规划改造，建成计家墩理想村乡村旅游示范点。2017年，村域总面积1.85平方千米，户籍人口1094人。耕地面积588.36亩。村级集体经济总收入335.22万元，村民人均纯收入32789元。2007年被评为江苏省生态村。2009年荣获江苏省“民主法治示范村”称号。村委会所在地为计家墩自然村。

张家厍村 位于锦溪古镇东南3千米处，北连锦溪生态产业区，西傍五保湖与锦溪古镇相接，由张家厍、张北2个自然村组成。2017年，全村区域面积3.13平方千米，户籍人口1748人。耕地面积566.69亩。村级集体经济总收入383.62万元，村民人均纯收入33686元。2007年被评为江苏省生态村。2013年荣获江苏省“民主法治示范村”称号。2013年、2016年两度荣获“江苏省文明村”称号。村委会所在地为张家厍自然村。

阮家浜村　位于锦溪古镇东2千米处，南临阮白荡，北靠白莲湖，东与北管泾村相连，西与干家甸村相接，为锦溪生态产业区核心地区之一，辖阮家浜、先生娄2个自然村。2002年起，先生娄自然村整体动迁至水榭蓝湾小区。2017年，全村区域面积2.17平方千米，户籍人口877人。耕地面积157.10亩。村级集体经济总收入276.98万元，村民人均纯收入33818元。村委会所在地为水榭蓝湾小区内。

北管泾村　位于锦溪古镇东3千米处，北靠白莲湖，与张浦镇尚明甸村交界，东与淀山湖镇官里村接壤，由北管泾、塘里2个自然村组成。2006年，锦溪镇成立生态产业区，全村被整体划入。2017年，村域面积2.12平方千米，户籍人口1107人。耕地面积882.22亩。村级集体经济总收入291.45万元，村民人均纯收入33780万元。村委会所在地为北管泾自然村。

孟子浜村　位于锦溪镇北4千米处，与张浦镇交界，东临白莲湖，南临葛墓潭，西临矾清湖，北临杨树淀，由孟子浜、葛墓2个自然村组成。2017年，区域面积5.42平方千米，户籍人口2970人。耕地面积2940.96亩。全村集体经济总收入740.43万元，村民人均纯收入32572元。2007年被评为江苏省卫生村。村委会所在地为葛墓自然村。

联湖村　位于锦溪镇南五保湖西岸，北与锦溪古镇区毗邻，由渔业、联湖2个纯渔业自然村组成。渔业、联湖两村最早建成于1968年的“陆上定居”，原址分别在北管泾村以东和长云村以北，被称为陈墓水产大队和淀西水产大队。1982年，搬迁至现址，并定名渔业村和联湖村。2017年，联湖村湖、河水产养殖面积共计2万余亩，年产各类水产品2600余吨。2017年，村域面积0.31平方千米，户籍人口1127人。村级集体经济总收入395.67万元，村民人均纯收入33346元。村委会所在地为联湖自然村。

周家浜村　地处锦溪古镇南3千米处，东至陈墓港，南至汪洋荡，西至长白荡，北倚五保湖，由周家浜、南庄2个自然村组成。2005年，建成周家浜农业生态园，总面积178亩，生产“锦鲜牌”“宝果牌”等有机农产品，年销售额超过40万元。2017年，全村区域面积3.50平方千米，户籍人口2245人。耕地面积1926.97亩。村级集体经济总收入560.17万元，村民人均纯收入33993元。村委会所在地为周家浜自然村。

顾家浜村　地处锦溪镇南4千米处，三面环水，东、南为汪洋荡，与上海青浦交界，西为长白荡，毗邻周庄镇，由顾家浜和袁家甸2个自然村组成。2017年，全村区域面积1.57平方千米，户籍人口1452人。耕地面积1138.14亩。村级集体经济总收入434.28万元，村民人均纯收入29836元。村委会所在地为袁家甸自然村。

联湖村

周家浜村

顾家浜村

孟子浜村

北管泾村锦溪工业邻里中心

朱浜村

朱浜村 位于锦溪镇西南5千米处，东临长白荡，北依明卿荡，由朱家浜、祝甸、全旺浜、丁家堰4个自然村组成。2000年，规划建设朱浜民营工业小区。2017年，有个私企业15家，年产值6270万元。2017年，全村区域面积3.44平方千米，户籍人口2989人。耕地面积2171.69亩。村级集体经济总收入581.35万元，村民人均纯收入34800元。村委会所在地为朱家浜自然村。

三联村 位于锦溪镇西3千米处，东接卫星村，南临长白荡，西靠明卿荡，北连陆泾村，由顾村、金村、金家娄、蜻蜓港、王家浜、双娄里6个自然村组成。2017年，全村区域面积3.28平方千米，户

三联村

籍人口 2401 人。耕地面积 2460.14 亩。村级集体经济总收入 726.90 万元，村民人均纯收入 34438 元。2007 年被评为江苏省卫生村。2013 年被评为江苏省生态村。2015 年荣获江苏省“民主法治示范村”称号。2016 年荣获“2013—2015 年度江苏省文明村”称号。村委会所在地为金家娄自然村。

卫星村

卫星村　属锦溪镇郊，环绕于锦溪古镇区周边，东临邵甸港，西倚三联村，南连五保湖，北接陆泾村，由邵塔港、娄里、苗圃 3 个自然村组成。2017 年，区域面积 1.19 平方千米，户籍人口 1193 人。耕地面积 276.13 亩。村级集体经济总收入 346.23 万元，村民人均纯收入 34123 元。2013 年被评为江苏省三星级康居村。2014 年荣获江苏省“民主法治示范村”称号。村委会所在地为苗圃自然村。

狭港村

狭港村　位于锦溪古镇区西 7 千米处，东接陆泾村，西临澄湖，南邻明卿荡，北靠南前村，常嘉高速公路沿村西而过，由狭港、康家浜、庄港、盛浜、忠东 5 个自然村组成。2008 年，锦溪镇成立现代生态农业园区，狭港村整体划入园区。2017 年，全村区域面积 3.29 平方千米，户籍人口 2150 人。耕地面积 1925.67 亩。村级集体经济总收入 559.61 万元，村民人均纯收入 33916 元。村委会所在地为康家浜自然村。

南前村 位于锦溪古镇西北 7 千米处，澄湖东南隅。常嘉高速公路沿村西而过，设有常嘉高速澄湖服务区，由南前、北前 2 个自然村组成。2008 年，锦溪镇成立现代生态农业园区，南前村整体划入园区。2017 年，全村区域面积 3.16 平方千米，户籍人口 1602 人。耕地面积 1609.26 亩。村集体经济总收入 438.49 万元，村民人均纯收入 32729 元。2013 年被评为江苏省三星级康居村。2016 年荣获江苏省“农民合作示范社”称号。2014 年、2016 年两度获得“昆山市文明村”称号。村委会所在地为南前自然村。

南前村

陆泾村

袁甸村

陆泾村 位于锦溪镇西2千米处，锦角路西侧，由陆家湾、蒋家浜、陆家浜、凌家浜、谈巨田5个自然村组成。2010年，整体划入锦溪现代生态农业园区。2017年，村域面积3.26平方千米，户籍人口1847人。耕地面积1552.46亩。村集体经济总收入574.48万元，村民人均纯收入33345元。村委会所在地为陆家浜自然村。

袁甸村 位于锦溪镇北3千米处，东临矾清湖，西依澄湖，北与吴中区甪直镇相邻，由褚家浜、焦沙港、袁家浜、田肚里、对方桥5个自然村组成。2010年，整体划入锦溪现代生态农业园区。2017年，区域面积3.75平方千米，户籍人口2099人。耕地面积2183.10亩。村集体经济总收入791.92万元，村民人均纯收入33484元。村委会所在地为褚家浜自然村。

长云村 地处锦溪镇北4千米处，北靠矾清湖，与甪直古镇隔湖相望，东北与张浦镇交界，由张家浜、长娄里、独云甸、於家湾、下扒娄、冯家坝6个自然村组成。2010

长云村

年，整体划入锦溪现代生态农业园区。2016 年，冯家坝村整体动迁至锦溪花园小区。2017 年，村域面积 3.15 平方千米，户籍人口 1846 人。耕地面积 2008.87 亩。村级集体经济总收入 683.16 万元，村民人均纯收入 33781 元。2013 年被评为江苏省三星级康居村，同年荣获江苏省“和谐社区建设示范村”称号。2015 年获得苏州市“城乡一体化改革发展先进集体”称号。2016 年被评为江苏省“农民合作示范社”。村委会所在地为长娄里自然村。

上下塘社区　为锦溪古镇核心区。1985 年，陈墓镇、陈墓乡、淀西乡合并，实行镇管村体制，原陈墓镇建置改设为陈墓镇街道办事处。2016 年 7 月，改名为上下塘社区居

锦溪花园社区

民委员会。2017 年，区域面积 1.3 平方千米，户籍人口 5846 人。社区居委会位于文昌路 194 号。

干家甸社区 位于锦溪古镇东郊。2007 年 9 月，由原干家甸村改制而成。2000 年设立开发区，该村耕地被先后征用。2017 年，区域面积 1.7 平方千米，户籍人口 1128 人。社区集体经济总收入 310.12 万元，居民人均纯收入 3.5 万元。社区居委会位于水榭蓝湾小区内。

锦溪花园社区 位于锦溪古镇北部。2012 年，规划兴建锦溪花园。2014 年，挂牌成立锦溪花园社区居民委员会。锦溪花园总规划面积 80.32 万平方米，2017 年，建成区面积 31 万平方米，入住居民 4000 余人。2017 年被评为江苏省“和谐社区建设示范社区”和“全国综合减灾示范社区”。社区居委会位于文昌路 525 号大东厂园内。

生态水乡

锦溪镇地处太湖流域淀泖地区，境内湖荡众多，河港相连，土地肥沃，田畴平展。在经济快速发展的同时，锦溪镇牢牢把握自身的自然生态资源禀赋，以生态理念引领经济社会绿色发展，以水美、田美、村美建设为抓手，着力打造美丽乡村、富裕乡村、幸福乡村。先后建成明卿荡国家水利风景区、五保湖省级湿地公园；建成江苏省级生态村15个、苏州市级生态村2个，两级生态村占比达85%；建成苏州市级现代农业示范园区1个；镇建成区绿地率35.2%，绿化覆盖率40.5%。2015年，被评为江苏省首批、苏州市首个“水美乡镇”。

锦溪

湖泊

清康熙年间进士陈景琇《陈墓纪原集序》称:“由葑水而东,长湖巨浸,指不胜屈,而陈墓独浮诸水之上,为东南胜地。”锦溪水域面积 48.7 平方千米,占政区总面积的 52.7%,是苏南地区湖泊及河流分布最为密集的地区之一。拥有大小湖泊 16 个,其中淀山湖、澄湖、白莲湖、长白荡、明卿荡、矾清湖、五保湖、汪洋荡、阮白荡[①] 9 个湖泊已被列入《江苏省湖泊保护名录》。

淀山湖 古名薛淀湖。据《(光绪)青浦县志》载,淀山湖得名因其古时湖面辽阔,中有淀山屹立于湖心之故。湖呈葫芦形.位于镇东南,为上海市青浦区与昆山市界湖。总面积 95596 亩,其中昆山市境 23025 亩,锦溪镇界 12006 亩。为淀泖水系吐纳之宗。上游太湖之水由急水港注入湖内,北通吴淞江,东南经青浦区境内拦路港流入黄浦江。沿湖有马援庄、盛塘、虬泽等自然村。宋代昆山状元卫泾《过淀山湖》诗云:“疏星残月尚朦胧,闲入烟波一棹风。始觉舟移杨柳岸,直疑身到水晶宫。乌鸦天际墨千点,白鹭滩头玉一丛。欸乃一声回首处,青山浑在有无中。”

澄湖 又名陈湖、沉湖。位于镇西北,跨昆山、吴江、吴中三地,镇内水域与周庄镇相连。《太平广记》云:“该地古为陈县(或云陈州)而名陈湖。”湖畔寝浦禅林寺内的清顺治十八年(1661)铸钟刻有“天宝元年地陷成湖”,故名沉湖。属泻湖型,为古太湖的残迹湖。湖盆近三角形,总面积 60953 亩,其中昆山市境 11925 亩,锦溪镇界 4770 亩。沿湖有狭港、宅前、袁甸等自然村。

---

① 以上所列 9 个湖泊中,明卿荡、矾清湖、五保湖、汪洋荡为当地名称及地方志书上的名称,《江苏省湖泊保护名录》中分别名为明镜湖、万选湖、陈墓荡、汪洋湖。今以当地名称及地方志书中的名称为准。

白莲湖　亦称白淀湖。形似莲花。位于镇北偏东，与张浦镇交界。总面积 7843 亩，其中锦溪镇界 4706 亩。沿湖有孟子浜、葛墓、北管泾等自然村。2016 年被规划建设为昆山市白莲湖郊野公园。

矾清湖　又名万千湖，古称矾清湖、范迁湖。相传春秋时期吴国灭亡后，范蠡返回越国，曾经取道于此，所以得名范迁湖。又因其湖水碧澄清澈，有如明矾，故又称矾清湖。位于镇北偏西，与吴中区甪直镇交界。面积 1493 亩。明末诗人吴伟业在顺治二年（1645）清兵大举南下时，曾经携百口家眷，到锦溪族亲家中避乱，写下长诗《矾清湖》。诗中写道："吾宗老孙子，住在矾清湖。湖水清且涟，其地皆膏腴。堤栽百株柳，池种千石鱼。教僮数鹅鸭，绕屋开芙蕖。有书足以读，有酒易以沽。终老寡送迎，头发可不梳。相传范少伯，三徙由中吴。一舸从此去，在理或不诬。"沿湖有褚家浜、袁家甸、长云等自然村。

长白荡　位于镇南偏西，与上海市青浦区金泽镇和昆山市周庄镇交界。据《（淳祐）玉峰志》记载，北宋景祐年间（1034—1038），苏州郡守范仲淹因"太湖等数州之巨浸，独泄于松江之一川"，乃"招募兵士，开三十余浦，将上游之水分而纳之海"。工程完工以后，为防止河道再次淤塞，又征召 300 名兵士，成立开江指挥所，巡查全县水利，驻军营地就设在长白荡西口扎营坝上。面积 6635 亩。沿湖有祝家甸、朱家浜、金村、顾

长白荡

明卿荡

家浜等自然村。

明卿荡 亦称明镜荡。因韩世忠夫妇曾在此操练水师，南宋建炎四年（1130），赢得黄天荡大捷，故得名明卿荡。位于镇西侧，与周庄镇交界。总面积 4666 亩，其中锦溪镇界 3266 亩。沿湖有狭港、陆泾、三联、明东等自然村。

五保湖 亦称陈墓荡。位于锦溪古镇南首，因旧时建置区划上陈墓属昆山县第五保，故名。五保湖原有面积 4364 亩，分南白荡和东白荡两个部分。南白荡北自古镇莲池禅院，南至计家墩村、周家浜村一线，与汪洋荡相连接；东白荡西自陈墓古镇，东至阮家浜村，与阮白荡相连。1968 年，陈墓人民公社实施围湖造田工程，对东白荡进行围

五保湖

垦。1976 年，又对南白荡西南角进行围垦。今五保湖北自陈墓古莲池禅院，南至周家浜村，西自南庄村，东至张家厍村，南弦北弧，呈半圆状。水域面积 2560 亩。拥有十眼桥、陈妃水冢及莲池禅院、古莲桥等众多古迹。

阮白荡 位于阮家浜村南，俗称阮白荡。东至南、北管泾村，西至张家厍村，南至红霞村。面积 779 亩。

棋盘荡 位于盛塘村西、红霞村东。原有面积 1881 亩，因湖中屿田较多，像棋盘一样，故称棋盘荡。1976 年，南半荡 1559 亩被围垦造田。2017 年，棋盘荡面积 322 亩，建有棋盘荡湿地公园。

杨树淀 也作杨塾甸、杨树甸、杨树田等。位于孟子浜村以北，长云村以东，东岸与北岸为张浦镇界境。总面积 2579 亩，其中锦溪镇界 2192 亩。杨树淀南接邵甸港，北连吴淞江，为贯穿昆山市南北的主要航道之一。

汪洋荡 俗称蔓莱洲。位于锦溪镇南部，与上海市青浦区金泽镇交界。西接长白荡，东连淀山湖。总面积 4920 亩，其中锦溪镇界 2541 亩。沿湖有顾家浜、周家浜、马援庄等村。

葛墓潭 位于葛墓村西北。面积 600 亩。沿湖有葛墓、孟子浜、冯家坝等村。

其他湖泊 袁甸南白荡，位于袁甸村南，面积 435 亩。南庄荡，位于南庄村西偏北，面积 315 亩。百家荡，位于北管泾村东，面积 211 亩。红霞后白荡，位于红霞村北，面积 95 亩。此外，原来还有群英荡、六百亩荡、红霞荡等湖泊，均于六七十年代被围垦造田。

河流

据锦溪水利站统计，2017 年，境内有大小河流 371 条，总长度 258.22 千米。其中外圩河流 265 条，总长度 189.15 千米；圩内河流 106 条，总长度 69.07 千米。二级河道 1 条，三级河道 7 条，四级河道 6 条，其余均为五级河道。东西走向的主要河道有长牵路港、邵塔港、东西中心河（陈虬河）等。南北走向的主要河道有邵甸港、陈墓港、大东港、郊浦港、南北中心河（管泾港）等。

长牵路港

长牵路港 东起明卿荡，西接澄湖，船只由澄湖过长牵路港，经明卿荡、长白荡、汪洋荡，可直达淀山湖，为苏沪间的重要水上航道。2012年，实施河道拓宽工程。2017年，河道长1950米，平均面宽70余米，底高-0.5米，为昆山市二级河道。

邵甸港 北起葛墓潭，南接五保湖，为北往吴淞江的重要交通干流。长2.3千米，一般面宽40米，底高-0.5米。2011年，河道等级变更，由昆山市二级河道更改为昆山市三级河道。

陈墓港 北起五保湖，南接汪洋荡，为南达淀山湖、太浦河及浙沪地区的重要交通干流。长2.2千米，一般面宽140米，底高-0.5米。2011年，河道等级变更，由昆山市二级河道更改为昆山市三级河道。

郎浦港 南起淀山湖，北接白莲湖东北口牛舌头港。全长5747米，一般面宽35米。旧时为政区东部原陈墓乡境贯穿南北的主要河道，《（淳祐）玉峰志》称其为“郎浦”。

明镜荡国家水利风景区①

位于昆山市锦溪镇西南片区，西与澄湖连通，东与淀山湖相接，包括明卿荡、长白

① 该名称为国家水利风景区名单所列，如前所记，明镜荡即明卿荡，下文皆以明卿荡记述。

荡、五保湖、汪洋荡4个自然湖泊。景区主要以昆山南部水乡岸线整治工程为依托，与锦溪古镇相呼应，总面积近32平方千米，其中水域面积10.78平方千米。2014年，被水利部授予国家水利风景区称号。

明卿荡水利风景区以生态水利工程为载体，以优美水环境为基础，以水文化与生态修复为核心，以江南治水固土的堤岸景观为亮点，以人水和谐的江南治水文化为主题，融水利科普、田园观光、乡村游憩、文化体验、运动拓展、休闲度假、生态养殖等多元素为一体，为开放式、综合型、生态化水利风景区。主要包括“一心一廊五区”，即旺家湾接待中心，环湖生态廊道，锦溪古镇游览区、五保湖水上休闲区、长白荡生态度假区、明卿荡乡村慢游区和汪洋荡生态保育区。

景区采用一次规划、联动开发的方式实施推进，除原有的锦溪古镇游览区外，环湖生态廊道已基本建成，其余区域均在有序推进之中，预计2020年全面建成。

主要景点有祝甸古窑遗址公园、澄湖水产苗种基地、现代农业展示中心、天文气象科普基地、怡乡春竹农家乐、滨湖休闲景观带等。

环湖生态廊道 南起长白荡祝甸古窑遗址，沿长白荡西北向湖岸过明卿荡至澄

环湖生态廊道

湖，再沿澄湖岸线向东折返，经矾清湖、五保湖、白莲湖，止于白莲湖郊野公园，全长30.17千米。工程于2013年1月正式启动，规划计划于2020年5月全面完工，分四期实施建设，总投资3.2亿元。至2017年年底，一期工程3.82千米的长白荡段和二期3.85千米的明卿荡段已全面完成，三期10.5千米的澄湖段工程已完成工程量的85%，四期工程正有序推进之中。

环湖生态廊道突出体现了水安全、水生态、水文化、水景观的建设理念，将水利工程上升为生态工程、文化工程。大堤高4.7米，堤顶道路宽5米，采用彩色沥青铺设，可供游人骑车慢行。护岸外设5～10米自然水生植物涵养带。沿线结合节制闸、桥梁工程，建设供游人憩息观赏的景墙、景观亭、亲水平台等，形成独具鲜明生活气息和浓郁江南风韵的滨水活动空间。廊道将锦溪的几个主要湖泊及主要景点串珠成链，成为一条绕行于水乡田园之间、贯穿全镇的生态绿廊、休闲慢廊和文化长廊。

湿地

锦溪文化资源丰富，自然资源独特，尤其是得天独厚的水资源，赋予了锦溪“水乡天堂”的美誉。从 2012 年起，锦溪先后建设了环湖生态廊道、明卿荡水利公园、五保湖湿地公园、东方荡生态乐园、白莲湖郊野公园等众多以湖泊、河流湿地为主体，以文化、休闲、生态为特征的开放式主题公园，初步形成了水绿相融、景观优美的湿地生态系统。

五保湖湿地公园 以五保湖、长白荡两大湖荡为主体，西起长白荡堤岸，东抵锦商路，北至五保湖堤岸带，南至长白荡及汪洋荡区域乡镇边界。总面积 4.5 平方千米，其中湿地面积 3.94 平方千米，湿地率 87.6%。公园以锦溪古镇为依托，以生态保护为宗旨，

五保湖湿地公园湖滨广场

包括生态保育区、宣教展示区、管理服务区三大功能区。公园通过滨岸及自然驳岸、沼泽及浅滩湖荡湿地、森林湿地、垛田风光的修复与再造以及湿地动植物标本展示、湿地净化流程展示等湿地知识普及，将锦溪古镇与湿地公园联袂建成“古镇游 + 湿地游”的特色生态旅游线路，总投资 1.35 亿元。2014 年，被评定为江苏省级湿地公园。

东方荡生态乐园　位于锦溪镇东南部，东临锦商路，北临同周路。占地面积 36.97 万平方米。公园原为 70 年代陈墓砖瓦一厂取土留下的宕口，面积 594.67 亩，局部深度达 5.6 米。2012 年，投资 8000 万元，对宕口及周边原有鱼塘进行生态修复和改建。2015 年 5 月，正式建成并对外开放。

东方荡生态乐园以垂钓休闲为主题，集垂钓科普展示、垂钓活动、垂钓主题俱乐部、鱼肆美食、亲子垂钓园于一体，服务对象主要包括昆山、苏州和上海等附近城市的居民，成为其节假日短途旅游及日常休闲的重要目的地。同时，也组织承办相应的赛事活动，为广大垂钓爱好者提供交流平台，是长三角地区第一个垂钓主题公园。

白莲湖郊野公园　位于锦溪镇北部。公园以白莲湖为核心，东至长江南路，西至江浦南路，南至正崴路，北至沪常高速公路（江苏段，S58）。规划总面积 17.94 平方千米，其中水域面积 4.9 平方千米，分南、北两期工程建设。南部一期工程自 2015 年 5 月动工兴建，至 2017 年年底已完成总工程量的 50%。

东方荡生态乐园

白莲湖郊野公园组图

以白莲湖及周边原有岛屿为基础，突出体育休闲主题。南部一期工程通过修筑绿影堤，将挹芳洲、栖霞岛、浣碧岛、映波岛、碧莲洲等大小岛屿串珠成链，形成梅香樱

虬泽自然村

艳、鸥波荷香、竹深荷静、海棠春坞、雪香云蔚、凝霞秋色、云影青松、梦泽飞鹭八个景点，为游人营造返璞归真的景观感受。

古村落

历史上，锦溪镇曾有自然村落 66 个。2002 年起，因经济发展需要，西盛、小鱼田、南圣浜、南湾、后湾、梅浜、先生娄、冯家坝、计家墩 9 个自然村相继整体动迁至蔚蓝半岛、锦溪花园等小区。至 2017 年年底，全镇共计自然村落 57 个。这些村落大的超过千户，最小的也有百户，都有上百年的历史，碧水环绕，开门见河，绿树掩映之中，粉墙黛瓦，错落有致，为典型的江南水乡田园村落。

虬泽自然村 位于淀山湖西北畔，因形似虬龙卧泽，故名虬泽。古朴幽静，风光旖

旋。自然村面积 0.38 平方千米，户籍人口 2285 人，为锦溪镇最大的自然村落。按照村内“T”字形中心河道，人们常将其分为虬南、虬东、虬西 3 个小自然村。村内现存完好的三孔梁桥圣福桥，位于虬泽港北段，始建于明嘉靖五年（1526），跨径达 17.9 米。每年农历三月初三的虬泽庙会，至今已有 600 多年的历史。

盛塘自然村 旧称盛荡，位于锦溪古镇东 6 千米处，淀山湖西北畔，面湖朝阳，风光秀丽。自然村面积 0.19 平方千米，户籍人口 835 人。村内，郎浦港蜿蜒曲折，贯穿南北。港北段郎浦桥，东西走向，长 15 米，宽 2 米，矢高 2.6 米。始建于明洪武四年（1371），由里人邵七捐资建造，原结构为单孔石梁桥，70 年代改建，今两侧古桥墩保存完好。

马援庄自然村 地处锦溪古镇东南，南临淀山湖，西靠汪洋荡。相传东汉名将马援曾在此训练兵马，故得名马援庄。村内河流、河湾与村舍、绿树相映成趣，景色秀丽。自然村面积 0.27 平方千米，户籍人口 675 人。1938 年 1 月 26 日（农历旧年十二月廿五），一支在淀山湖中航行的侵华日军船队突然闯入马援庄村，残暴杀害手无寸铁的马援庄村民 92 人，制造了惨绝人寰的“马援庄大屠杀”。今有马援庄遇难同胞纪念碑，为昆山市爱国主义教育基地。

红霞自然村 旧名落霞浦村，位于锦溪古镇东南 4 千米处。自然村面积 0.18 平方千米，户籍人口 1098 人。村内

张家厍自然村

有“两横四纵”河流 4 条。位于南北中心河南端的同善桥，东西走向，长 22.4 米，宽 1.64 米，跨径 14.9 米，矢高 3.3 米。始建于清道光十七年（1837），为三孔石梁桥，现保存完好。

张家库自然村 位于锦溪古镇东南 3 千米处。相传三国辅吴将军张昭于汉末避乱江东，死后安葬于村边，遂名张家库。全村由 16 个大小圩屿组成，18 条河道呈“回”字形弯绕其中，犹如水上迷宫。人们通常将其分为张南、张中、张北 3 个小自然村。自然村面积 0.30 平方千米，户籍人口 2112 人。活跃在村民中的“锦溪宣卷”为国家级非物质文化遗产。

马援庄自然村

葛墓自然村 位于锦溪古镇东北 3 千米处，东临白莲湖，西依江浦路。自然村面积 0.14 平方千米，户籍人口 1076 人。据清《(乾隆)陈墓镇志》记载，宋室南渡时，高宗妃（或云孝宗妃）葛氏葬于村西南，因此得名“葛墓”。清彭龙光《南宋葛妃墓记》载，石椁若方，案高三尺许，断碑二，农家取为砺石，字迹磨灭，约略篆文俱不可辨，墓西南有埋香港，或因墓得名欤。

祝甸自然村 位于锦溪古镇西南 7 千米处，呈半岛状突兀于长白荡西岸。自然村面积 0.11 平方千米，户籍人口 711 人。历史上，曾以窑业著称。现有大小乌窑（砖窑）19 座。2006 年，祝甸古窑遗址被列为江苏省文物保护单位。

金村自然村 位于锦溪古镇西南 3 千米处。自然村面积 0.04 平方千米，户籍人口 177 人。金村地处长白荡、明卿荡相连的隘口，村东南扎营坝古渡曾为范仲淹治水时的驻地，也是陈墓义士陆兆渔抗清的练兵之所。村西南明卿荡则为韩世忠八千水军的水上练兵之地，2014 年建设成为国家级水利风景区。

宅前自然村 位于锦溪古镇西北 7 千米处，澄湖东南隅。村内大宅港为古时出入澄湖之要冲。据《(康熙)吴郡甫里志》载，因村内有号称明朝第一锦衣卫陆完（陆少保）的宅院，故得名大宅港、宅前。自然村面积 0.24 平方千米，户籍人口 1524 人，通常将其分为南前、北前 2 个小自然村。1979 年围滩造田时，出土了完整的石钺、牛鼻耳大陶、断柄熨斗等文物，经南京博物院专家认定，有的为新石器时代，有的为商周时期，是崧泽文化时期澄湖遗址的重要组成部分。现存东永济桥，在大宅港东段，为单孔石梁桥，清光绪三十三年（1907）修建。

褚家浜自然村 位于锦溪古镇北 5 千米处，澄湖、矾清湖相接处的南岸。自然村面积 0.07 平方千米，户籍人口 638 人。据《(乾隆)吴郡甫里志》载，顺治二年（1645），清兵大举南下时，诗人吴伟业曾携百口家眷，到锦溪族亲家中避乱，居住于褚家浜吴氏宅，著有长诗《矾清湖》。

万亩生态良田

锦溪镇为江南鱼米之乡，气候湿润，雨量充沛，光照充足，土地肥沃，盛产的稻米米质油润剔透，口感香醇柔和、富有弹性，在沪、苏、杭地区享有较高的声誉。2017年，全镇耕地面积2.83万亩，其中水稻种植面积1.52万亩，分别占昆山全市的17.8%和14.6%。

现代生态农业园 西起澄湖湾沿岸，东至矾清湖，南自明卿荡，涉及狭港、南前、三联、陆泾、长云、袁甸、孟子浜7个行政村，总面积16.56平方千米，其中湖泊、河道等水域面积5200亩，耕地面积8033.47亩。辖区内无一家工业企业，土质优异。工程按照生态、生产、生活有机统一，农业、农村、农民统筹协调，加快现代农业发展要

现代生态农业园小景

求，实施区内土地平整，退塘还田1000亩，硬化田间道路2.7千米，新建改建电灌站7座，增设桥梁5座，埋设地下管渠2.93千米，新增耕地600余亩，高标准农田达标率超过82%，形成“田成方、林成网、路相连、桥相通”的现代农田新风貌。工程自2012年2月起实施，至2014年6月全面完工，总投资6212万元。2017年，园区已初步形成万亩优质良田、5000亩高效渔业、5500亩花卉苗圃和有机果蔬4个区域，有长云农场、昆山欧耕尼克有机农场、昆山市澄湖水产良种有限公司、澄绿林木专业合作社等生态农业项目5个，成为苏州市首批现代农业示范园区。

长云农场 位于现代生态农业园东片区，由长云、袁甸、孟子浜3个行政村的农村

长云农场

土地股份合作社于2012年组建而成。全场流转耕地4840亩，入股农户2020户，涉股农民3926人。农场在农村土地股份合作社基础上，按照“政府引导、农户自愿、明确股权、提质增效、责任共担、利益共享”原则，实行入股农户共同参与的新型合作化经营新模式，统筹经济效益、生态效益和社会效益同步增长。2017年，全场粮食总产量2144.12吨，亩均886千克；集体土地经营收益496.1万元，亩均1025元，亩均流转收入达925元。

昆山欧耕尼克有机农场　位于现代生态农业园西片区澄湖畔。现有总面积500亩，种植面积300亩，其中150亩为大棚及陆池种植区，150亩为有机水稻生产区。农场成

昆山欧耕尼克有机农场

农场内优质的蔬菜

立于2008年，自选种、清洗、育苗、移栽皆依循国家以及国际认可的标准，从有机肥料加工到有机蔬果生产实现生态循环农业模式。栽种期间，不使用化学农药、化学肥料、激素、除草剂以及转基因种子，并且采收、分级、包装、贮藏、运输采用冷链管理，以保持新鲜度，从而确保有机蔬果质量。农场融优质蔬果供应、优良品种培育推广、中小学生学农教育、环境保护与生态农业示范于一体，先后通过农业部中绿华夏有机食品认证中心、杭州万泰认证有限公司等专业评估机构的有机认证。2017年年总产量250吨，其中有机蔬果225吨，有机大米18.75吨。黄瓜、大白菜、菠菜等37个品种得到有机认证。

万亩生态水面

锦溪河港纵横，湖荡众多，水产资源极为丰富。解放初期，共有渔民73户、364人。他们以船为家，既无固定的生产基地，又无稳定的生活环境，一年四季漂泊在水面上，以捕捞为业，自产自销维持生计。60年代后期，成立水产和新农两个纯渔业大队，分属陈墓、淀西两乡，实现陆上定居。2000年，两个渔业村合并，成立联湖行政村。2017年，全村共有渔民368户、1127人。

生态放养 六七十年代，锦溪渔业基本上有赖于天然的水产资源，湖河港汊、鱼虾蟹贝、鱼市兴旺。改革开放以后，农村逐步开展多种经营，发展池塘养鱼。之后，又利用湖荡发展围网养殖。池塘及围网养殖，靠人工投喂饵料及药物，所养的鱼密度大、生长快、产量高，但同时对水质造成了不良的影响，鱼的品质也不断下降。

2012年起，锦溪镇进一步确立生态优先的发展战略，大力开展“退网还水”“退塘还田”“退二还一”“退二进三”“四退”工作，一年内全面拆除密布湖荡河汊的网簖、网箱，强化联湖村渔业合作社功能，全境域实施生态自然放养。同时，结合锦溪旅游业发展，举办鲃鱼美食节、“渔你有约”锦溪野生鱼开捕节等，开设锦溪野生鱼专供

2015 年生态鱼增殖放流活动

店，打造锦溪生态鱼品牌。

2017 年，锦溪镇生态放养面积 25171 亩，占昆山全市的 25%；水产品总产量 471.62 吨，主要生产青鱼、草鱼、鲢鱼、鳙鱼“四大家鱼”，虾、蟹及鲃鱼、湖鳗等优质鱼类，实现经济效益 2915.71 万元。渔业村村集体经济收入 395.67 万元，渔民人均纯收入 33346 元。锦溪鲃鱼、湖鳗、水晶虾、塘鳢鱼、锦鲤、黑蚬等湖鲜，成为远近闻名的可口佳肴。

鱼种繁育 2010 年，成立昆山市澄湖水产良种有限公司，位于锦溪镇南前村西、澄湖西南岸，占地面积 925 亩，拥有精养池塘、深水塘等 47 口，养殖面积 510.3 亩；三级水质生态净化区 149 亩；人工繁殖产卵池 4 口，面积 5 亩。公司立足地方水产良种保种育种、新技术新品种示范推广、新模式试验及新成果转化等功能，同年设立上海海洋大学（昆山）苗种科研工作站，为农业部水产健康养殖示范场、江苏省级水产良种繁育场和现代渔业示范场。2017 年，繁育青鱼、草鱼、鲢鱼、鳙鱼“四大家鱼”，异育银鲫、

鲃鱼

白丝鱼

黄颡鱼

优鲈 1 号、暗纹东方鲀等优质苗种，共计 3.8 亿尾；生产夏花鱼种 50 吨，冬片鱼种 200 吨，大规格扣蟹 10 吨，其他单、套养品种 30 吨，是长江及太湖流域水生生物资源增殖放流优质种苗的重点骨干基地之一。

鱼病防治 2006 年，成立锦溪水产医院，诊所面积 120 平方米，配有专职渔业科技人员 3 人，拥有联通水生动物疫病远程会诊网络的病害远程会诊系统、多功能水质分析仪、多功能食品分析仪、紫外—可见分光光度计、溶氧仪、pH 计、浊度仪等先进仪器设备，免费为水产养殖户提供水质监测、病害防治等指导服务。2017 年，服务水产养殖户 241 户次以上，服务水面超过 3 万亩。

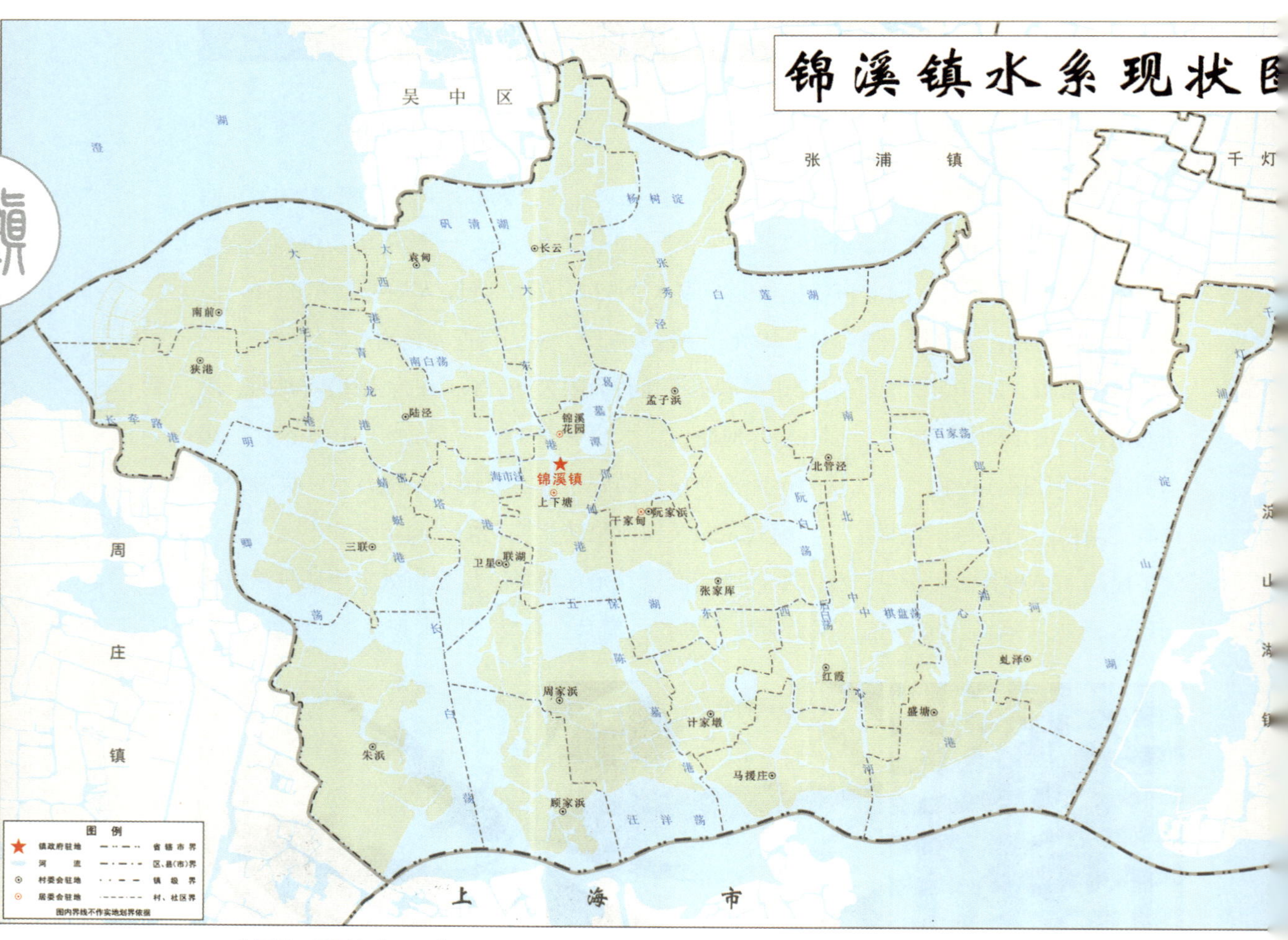

审图号：昆图审（2019）004 号

古镇风貌

古镇锦溪素有“三十六座桥，七十二只窑”的谚语，历史悠久，文化底蕴深厚，名胜古迹众多。南宋时，因孝宗帝驻跸，陈妃病殁水葬于此，声名鹊起，诸多人文景观也渐次而生。明洪武二年（1369），镇西设巡检司，负责苏州葑门外独墅湖、大姚、甪直浦等地治安。明清时期，成为高启、沈周、文徵明、祝允明等众多文人墨客的流寓之地。通神道院、古内河水道、文昌阁、古莲池、古区公所等众多遗址至今保存完好。至2017年，拥有国家级非物质文化遗产1项、江苏省级文物保护单位2处、昆山市级文物保护单位16处、昆山市级控制保护单位4处。

錦溪

古镇格局

古镇锦溪以河道为骨骼，依河而建，因水成街，因水成市。古镇区位于政区中部，东起邵甸港，西至道院港，南依五保湖，北至柴场港，占地面积67.98公顷，其中核心保护区面积21.2公顷，基本保持着“一河两街、水陆并行”的水乡古镇格局。存有明、清、民国历史传统建筑86786平方米，古巷、古弄、古砖门楼30余处。河道呈“丰”字形，长6000余米，两岸分布着河埠、水墙门、过街廊棚、吊脚楼等极具江南水乡特色的建筑物，16座宋、元、明、清各个时期的古桥梁散落其间，自然而巧妙地将河、街、房、巷连缀在一起，形成小桥流水人家的风貌。从高处看，粉墙黛瓦，青黑色屋面此起彼伏，大小庭院井井有条，百年以上古宅随处可见。

古镇人家

古镇水道

据《(乾隆)陈墓镇志》记载:"陈墓镇界泾在镇中，自南至北几及六七里，中有分支，其西界属元，南有南塘，自界泾分支由里河桥而通道院港及明卿荡，达陈湖而至苏郡。中有锦溪港，自界泾分支由中和桥、锦溪桥、太平桥而南归道院港。北有圣堂浜，自界泾分支由乐安桥、永宁桥而达海市下，今已淤塞。东界属昆，南有王家浜，自界泾分支由黄公桥、东小桥东流而入东白荡。中有颜家浜，自界泾分支由长寿桥东流而转北。北有天水塘，自界泾分支由天水桥、具庆桥，东汇颜家浜水，合出北小桥，逶迤里

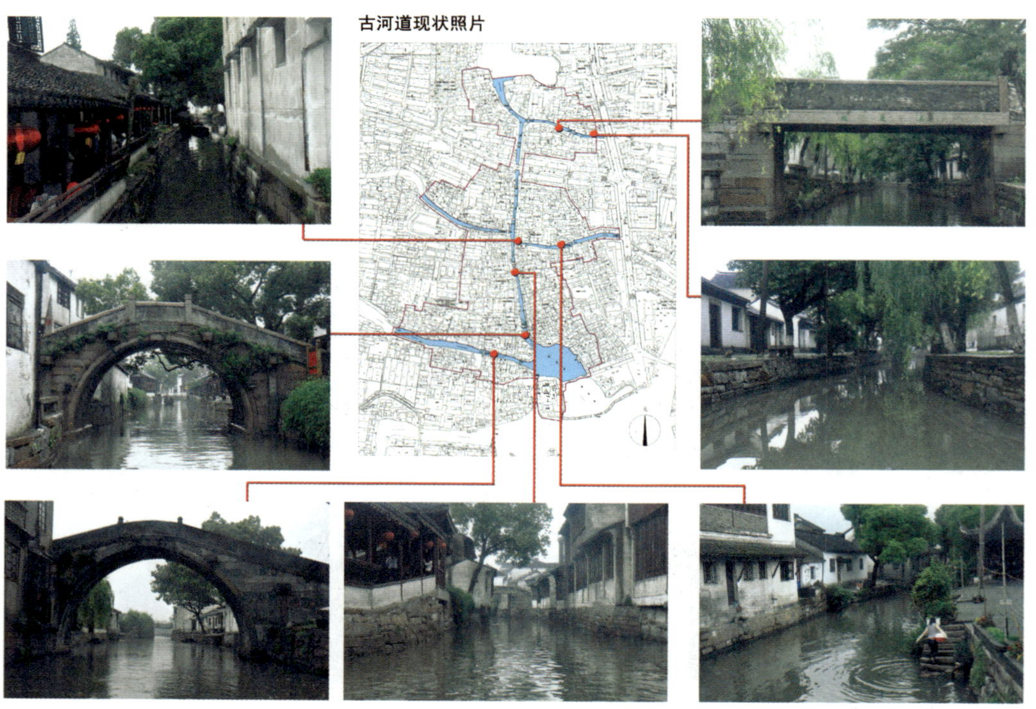

古内河水道组图

许而归葛墓潭。极南由莲池院旁出五保湖，南至南庄节寿桥；极北出丽泽桥，北至冯家坝永福桥，俱属陈墓镇元昆之界泾也。”近三百年来，锦溪古镇市河，除颜家浜于1996年填河筑路被改造外，其余河道均保持原貌。

中心市河　旧时为昆、吴两县界河，也称界泾、界浦河。南起莲池禅院西侧、五保湖口，北出丽泽桥至海市洼，全长1000余米，宽约6米，南北走向。南宋以后，锦溪古镇迅猛扩张。明清时期，市河及市河两岸上、下塘街已发展成为古镇的商业中心，街道市肆林立，河道船来船往，十分繁荣。90年代，锦溪镇北新区设立，古镇商业逐步从古镇区迁入新区。南北中心市河弯曲如龙形，镇南

南北中心市河

菱荡湾水面开阔，如同龙口，东西两侧各有两条支流，犹如龙的四足，北过丽泽桥，河面逐渐收窄且向东，犹如鱼龙入水，栩栩如生。今河上普庆桥、溥济桥、众安桥、丽泽桥等众多古石桥保存完好。

南塘港 因其旧时为三图，又称三图港。位于锦溪古镇南端，中心市河以西，东起节寿桥，与菱荡湾相连，西至通神道院，与道院港交汇，东西走向。明末清初，自然形成。三图港全长 800 余米，东段略窄，宽 4 ～ 5 米，西段呈喇叭形，较宽处达 60 余米。

锦溪港

河上横跨节寿桥、里和桥、三图桥等，是旧时由长白荡进出锦溪集镇的主要水道之一。为“陈墓八景”中古井风亭所在地。

道院港 以通神道院命名。位于锦溪古镇西部，北起海市洼，往南过菉荇大桥，经通神道院西侧与三图港、南邵塔港交汇，南北走向。全长1200余米，宽20余米。道院港历史悠久，其西通明卿荡，过澄湖，直至苏州。相传西周时期，就在河的两岸（今菉荇桥两边）形成村落，名为陆杏村，是锦溪古镇的雏形。

锦溪港 锦溪古镇最早形成的河道之一，位于界浦河西区南北中心，东起中和桥，西至道院港，东西走向。全长600余米。据明邑人陆祚兴《陈墓小记》载：“其西有水一湾，曰锦溪，溪边桃杏千株，灿若天丝云锦，浮梁澌水，酒旗飏风，井灶朝烟，渔歌夜月，诚非人间世，今殆无问津者已。”宋元时期，锦溪河作为全镇的中心，曾繁盛一时。明清以后，市镇逐渐东扩，河道两岸逐渐为一些大户所居。为“陈墓八景”中锦溪渔唱所在地。今有太平桥、中和桥、王宅、蒋宅等历史建筑，保存完好。

菱荡湾 位于锦溪古镇南首，莲池禅院北侧。湖面呈半月形，南有石埂、莲池禅院门前道路和槊亭桥组成一线，向北弯曲，面积 7810 平方米。菱荡湾也是三图港、南北中心市河的交汇点，往南过槊亭桥，即可驶出古镇，进入五保湖，往北即可沿市河到达市镇各地。旧时是渔家及周边百姓往来市镇较为理想的憩息泊船之地，也是周（庄）青（浦）班轮停靠的重要码头，茶楼林立，商肆栉比，繁极一时。解放后，菱荡湾得到较大改造。90 年代，设立菱荡湾文昌阁风景区。菱荡湾常年水平如镜，与禅院的黄墙碧瓦和周边民居的飞檐翘角融为一体，景色秀丽。

古莲池 位于锦溪古镇南首，莲池禅院东侧，南有古莲长桥与五保湖相连，北有石埂与菱荡湾相邻，面积 7912 平方米。据《（乾隆）陈墓镇志》记载，顺治十三年（1656），莲池禅院进行大规模扩建，除修葺殿堂，添加斗坛、三官堂、鹤来处等建筑外，还将禅院的东、北两侧开挖成池沼。同时修筑南、北两条长堤，与外界相连，南堤外即五保湖，北堤将池沼分为南、北两池，意为放生。南池植芙蕖（即荷花），得名莲池；北池栽风菱（即菱），得名菱荡湾；堤上间植榆树、柳树，南风吹来，榆柳婀娜有

菱荡湾

致，芙蕖随风掩映，风菱细叶萦波，别具情趣。旧有“莲池八景”之说。

王家浜

王家浜 又称中王家浜。位于界浦河东区南北中心，西起黄公桥，东流经青龙桥入邵甸港，东西走向，长约 450 米，宽 4 ～ 6 米。两岸均留有明清时期的石驳岸，是旧时锦溪古镇由东进出的主要河流之一。1995 年，锦溪镇实施填河筑路工程，修筑古镇区东西主干道长寿路和南北主干道文昌路，王家浜东段为水泥平桥所覆盖。

北王家浜 位于锦溪古镇北侧，走向与王家浜基本平行，西起天水潭，经天水桥、具庆桥、隆福桥，往东流入邵甸港。东西走向，长约 400 米，宽 4 ～ 6 米。北王家浜与王家浜一样，旧时

曾是由东进出古镇的主要水道，但受 90 年代填河筑路工程影响，水上交通功能受到限制。

古桥梁

锦溪，“镇为泽国，咫尺往来，皆须舟楫”。水多，桥也多。90 余平方千米的政区范围内，2017 年有各类桥梁 175 座。68 公顷的古镇区内，有古桥梁 26 座。这些古桥梁大多建造于明清时期，历经岁月的风霜，依然保存完好。桥上的碑记、柱联、花纹等镌刻精细，形成了富有特色的桥文化。

天水桥　位于镇北天水街西端，南北走向跨于天水塘上。旧时，桥北堍有一北观音堂，故俗称北观音桥，为单孔石拱桥。明永乐五年（1407）由里人郭子敬捐资建造，清顺治九年（1652）里人沈姓重修。桥长 17.4 米，宽 3.3 米，净跨 8.8 米，矢高 3.1 米。拱圈纵联分节，并列砌置。除桥拱为青石质地外，其余由花岗石构成。是锦溪古镇桥梁

天水桥

中保存较为完整的古石桥之一。

该桥地处三河交汇处，河道蜿蜒曲折，两岸绿荫如盖，桥映水中犹如满月，与远近的民居、街道、河埠融为一体，怡静淡雅，如诗如画。桥的两侧各有一副对联。东端是“万恶淫为首，百善孝为先”，西端是“愿天常生好人，愿人常做好事”。桥面中间依稀可见莲花与祥云状的花纹，印记着古镇桥梁建设与宗教发展的关系，形成了极具水乡特色的人文景观。该桥曾多次被选为中外电影、电视剧拍摄的外景地。

丽泽桥 位于镇北，南北中心市河流入界浦港处。桥长 8.2 米，宽 2.1 米，跨度 5.8 米。始建于北宋，历史上曾几经修缮。1971 年，将石级改为碎石斜坡。南北偏西走向，为花岗石梁桥。

丽泽桥前后共有 5 个名字，是锦溪桥梁中名字最多的桥。据《(嘉靖)昆山县志》记载，该桥原名济众桥，陈墓村跨界浦[①]。明永乐五年（1407），里人郭子敬捐资重建后，定名为北星桥。隆庆三年（1569），里人陆五浮等又对该桥进行重建，因是木梁所架，又地处市镇北栅，故该桥又被称为小木桥、北栅桥。清乾隆三年（1738），里人王汉雄捐资将木桥改成了石梁桥，取名丽泽桥，并一直沿用至今。2000 年，锦溪镇人民政府投资 56.6 万元，对该桥进行修葺，拆除原有的砖栏，改建成花岗石镂空桥栏。

丽泽桥

① 旧时陈墓镇以今南北中心市河为界，河东属昆山县，河西属元和县，今南北中心市河旧时亦名界浦河。

溥济桥

溥济桥 俗称陈家桥，位于镇南北中心市河中段。始建于元代，明弘治二年（1489）由里人陆溥、陆济兄弟出资重建。桥长 15.4 米，宽 2.95 米，跨度 5.8 米，矢高 3 米，东西走向，为明代束腰并联式拱桥。桥体为花岗石所筑，拱圈由青石砌叠而成，是锦溪所有拱形桥中跨度最小、桥体最低的单孔古桥。清代后期，镇上一陈姓买下溥济桥西堍的房屋后，重修了该桥，故又称陈家桥。溥济桥桥栏原为木栏，新中国成立后改为砖砌桥栏，并稍作改动，保存完好。

据《（乾隆）陈墓镇志》记载："镇南朱家庄有富宦朱副使，家居时，挟画舫，鼓歌往来市中，夸闾里。溥、济二陆先生厌之，作低桥，以阻其舫。朱不之知也。一日，仍挟画舫鼓吹而来。桥低，不能过，里人拍掌笑之。朱遂恚恨而去，终身不复来。于是，二陆先生即以自讳命桥。"溥济桥最大的特点是桥低而引桥长，长长的引桥伸入巷中，微小的坡度跨河而卧，整座桥显得精巧刚健，稳重大方。桥旁有从民居的廊檐下延伸出来的水码头，与桥体巧妙地连成一体，形成"人家尽枕河"的独特景观。

太平桥 跨于锦溪河西段，南北走向。桥长 20.4 米，宽 3.4 米，跨度 11.3 米，为单孔石拱桥。该桥始建于宋代，重建于明嘉靖三十一年（1552），清乾隆二十四年（1759），里人捐资修复，今桥身朝西北侧刻有青石碑记，刻有捐赠者名单 200 余人，募

太平桥

捐银子一两至十两不等。桥身与拱圈为青石所建，桥面及两侧的石耳、石柱为沙岗石，两侧明柱上，东面镌刻“东迎薛淀金波远，西接陈湖玉浪平”，西面镌刻“数叠渔歌传鹊驾，一弯锦水达龙门”，两侧枕石上镌三小圆，内镌“太平桥”桥额。1981年，桥梁整修时添加了沙岗石桥栏。

太平桥历史悠久。据《(乾隆)陈墓镇志》载：“太平桥在我陈墓里，当水陵之要地，为来往之冲衢。南瞻水冢风亭，东聆鼓声渔唱。客帆御翰，或由是以迎眸；结社残碑，亦经兹而凭吊。虹垂似饮，来月可伸雅怀，龙亘如飞，题柱堪成壮志。”1983年，锦溪镇人民政府曾于太平桥东北堍被淤塞的圣堂浜旧址上建造居民小区，挖掘出了很多古陶罐，后经南京博物院等文管部门考证，证实是南宋时期的军用水壶，即通常所说的“韩瓶”。《(乾隆)陈墓镇志》记载：“夏月，水中浴者于桥之左右，常得长瓶，粗质，四钮，用以养花，花常鲜，水终不臭。相传韩忠武将军将兵至此，遗下军中赏酒瓶，故曰韩瓶。每得一瓶，辄售善价。”太平桥地势高旷，站在桥上，镇四周五湖三荡尽收眼底。相传，当年韩夫人梁红玉正是站在太平桥上击鼓练兵，取得了后来的“黄天荡大捷”。为取谶言，此后凡居民中有远出或子女嫁娶，船只都会绕经太平桥进出锦溪，遂成风俗。

普庆桥

普庆桥 俗称俞家桥，位于镇中心市河南端，靠近菱荡湾口，东西走向。始建于北宋，清雍正十一年（1733）合里人之力重修，乾隆七年（1742）又进行过修葺。此桥是锦溪唯一的360度全环形拱桥，桥长18.5米，宽2.8米，净跨6米，矢高3.75米。桥身以武康石为主，拱圈为分节并列式排列，桥栏由青砖和花岗石柱子镶砌而成，上盖半圆形条石，既美观，又坚固。由于紧靠菱荡湾，桥南水面比较开阔，因此，桥南侧建有石柱，东刻“两岸烟飞通海市”，西刻“一溪浪涌接澄湖”，上面枕石则刻“普庆桥”三字。北面水面稍窄，两岸石阶、水埠密集。

宋室南渡以后，锦溪逐渐由菉荇桥圣荡浜一带向南、向东扩展，据《（乾隆）陈墓镇志》记载，这里“居民稠密，船只众多，为贸易必争之地”。相传，元代古镇海运大户陆华甫就是从这里起航的。直至解放初期，普庆桥周边的上、下塘街及菱荡湾、南大街一带，仍然商铺林立，鱼行、米市、南北货铺不下百家，是昆山南部乃至苏沪嘉地区湖鲜水产和果蔬稻米的重要集散地，商贸市场兴旺。1992年，锦溪建设镇北新区。1994年后，又开辟长寿路、文昌路商业街，这里的商铺逐渐迁出。该桥至今保存完好。

里和桥 寓“邻里和睦”之意，俗称南塘桥，又称南观音桥，位于镇南三图河东段。始建于宋代，清乾隆十二年（1747）重修。桥长22.4米，宽3.1米，净跨9米，矢高 4.8 米，单孔拱桥，南北走向。桥体用花岗岩和石灰石相间砌成，桥栏为青石，拱圈纵联分节，并列砌置。

里和桥是锦溪古石桥中年代最悠久、跨度最大的石桥。据《(乾隆)陈墓镇志》记载，宋时在南塘河滩曾出土过观音石像，人们就在桥的北堍建造观音堂，称为南观音堂，还在桥上设立过水关。桥的南堍原有宋代建造的井亭一座，泉水清洌，久旱不枯，是“陈墓八景”中古井风亭所在地。80 年代初，旅美画家陈逸飞曾几度到锦溪体验写生，并创作了一组以水乡小桥、流水和田园风光为背景的油画作品，在美国引起轰动。一幅名为《晨》的油画，被选作 1985 年联合国邮政局在日内瓦向全世界发行的首日封，画中的桥即是里和桥。

里和桥

《晨》(油画　陈逸飞)

具庆桥　位于镇北天水河中段，因桥北堍历史上曾有一“五路神庙”，即土地庙，守护者姓陈，因此该桥俗称土地桥、陈家老桥。

具庆桥西距天水桥 125 米，始建于明万历年间(1573—1620)，由里人陆安吾建造，《(乾隆)陈墓镇志》载：“安吾因析居隔水，定省不便，以建是桥。”桥南堍西首，原有一孝子坊，为陆安吾孝敬其母的善举所立，60 年代被拆除。现存具庆桥桥长 15.7 米，宽 2.38 米，跨度 7.28 米，矢高 2.72 米，南北走向，花岗石质地，为单孔梁桥。1926 年，由乡人陆成然主持重修。

该桥石质坚固，桥面两侧跨越河面的石条长达 5.5 米，东西两侧中央分别用阳文镌刻着“具庆桥”三字，并以八边形图案镶框，左右两旁分别

具庆桥

用阴文刻着“民国十六年夏”“陆成然经理重建”字样，桥两端还镌刻着祥云图案，与题字疏密有致，雕工精美细腻。桥基及上下桥面均由巨型条石砌成。桥面由 0.6 米见方的石板铺就，正中一块龙腰石上，有一方标准的易经八卦图案，清晰可辨。桥栏杆为压实的青砖，其上为半圆形的长条石，四方形石柱分为头和身两部分，头部沿边用书文边雕饰，简洁大方。

众安桥　位于镇南北中心市河中段，河西上塘街与河东下塘街均为旧时锦溪主要的商业街道，而众安桥则是联结两大闹市的重要纽带，因其西堍原有一旌节坊（解放后拆除），故俗称牌楼桥。

众安桥始建于宋代，《（乾隆）陈墓镇志》记载：“明永乐七年（1409），里人顾克壤重建，向系砖面砖堍，年久倾圮。雍正十二年（1734），里人陈鲁庵捐赀，劝众重修。道光年间重造石砌。”又《（光绪）昆新两县续修合志》记载，乾隆四十六年（1781），里人于宝重建，一度被称为于家桥。今存众安桥长 18.5 米，宽 2.9 米，跨度 6.1 米，矢高 3.5 米，东西走向，为单孔石梁桥。

众安桥虽处闹市中心，但结构坚固，保存完好。桥两侧用阳文镌刻“重建众安桥”五字，两旁分别刻有“道光四十九年”“里人重建”题跋。桥基用宽 0.25 米、长 0.6 ～ 1.2 米不等的大块花岗石平侧相间砌成，东西固定桥面的长系石均为长约 3.9 米、

众安桥

宽约 0.4 米、厚 0.3 米的完整巨石。桥面由五块条石拼合而成，每块条石均宽 0.6 米，长超过 7 米，实为少见。由于桥面条石较为宽大，因此桥面上均用人字形图案雕刻，用以防滑。桥栏为 30 厘米青砖壁砌而成，花岗石望柱、半圆形石扶栏、两端左右抱鼓均完好无损。解放前，该桥东西两堍四角均有桥楼，犹如“一线天”。新中国成立后，西堍两桥楼被先后拆除，今东堍两桥楼保存完好。

圣福桥　位于虬泽村虬泽港北段，靠近荷花荡口，东西走向，为花岗石质地三孔梁桥。全桥长 31.5 米，宽 1.45 米，跨径 17.9 米，其中中央主孔跨径 6.8 米，矢高 3.43 米。始建于明嘉靖五年（1526），清乾隆二十五年（1760）重建，因该桥正对北荷花荡中的独屿墩，墩上建有圣福庙，故称圣福桥。

圣福桥体量高耸，姿态俊秀，靠岸两侧桥基倾角达 38 度，比一般桥梁稍陡。三孔中中间的孔稍宽，但船只均可通行。江中两桥墩大小相同，均呈梯形台状，上窄下宽，由厚达 0.3 米的大型条石垒叠而成，其枕石更是由长 2.5 米、宽 0.62 米、厚 0.4 米的巨石构成，敦厚而又沉稳。这样，水位上涨时既可以增加过水量，又可减小水流对桥墩的冲击力。桥面由花岗岩条石做边沿，内侧凿有凹槽，铺以 0.6 米见方的石板，减轻了桥面的重量，还可以防止打滑。两侧题名石上依稀可见“圣福桥”三字和“大清乾隆二十五年”楷书字样。桥墩上分别立有石柱，下有榫口相扣，牢固坚实。栏杆原为木

圣福桥

质，70 年代维修时改为镀锌管护栏。桥东堍原为虬泽完全小学校（2006 年被撤并），孩子上学放学从桥上经过，未曾有过意外。

虬泽村地处淀山湖西北畔，旧时，淀山湖洪涝频发，据清《淀湖小志》记载，清道光二十九年（1849），虬泽港水灾，洪水从淀山湖过荷花荡进虬泽港，位于村南的武帝庙被洪水冲毁，而位于荷花荡口的圣福桥却安然无恙。该桥至今保存完好。

黄公桥　位于下塘街中段，王家浜与南北中心市河的交汇处，南北走向。明万历年间（1573—1620），里人陆允中建。陆允中十二岁父亡，后随母靠舅舅资助读书，曾任浙江按察司照磨[①]、杭州北新关主政、杭州知府、台州知府等职，后因需赡养母亲，辞去台州知府之职。回乡后，陆允中乐善好施，重建了周公桥和黄公桥。

黄公桥，本为木桥，在陆宅与其王家弄舅家间。陆允中将其改建成石桥后，用其舅姓定名为“王公桥”，又因“王”与“黄”在锦溪属同音，史书上将“王公桥”记作“黄公桥”，人们尊重文史记载，一直将这座桥叫作“黄公桥”。清乾隆十二年（1747）里人陈德音和道光十五年（1835）里人朱雪泉先后对其进行重修。1958 年，陈墓镇人民

黄公桥

① 主管刑名、诉讼、监察的官员。

政府拆除原桥南西侧的小屋，将桥梁整体向西位移了 5 米，使南北下塘街更为顺畅。黄公桥长 7 米，宽 2.86 米，跨度 4.3 米，为单孔梁桥。2002 年，增建了桥廊。

周公桥 位于镇南北中心市河中段，中和桥北 30 余米，东西走向，连通上、下塘街，为单孔梁桥。据《(光绪)昆新两县续修合志》记载，明万历年间（1573—1620）为里人陆允中所建，俗名西街桥。乾隆四年（1739）合里重修，嘉庆十四年（1809）重建。陆允中祖父姓周，其父上门到陆家做女婿后才改姓陆。为了告慰先祖，陆允中随母亲意愿，以周姓将桥定名为周公桥。周公桥长 14 米，宽 2.86 米，跨度 5.81 米。新中国成立后，为方便行人，于 1966 年拆除石级，填高桥堍，改为平桥，取名庆丰桥。2002 年，锦溪镇人民政府投资 90.4 万元，对其及南面的黄公桥进行改造，新建桥亭与东堍沿街廊棚，加宽了桥面，并在石板桥面上加铺了青色方砖。

隆福桥 位于镇东北，天水塘与北街交会处，因其北堍西侧颜家浜口有一长寿桥，附近居民习惯把两桥唤作一名，故又称福寿桥。该桥长 13.7 米，宽 1.63 米，跨度 9.6 米，南北走向，为单孔梁桥。

周公桥

隆福桥

隆福桥始建于明万历年间（1573—1620）。据《(乾隆)陈墓镇志》记载，明忠介公海瑞于万历年间治水于淞南，里人朱良以非罪坐狱，海瑞特救免之，故建海忠介公祠，俗称海都庙，朱良子孙世守祠旁。为方便百姓进祠烧香，遂建隆福桥，取“隆福”之义，其一，海瑞到锦溪治水正是隆庆三年（1569）的事；其二，庙与桥建成之年，锦溪春季三麦、油菜及秋季的水稻均获得大丰收，称得上是福至百姓、国泰民安。清康熙四十一年（1702），合里捐资对隆福桥和海都庙进行重建。雍正时又重修。抗日战争时期，海都庙因年久失修被拆除。1952 年，其地块整个被划归陈墓镇粮管所，作为公用粮库用地。隆福桥存，桥身为青石与花岗石混砌而成，东西两侧题名石上镌刻“福寿桥”三字，无桥栏。今青砖桥栏以及望柱、扶栏、抱鼓石均为 1996 年锦溪镇人民政府在对该桥进行维修时添加，桥栏中间石板刻有“隆福桥”三字。

青龙桥　位于镇东王家浜东段，南北走向，北堍为长埭街与木行头交接处，南堍接西弄堂，可达镇南菱荡湾。

据《(乾隆)陈墓镇志》记载，青龙桥最早是木结构的小桥，名东小桥，雍正年间（1723—1735）合里重建时改为石堍砖面。乾隆五十三年（1788）再次合里重建，改为石桥。因桥位于镇东首，而青龙、白虎、朱雀、玄武四瑞兽中青龙定于东位，故定名青龙桥。青龙桥长 15.1 米，宽 2.9 米，跨度 4.4 米，为花岗石质地的单跨梁桥。桥基稳固，桥身无松动现象。桥栏为砖砌，存抱鼓石 4 个。题名石上刻有“重建青龙桥”楷书字样。

青龙桥

桥北面东堍原有一小浜，名东浜，浜口有一小板桥，原来为木板桥，乾隆年间（1736—1796），里人朱九兰募捐对其重修，改为石板梁桥，定名小云桥。青龙桥与小云桥一纵一横，桥堍联袂，故素有“三步两桥”之称。60年代中期，因城镇发展需要，东浜被填为平地，小云桥也被拆除，仅存桥墩依稀可辨。

中和桥 亦名锦溪中和双桥，位于镇中市锦溪河与市河交汇处，南北走向。桥长13.5米，宽3.9米，跨度4.1米，花岗石单孔梁桥。是锦溪古八景中“锦溪渔唱”的所在地。

据《(乾隆)陈墓镇志》记载，吴越时期，吴王阖闾命伍子胥修建苏州古城时，锦溪即已沿锦溪河、圣堂浜成为集镇。锦溪河东起南北市河，西入道院港，全长764米。“闻昔时桃柳纷披两岸，绿波掩映中流，网影参差，歌声上下，真胜地也。”距东口30米处，旧有一石梁桥，即锦溪桥，相传为宋代以前所建，桥宽约2米，南北均为平头，行人由桥墩两侧上下。宋室南渡后，锦溪市镇区域迅速扩大，逐渐成为苏州葑门外一大镇。中心镇区由原来的锦溪河、圣堂浜一带向东、向南扩展，形成以南北上、下塘街为中心的商贸集聚区域，称为“中市”。元时，人们渐渐觉得上塘街至锦溪河时，须向西绕锦溪桥后再转回有所不便，乡里便募集钱款和工时，于锦溪河口、连接南北上塘街处建造了形制与锦溪桥相似的花岗石单孔梁桥，因其位置属镇中市，故取名“中和桥”。清嘉庆二年（1797），中和桥布众缘进行重建。直至1966年，陈墓镇人民政府

中和桥

为便于行人，将锦溪桥拆除后并入中和桥，加宽桥面，建斜面桥堍，并定名为锦溪中和双桥。

朝阳桥 位于祝甸自然村南北中心市河北段，靠近长白荡口。桥长 21.48 米，宽 2.36 米，矢高 3.5 米，东西走向，是昆山市境内体量最大、保存最完整的砖砌桥。该桥建成于 1957 年，除水中桥基为花岗石质地外，整个桥身、桥栏、踏步均由青砖砌成，高大坚挺、细腻美观。半圆形拱圈为八结黄道砖侧拼而成，弧面光滑，线条流畅。桥身由青砖平顶相间砌成，犹如城墙。桥栏亦为青砖所砌，每两三米设一方形砖柱，使桥栏更为坚固。桥面采用青砖侧砌，以防止打滑。70 年代，村民们基于安全因素，分别在桥栏两侧和桥面砖上砌上水泥，因此，今桥栏、桥面均完好。

朝阳桥

十眼桥

十眼桥 位于锦溪古镇南首，架于坟塘港东五保湖口，始建于清中期，南北走向。桥长52米，宽2.8米，九墩十孔，花岗石平板桥。桥南第一孔为主桥孔，跨径3.5米，高3米，其余八孔均高2.2米，跨径1.8米。南端两个桥墩最大，其余大小一致。桥基采用木桩作根底，上面条石整齐叠砌，稳固性强。桥面为花岗石长条石，除主桥孔桥面较高外，其他均与地面平齐，十分平坦。

十眼桥设计精美，跨度小，孔多，狭长而平坦，大桥孔便于行舟，小桥孔利于泄水，远远望去，犹如长龙卧波，又形似彩带，故有“小宝带桥”之美称。它紧靠五保湖，与莲池禅院、文昌阁、陈妃水冢相映成景。站在桥上，可看见长堤回廊，古阁飞檐；听见鸥鹭长鸣，渔歌互答。站在禅院向西南眺望，桥畔渔舟满泊，桥下炊烟缭绕，则更像是一幅挂在天际、充满着渔家生活情趣的水墨画。2009年，锦溪镇人民政府按照原形制、原材料、原结构、原工艺的“四原原则”，投入87.6万元，对十眼桥进行保护性修缮。该桥是锦溪旅游的标志性景点之一。

古街巷

锦溪古镇依水而筑。68公顷的古镇区内，南北中心市河贯通全镇，形成“一河两街、水陆并行”的整体格局。市河西侧为上塘街，东侧为下塘街。两街横贯南北，组成古镇街巷的主梁骨。市河两侧支流又形成若干街道，上塘街包括三图街、南大街、菉荇街、锦溪街等，下塘街包括长埭廊、天水街、三贤街等。每条街又有若干巷弄，巷弄之间多为里和堂。旧时，上塘街、下塘街、南大街为商业街道。沿街为店铺，后院为作坊或住宅。街面多由石块或碎石铺设，巷弄多由条石铺设，里和堂则大多为青砖侧铺。现存宅院大多始建于明清及民国时期，以坐北朝南为主。较富裕或较有地位的居民以四合院为主，进深一般为3～7进。天井内有水井，门窗以杉木为质，大门以石库门为主，门背有横木作锁，大厅往往有多扇雕花落地长窗，墙头中间有木结构贴柱。屋脊以翘脊为主，形状以鸡、凤、龙为多，有的用鸱吻装饰。外墙两侧有风火墙。房屋多为二层、局部一层砖木结构。

天水街

位于锦溪古镇北端，北王家浜南爿，西起天水塘，向东延伸至油车港，全长178米。天水街民居鳞次栉比，其中百分之八十为明清建筑，粉墙黛瓦，从外部看狭小紧凑，内里却庭院深深。原上街为民宅，下街有水墙门等附设建筑。60年代初，拓宽街道时将下街建筑拆除。住户中以陆姓为主，历来崇尚读书，不乏优秀人才。

德求堂弄　一名得求堂，位于天水街口段偏西，原为陆氏德求堂的后弄，南北进深60余米，占地面积2731.28平方米，建筑面积1691.29平方米。2017年年末，有住户29户，沿弄两侧分布。据清陆宏锺《水东陆氏谱系》记载，陈墓陆氏为唐陆龟蒙后裔，明洪武二十五年（1392），陆龟蒙后裔陆成始迁陈墓，后逐渐繁衍为陈墓世家之一。德求堂弄内有近代著名画家、围棋国手陆曙轮故居，占地面积460平方米，建筑面积200平方米。前有天井、厅堂，后有花园，天井内有古井一口。因院内有两株柿树，因而也称“柿园”，今为陆曙轮、陆家衡父子书画艺术展览馆。

“怀橘遗风”　位于德求堂弄10号，清代一进式两层院落建筑，占地面积154.05平方米，建筑面积273.24平方米。据传，陆氏迁到陈墓不久，其主人就得了一场大病。一日，年幼的儿子在邻居家玩耍时，邻居给每个小孩发了一个橘子，其他的小孩都吃了，只有他把橘子揣进怀里，回家后，跪在父亲的病床前，一瓣一瓣地将橘子塞进父亲的嘴里，由此，陆氏便留下了“怀橘遗风”的行孝佳话。其门楼上原有“怀橘遗风”及“咸丰三年彭蕴章题”字样，“文化大革命”时被毁。

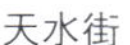

天水街

天水街德求堂弄

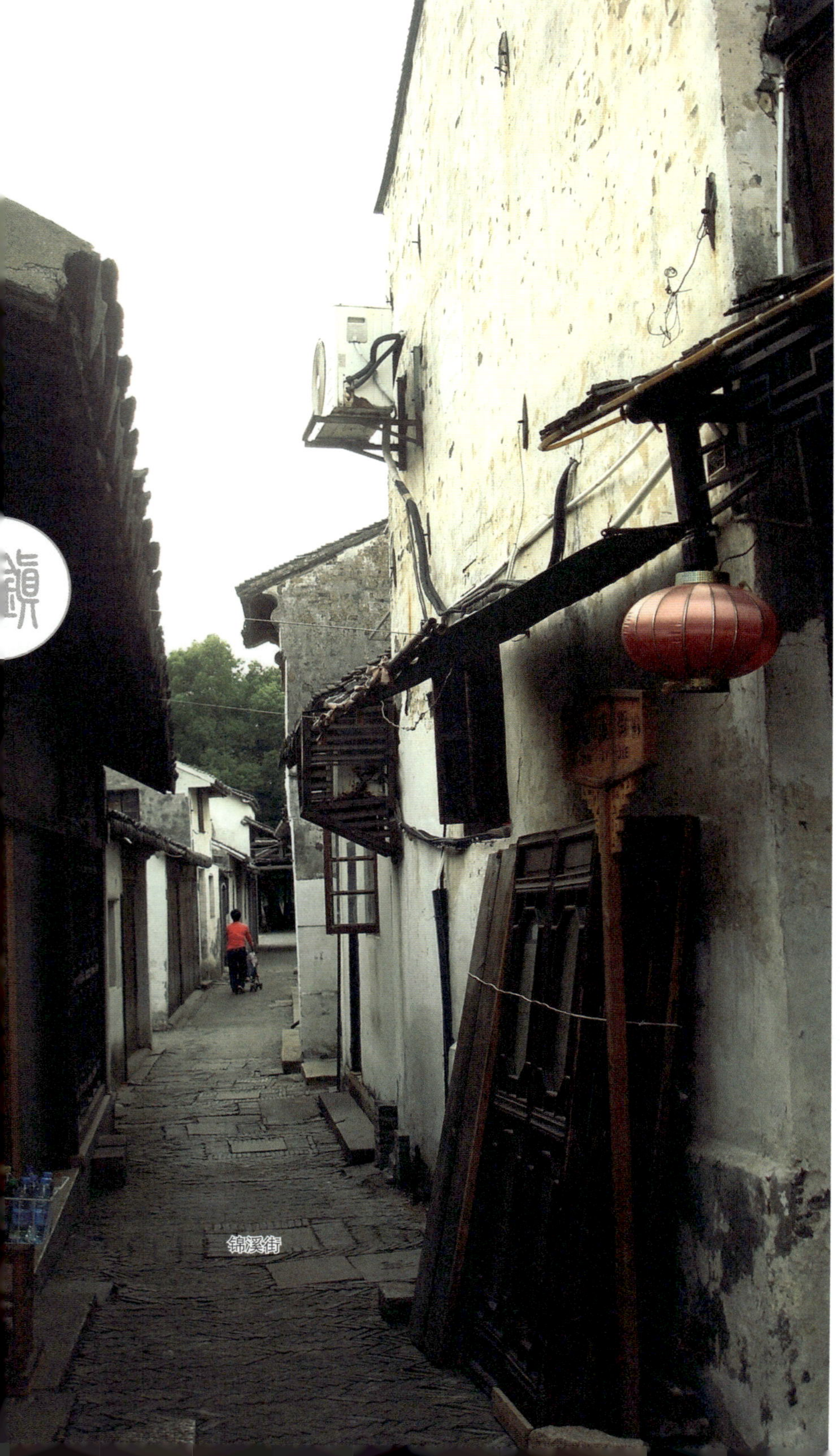
锦溪街

锦溪街

位于锦溪港北岸，与菉荇街隔河相对，东自下塘街中和桥，西至道院港，东西走向，长585米，宽2～4米。原为碎石路面，现改铺小青砖，西段为石块路面，沿河有复古廊棚、廊轩等。锦溪街建成于宋代，为锦溪最古老的街道之一。宋元时，两岸桃李争妍，灿若锦带，为渔民停泊聚居地之一。明清时，镇区不断东扩，市肆商铺逐渐延至上、下塘街，锦溪街逐步为一些富户占有。现存的众多古宅中，规模较大的王宅、蒋宅、陆宅等，均有300多年的历史。旧时习俗“走三桥”以及锦溪古八景中的“福寿残碑”“锦溪渔唱”“谯楼鼓声”等均与锦溪街有关。

巡检司弄 位于锦溪街中段，南起锦溪街，北至长寿西路，全长百余米，占地面积4148.54平方米，建筑面积1163.23平方米，因古巡检司所在地而得名。明洪武二年（1369），陈墓设立巡检司，至明末废除。今弄内尚存有天井、厅堂等部分建筑，厅堂前廊为翻卷式椽檐，宏大高敞，雕刻精美。西侧有居民自建的私家花园，占地面积1170.3平方米，建筑面积649.66平方米。今为中国锦溪宣卷艺术馆所在地。

圣堂浜弄　位于锦溪街中段偏西，南起锦溪街，北至长寿西路，全长百余米，占地面积2073.05平方米，建筑面积675.27平方米。据《（乾隆）陈墓镇志》记载，陈墓“北有圣堂浜，自界泾分支由乐安桥、永宁桥而达海市下”。解放初期，圣堂浜已大面积淤塞。1961

巡检司弄

年，在其东段建陈墓中心卫生院。1990年，填平西段建锦溪村（俗称圣堂浜新村），其东侧道路被定名为圣堂浜弄。

“圣堂浜”一名，源于其浜口有一春秋五大夫庙，俗名贤圣堂。贤圣堂所祀为春秋时期晋国的赵武、张老，周王室的刘康公，卫国的史鰌、蘧瑗，被分别配奉为金、木、水、火、土，仁、智、礼、义、信。每年的农历五月十八，锦溪居民均以“摇快船”的形式，奉五大夫神像出游，“报赛音声如沸川。旌旗灿烂云霞布，鸣金击鼓巷陌填。千家妇女关门望，廿里村庄泛小船……”[①]，场面壮观。

圣堂浜西古有福寿庵，始建于元至正年间（1341—1368），明代倾圮，留下《福寿院记》残碑。明陆祚兴《陈墓小记》载：“其北有福寿院记，元至正间故物也，碑既中截，文复模糊，古云下马读残碑，其此之谓也。”“下马读残碑”后为锦溪一景。福寿庵侧有永宁桥。

三贤街

位于锦溪古镇区北，曾名交通街，长约270米，宽3～4米，东西走向，与天水街隔河相对。2003年，因其旧有陆氏三贤祠而更名为三贤街。三贤街历来为古镇居民住宅区，青砖铺街，沿岸竹石栏杆，树木葱郁。河上完好保存的三座古桥，倒映在清澈的河水之中。河道两边明清风格的民宅小院粉墙黛瓦、错落有致，炊烟袅袅之中，显得宁静优雅，为游客所推崇。

陆氏三贤祠 位于三贤街西段天水桥东北堍，始建于唐代，是祀汉吴令陆烈、唐宣公陆贽、唐甫里先生陆龟蒙的祠堂。据清乾隆十年（1745）苏州府事赵锡礼《陆氏祠堂碑记》记载，陆姓本是中原姓氏，汉初，伯元公陆烈出任吴令，体恤百姓，开办义塾，受民感戴。后来，陆烈回迁河南，死于官渡，吴人前往迎之以葬吴地。于是陆家迁至吴地，从此，子孙繁衍，簪缨不绝。至唐时，陆姓已成为江南望族。其中，最为杰出者属唐宣公陆贽和甫里先生陆龟蒙。他们虽隐见不同，为义则一若，永垂不朽，遂在陈墓镇修祠祀之。顺治五年（1648），裔孙陆世鎏呈宪批饬鼎新。康熙年间（1662—1722），裔孙陆予机重修。乾隆七年（1742），裔孙陆德龙每年于学租内给银八两，并退居致祭。乾隆十年（1745），苏州郡侯赵锡礼赠碑文及“芳型世德”四字额，并给祀生三人以供祠堂料理。陆氏义塾也几无间断过。至50年代，因建镇粮管所，三贤祠被拆除。

---

① 〔清〕陈树谷：《五月十八日奉春秋五大夫出游有感》，《（乾隆）陈墓镇志》卷六“寺观”。

三贤街

天水庵 位于天水桥正北堍，俗称北观音堂。据《(乾隆)陈墓镇志》记载，天水庵原为陆氏义塾，后陈墓乡绅陆世钥将其改为天水庵，内供神州娘娘及关帝圣君像，并增建大悲殿、瑞宫阁等，有女僧居于其间。寺内有“义塾碑”一块。《(民国)昆新两县续补合志》载，义塾碑高三尺，横一尺七寸，弘治三年（1490）岁次庚戌孟冬旦立，碑刻明陈墓进士朱旻《陆氏义塾记》，计730字。碑文中记载：“弘治乙酉，邑大夫杨侯，以名进士出宰吾昆”，一上任就奉上下令，“凡邑中祠宇，非祀典所当祀者，悉撤去神像，以拆毁之”。乡里巨族陆元质念陈墓“居庐栉比，五百余家，民物繁庶，然多务农而不知教”，遂“割田二十余亩，为延师之资”，将寺庙改立义塾。陆世钥恢复寺院以后，该碑被保存在天水庵三官堂左室。解放后，寺院被弃，该碑亦随之失存。

五路神庙 位于三贤街东段，具庆桥北堍。殿内中间供奉五路财神，右边是文财神，左边是武财神。文财神为越国范蠡，武财神为三国时蜀国大将关羽，中间五路财神赵公明（道教四大元帅之一）和四位神仙，纳福迎祥。解放后，神庙被拆除。

梅园弄 位于三贤街东段，南依三贤街，北接文昌路。旧时梅园弄西侧为民宅，东侧遍植梅花，为梅园，故名梅园弄。弄长200米，宽约4米，占地面积3639.05平方米，建筑面积2649.73平方米。1960年曾为镇敬老院，1975年，大东砖瓦厂和镇房管所在此建造居民小楼和平房。今存梅园弄30号，始建于清末，歇山式单体一层建筑，带过街廊棚，接一进式院落民居，体现了民国建筑的风格与特点。

上塘街

位于古镇区南北中心市河西侧，南起三图河，北至柴场港，全长 490 米，宽 4 ~ 5 米，为锦溪古镇的主要商业街之一。约形成于宋代，明末清初渐成规模。上塘街与下塘街民宅、店铺建筑风格类似，均为上宅下店、前店后坊。解放初，各类坐商多达 156 户，商品达 20 多个门类。后在此成立陈墓供销合作社和镇集体商业公司，销售额居全国基层供销社前列。2000 年后，逐步调整业态，并利用迁出后部分历史建筑，开设锦溪文史馆、古董馆、中国陶都紫砂博物馆、明清家具馆、张省美术馆等多家民间收藏博物馆。

丁家弄 位于上塘街中段，清代建筑。长近百米，宽不足 1 米，占地面积 1116.97 平方米，建筑面积 746.75 平方米，东端为上塘街，西端为窑后头，侧砖路面。丁家弄原为丁宅的陪弄，内径幽深，中有折转，因是暗弄，故弄两侧墙壁上每十余米便设有灯龛，供放灯盏。今除弄南侧丁宅作为旅游景点供游客参观之外，另有弄北侧数十间厢房、阁楼及小院为居民所居住。

丁宅 位于上塘街丁家弄南侧，始建于清代中期，前厅于光绪年间（1875—1908）重修，是陈墓富商王氏的私家住宅，清末为丁氏所购。丁宅原有房屋 11 进，现存门厅、轿厅、正厅、楼厅、附房五进，南北宽 10.97 米，东西进深 58.76 米，占地面积 644.6 平方米，建筑面积约 600 平方米。柱础为花岗石；主厅梁架扁作，有精雕缠枝花卉纹的山

上塘街

丁宅

雾云，其上另有八吉祥图案；堂楼梁架圆作。主厅前有五层砖雕门楼，由下至上，第一层为吉祥浮雕图案；第二层书有“聿修厥德”，两面雕刻戏曲故事；第三层为松、竹、动物镂雕图案；第四层斗拱，上承第五层砖顶。整座建筑建造工艺精湛。1997 年被列为昆山市文物保护单位。

南、北王家巷 位于上塘街南段。两巷相距 50 余米，故称南王家巷、北王家巷，均为陈墓商人王氏老宅之弄。王氏世代经商，门类涉及油、米、绸布、百货、烟叶等，商铺遍及全镇。除上塘街南、北王家巷之外，另有下塘街王家弄、中王家浜、北王家浜、黄公桥等处，为陈墓大族之一。

天禄堂弄 位于上塘街南端，普庆桥西堍，因其内有天禄堂而得名。占地面积 715.45 平方米，建筑面积 430.93 平方米，多进明清院落式住宅建筑。现有居民住户 10 余户。

夏宅 位于上塘街 5 号，始建于清末，现存三进。占地面积 805 平方米，建筑面积 829 平方米，其中一层建筑面积 491 平方米，二层建筑面积 338 平方米。均为硬山顶，纵头脊，花岗石柱础，墙体为空斗砌，书条式半窗，鹤颈轩上雕有精美的花卉图案，沿街砌有门楼。夏宅旧为陈墓富商夏伯常、夏季常私有住宅，沿街两层房屋原为其开设的绸布行，名号为夏泰昌。2010 年被列为昆山市文物保护单位。

牌楼里 位于上塘街中段，因弄口原有牌楼而得名，现为居民住宅。牌楼里弄口正对众安桥（亦名牌楼桥），西通窑后头，长约百米，占地面积 715.45 平方米，建筑面积

430.93 平方米。12 ～ 19 号为多进式住宅建筑，内有天井，清代建筑风格。21 号为三进式院落建筑，建筑细部保存较好。

宝善堂弄 位于上塘街中段偏北，东起上塘街，西至巡检司，长 60 余米，占地面积 1227.51 平方米，建筑面积 765.7 平方米，因内有私人堂宝善堂而得名。70 年代，宝善堂被改建成居民公有住房。今存部分建筑保存完好。

庆丰里 位于上塘街中段，溥济桥西堍。原为南侧韩家宅院的陪弄，宽不足 1 米，深 60 余米，占地面积 159.91 平方米，建筑面积 260.86 平方米。弄内幽暗且多转折，两侧沿街均为店铺，弄内为多进院落式明清建筑，均为两层砖木结构，木板门窗。现为居民居住。

俞家角 位于上塘街北段，丽泽桥南堍。因南北中心市河至天水塘后分为两支，一支东转经天水桥、具庆桥后流出，一支则往西北方向弯出，使河西南街道形成凸出角状，旧时为俞家所有店铺与住宅所在地，因此称之为俞家角。今俞家角占地面积 145.58 平方米，建筑面积 266.64 平方米，房屋鳞次栉比，完好保留着明清时期旧有风貌，常被选作各类影视作品的拍摄场景地。

下塘街

位于南北中心市河东侧，南起菱荡湾，北至北王家浜，全长 430 米。下塘街与上塘街合称为“老街”。石板路面，沿河有众多水墙门、石河滩、吊脚楼、桥楼廊坊及复古落水廊棚等建筑。上街有王宅、朱文鑫故居、陈三才故居、朱雷章故居等古宅院。下塘街明清建筑鳞次栉比，至今仍完好保持着粉墙黛瓦、小桥流水、人家枕河的江南水乡古

下塘街

镇风貌。

鸿润里　位于下塘街南首，菱荡湾北岸上塘中段。占地面积 1138.22 平方米，建筑面积 988.72 平方米，三进多院式住宅建筑，合院式布局，明清风格。鸿润里格局完整，内置天井，多为一层，局部两层，砖木结构。现为居民居住。

王家弄　位于下塘街中段偏南，普庆桥北侧，前门正对下塘街，后门至南坟堂。原为陈墓富商王宅的陪弄，坐东朝西，全长 100 余米，宽 1 米，占地面积 1174.32 平方米，建筑面积 1419.1 平方米。暗弄结构，侧砖路面，前后均有石库门框，夜晚可关门上栅。弄堂两壁设有灯龛，以供放置灯盏。弄堂北侧为厅堂，两层砖木结构，始建于民国初年，原有八进，前三进经修复，样貌完好，建筑面积 605 平方米，现为马诺特泥禅坊。弄堂南侧为王家庭院，大小不一，房屋多为两层结构，局部一层，墙间木柱和石墩完好。各院落均为侧门，由弄进进出出。现有居民 10 余户在内居住。

大有里　位于下塘街南段，王家弄南侧，多进院落式住宅，占地面积 946 平方米，建筑面积 676.43 平方米。明清建筑风格，院落格局完好，带后院，院内尚有多株古树。今为居民所居住。

张家弄　位于下塘街南段，普庆桥北侧 30 米。弄口西起下塘街，东至南坟堂，长约 100 米，宽 1 米，占地面积 828.47 平方米，建筑面积 628.58 平方米。因弄内大多为张姓，故名。明清时期形成弄堂，弄内两侧均为民居，路面原为青砖，2000 年重修弄堂时改为石板。

翠弄堂　旧称臭弄堂。位于下塘街南段，王家弄与张家弄之间，西起下塘街，东至南坟堂，长约 100 米，宽 1 米，占地面积 200 平方米。翠弄堂形成于明清时期，是南侧张家弄与北侧王家弄之间的背弄，也称夹弄。王家弄与张家弄均为私家弄堂，而一般人通行，就只能从翠弄堂经过。由于通行的人员较杂，又是两侧人家的背弄，因此，弄内环境相对较差，被人呼之为“臭弄堂”。“翠弄堂”一名为今人所取。

盐公堂　位于下塘街中段，众安桥东堍南 30 米。旧时为陈墓唯一经营盐业的场所，由陈墓大族之一的蒋氏经营。盐公堂高大开阔，店面为五间，达 20 余米，内为两层三进，前后进深 50 米，占地面积 498.53 平方米，建筑面积 682.44 平方米。第一进为街铺，两侧厢房分别建有中转式楼梯，宽 1.5 米，行人上下宽松。一、二进之间为石库门，壁厚近 60 厘米，上有“千祥云集”砖额。第二进为库房，与第一进组成四合院。第三进为生活居住用房，天井两侧为风火墙，正面为落地窗格，北侧设中转式楼梯，宽 1 米。为防潮湿，盐公堂墙基大多采用花岗石条石，坚固、耐腐。今为中国古砖瓦博物馆所在地。

敦和里 位于下塘街中段，众安桥东堍。沿街为店铺，里名寓敦厚、和气之意，旧时为陈墓大族之一的朱氏和陈氏的私家住宅。里内多为明清时期建筑，两层砖木四合院结构，占地面积 352 平方米，建筑面积 949 平方米，被誉为“近代荆轲”的清华英烈陈三才故居即在里内。2009 年被列为昆山市文物保护单位。现为居民居住，保存完好。

朱文鑫故居 位于下塘街中段，众安桥西堍。朱文鑫为中国现代著名天文学家。清光绪九年（1883），朱文鑫诞生于此。为两层小四合院，清代建筑，占地面积 320 平方米，建筑面积 360 平方米。今有居民居住。

朱文鑫故居水墙门

朱家场 位于下塘街中段，北依王家浜，东靠青龙桥，南邻敦和里，面积近 1000 平方米。以原朱家场地为名，形成于清代。旧时，朱氏为陈墓大族之一。据《明史·海瑞列传》记载，明万历十五年（1587）海瑞于南京去世以后，陈墓朱良曾护送海瑞的灵柩至其老家琼山（今海口），回来后写诗一首：“萧条棺外无余物，冷落灵前有菜根。说与旁人浑不信，山人亲见泪如倾。”记录了海瑞清贫的家境。

蔡家场 位于下塘街中段，周公桥东堍北 50 米，西依下塘街，北靠姚家弄，东至木行头，以原蔡家场地为名，面积 500 余平方米。旧时，蔡氏为陈墓大族之一，经营肉铺、竹行等。70 年代，蔡家场进行居民住宅改造。今存两进式明清老宅一处，建筑结构完好。

姚家弄 位于下塘街中段，蔡家场北侧，西起下塘街，东至木行头，长 80 余米，青砖路面。旧时，姚氏以经营木行为主，姚家弄东侧木行头即为其木行所在。70 年代，姚家弄沿下塘街进行改造。今弄东段北侧为原姚家宅院部分，厢房、院落均保存完好。今为居民居住。

征怒堂　位于下塘街北段，今红木桥东堍，俗称白场。旧时，征怒堂为陈墓大族陆氏的堂院。相传陆氏乐善好施，其房前留有一片空地，专供因多种原因无处栖身的居民在此搭建草屋，过渡居住。解放后，白场被建成居民住宅及公共设施。征怒堂存部分建筑，保存完好。

南大街

位于镇南三图港北岸，东起上塘街，西至道院港，长 470 米，宽约 3 米，为古镇商业街道之一。南大街形成于明，繁盛于清。上街为商铺和居民住宅，下街为水墙门街铺、河埠等，东段建有廊棚，房舍密集。路面原为碎石，90 年代初，东段改为小青砖侧铺，西段为石块铺设。

杨家弄　位于南大街中段，原为西侧杨宅的陪弄。弄口宽 1 米，长 80 余米，占地面积 640.28 平方米，建筑面积 613.13 平方米。南起南大街，北至窑后头，前后皆有石库门，今南段仍为杨宅的暗弄，北段为居民住宅。北侧杨宅为清代建筑，前后共五进，

杨家弄杨宅

临街为商铺，中间是厅堂和天井，两边是狭窄的廊轩，建筑面积480平方米。厅堂、天井和阶沿内铺设的方砖、阶石、石板，门檐、窗框上的雕花和镶在墙头的云雾山均保存完好，为昆山市文物控制保护单位。

典当弄 位于南大街中段，因旧时开设过典当铺而得名，南起南大街，北至窑后头，长60余米。典当弄房屋以明清建筑为主，少量为70年代改建。解放初曾为陈墓联合诊所用房，现为居民住宅区。

太源里 位于南大街东段，里河桥北堍东30米。旧时为王太源油酱店，故名太源里。明清三进式院落，沿街为商铺，外有廊棚。内为生活用房，多为两层砖木结构。今沿街店面仍为商铺，内有居民住户10余户，总占地面积384.71平方米，建筑面积507.71平方米。

菉荇街

位于古镇中部，锦溪港南岸，东起上塘街中和桥南堍，西至道院港陆巷桥东堍，全长590米，宽2～3米，东西走向。菉荇街形成于宋、元时期，其西古有陆杏村，为锦溪古镇起源地之一。古时锦溪港桃李夹岸，水中菉荇漫漫，方言中“菉荇”与“陆杏”谐音，故名菉荇街。今菉荇街东侧建有复古廊棚，廊内青砖铺地，辅有凉亭，环境优雅。西段为石块路面，资福庵位于其中段。今多为居民住宅。

窑后头 位于菉荇街东段，北起菉荇街，向南至南大街，旧时有白窑（石灰窑）若干，故又称白窑头。今为居民住宅区。

三图街

位于镇南三图港南岸，因明清时属长洲十二都第三图，故名三图街。三图街东起酒作坊后弄，西至三图桥南堍，全长约470米，宽2～3米，东西走向。形成于明初，从古至今，均为居民住宅街区，明清及民国建筑众多。碎石路面。

酒作坊

酒作坊 位于今槃亭街节寿桥南堍西侧，占地面积1349.65平方米，建筑面积1065.36平方米。酒作坊始建于清代，原为陈墓大族王氏的土窑工场，后转产制酒，生意兴隆，远近闻名，酒作坊地名沿用至今。今存两进庭院，大门为单层小墙门，内部为两层四合院，木板门窗，后院开小门后即是石埠，通三图港。住有居民 16 户。

长埭廊 位于镇中心市河东，下塘街中段，西起黄公桥北堍，东过青龙桥至今文昌路，东西走向，全长 270 米，宽 3 ～ 4 米。长埭廊大多为旧时陈墓大族陈氏的宅院，相传陆兆渔的粮库也在长埭廊上。解放后，长埭廊中段改设为陈墓镇人民政府和陈墓乡人民政府，因此，大片房屋被拆除或被改建。1992 年，政府迁至镇北新区。今存府东里和府西里及靠近下塘街段的旧建筑，为居民所居住。

文物古迹

古镇文物古迹众多，历史上古墓、古庙、古窑、古河道、古桥梁、古宅院、古牌坊比比皆是。据《（乾隆）陈墓镇志》记载，仅寺观就有通神道院、资福庵、莲池禅院、福成庵、春秋五大夫庙、苏州府城隍庙等 23 座，坊表 11 座。今古内河水道、通神道院山门、陈妃水冢、文昌阁、古区公所及众多古桥、古窑、古民居等建筑物保存完好。

大东古文化遗址 在镇东北大东砖瓦厂，今锦溪花园大东厂园内。1955 年年初，取土工人在离地面 5 米以下处发现穿孔石刀、带把石刀、回纹硬陶片等文物，灰坑中还发现未烧尽的木片。1978 年，锦溪镇朱浜村、宅前村在围垦湖荡时又发现石钺和石镰各一

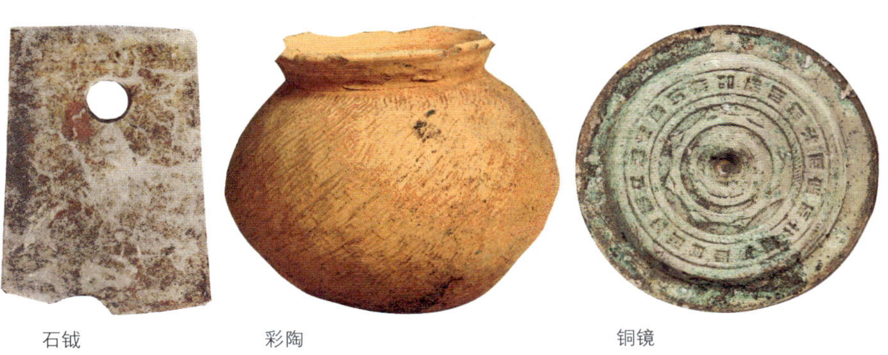

石钺　彩陶　铜镜

把。这些文物经南京博物院等省文物专家鉴定，均属新石器时代晚期文物。1956年，大东砖瓦厂古文化遗址被江苏省文物局确定为“第一批江苏省文物保护单位一级单位”。发掘的文物现藏于昆山市文物保护管理所。

2017年锦溪镇出土文物一览表

表2

名称	年代	出土地点	文物情况	出土时间
穿孔石刀	新石器时代	大东砖瓦厂	完整	1955年
带把石刀	新石器时代	大东砖瓦厂	完整	1955年
石镰	新石器时代	朱浜村	完整	1978年
熨斗	汉代	宅前村	断柄	1979年
石钺	新石器时代	宅前村	完整	1979年
夹砂红陶罐	新石器时代	中心市河	完整	1979年
牛鼻耳大陶	商周	宅前村	完整	1979年
铜削	春秋战国	大东砖瓦厂	完整	1981年
木井圈	汉代	大东砖瓦厂	完整	1981年
青瓷鸡首壶	六朝	大东砖瓦厂	盘口、双耳完整	1981年
石刻墓志铭	明代	陈墓小学	完整	1981年
弦纹陶钵	明代	圣堂浜	完整	1988年
五铢钱币	北魏	圣堂浜	完整	1988年
铜镜	明代	圣堂浜	完整	1988年
铁器农具	明代	圣堂浜	已锈	1988年
韩瓶	南宋	原陈墓工业公司	完整	1989年
小紫陶盆	五代	原陈墓工业公司	完整	1989年

古内河水道 锦溪古镇依水而建，自宋代有记载以来，古镇区内菱荡湾、南北中心市河、三图港、王家浜、锦溪港、北王家浜等河道均未发生过改道及变迁。河道呈“丰”字形交叉分布，蜿蜒曲折，共计6000余米。16座古石桥横跨于河上。河道两旁分布着河埠、水墙门、过街廊棚等建筑物，两岸石驳岸、石级河埠错落有致。河埠有平行于驳岸的，有垂直于驳岸的，也有联合式的；有单向的，也有双向的；有室外的，有室内的，也有转弯的。它们大部分由青石及花岗石构筑，有的比较规整，有的比较随意。至今大部分仍发挥着原有的使用功能。河道驳岸上有“如意”“葫芦”“和合”“八吉”等形状的系缆石共计100余枚，造型美观，雕琢精细，保存完好。河道上还有石河滩、水

码头等颇有价值的驳岸小品50多处。河道内的泄水孔形状各异，有的至今还发挥着原有的排污泄水功能。1997年5月，锦溪古内河水道被列为昆山市文物保护单位。

通神道院 位于南大街西首。始建于北宋，原名天庆观。南宋时御名为通神庵。元泰定元年（1324），道士陈思澄改建为道院，成为苏州玄妙观分院。明清两代重修和扩建。解放初期，道院依然规模宏大，香火旺盛。由山门入内，即见荷花池。池东为玉皇殿，西北为东岳殿，再西为雷祖殿。玉皇殿后由西向东依次为观音殿、关帝殿、斗老殿。池北即三清殿，其东为蓑衣真人殿。50年代，改建为镇粮管所，道院大部分建筑被拆除，仅存东岳殿、山门至今，建筑面积200平方米。

《（乾隆）陈墓镇志》载，北宋有一名叫何中立的人，修炼成道后，到锦溪建庵传道，并为当地百姓问诊治病。宋室南渡时，宋孝宗驻跸锦溪，知其为异人。宋军数次请他预测凶吉，都非常灵验。因此，孝宗洒宸翰书“通神庵”三字为匾。何中立在民间人称“蓑衣真人”，因他特立独行的性格和超凡脱俗的风范深受锦溪民众的崇敬和感恩。宋人范成大晚年编撰的《吴郡志》里也有类似的记载：“天庆观……殿后通神庵，淳熙八年，左街道录李若济奉命建，庵额三字，亦御笔。”元天历三年（1330），唐代文学家陆龟蒙的后裔住持通神御翰时，又扩建蓑衣真人祠、鲁望先生祠和文昌阁三处建筑。清乾隆三十二年（1767）夏，因特大风灾，通神御翰大部分建筑被毁。嘉庆五年（1800）重修，占地面积达60余亩，规模宏大。1991年，通神道院被列为第一批昆山市文物保护单位。

陈妃水冢 位于锦溪镇南五保湖口，靠近五保湖西北岸。因史载南宋孝宗妃陈氏水

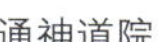

通神道院

陈妃水冢

葬于此而得名。东西宽约 11 米，南北长约 20 米，略呈长方形小岛，陆地面积约 300 平方米。1996 年，镇旅游服务公司对陈妃水冢进行修葺，增添了石牌坊、陈妃石像和一处古井。

明正德十三年（1518），《陈墓纪原》记："姑苏之东南，去郡城二舍许，有陈墓村。村中以河为界，西为长洲，东为昆山。环村四汇为湖、为荡、为淀、为泖、为溪沼，而茭蒲、荷蕖、菱芡、鸬鹚、鸡鹕、凫鹭、鸥鹄，足水乡之美。隐其地者，鼓枻鸣榔，弄月钓雪，潇洒以遣，居诸甚适也。余妇家陆氏，世居河之东，往返有年矣。月窗赵叟谓余曰，子知吾陈墓之自名乎？志有之。陈墓在昆五保湖水中，相传宋孝宗妃陈氏嘉泰中葬此，墓后构莲池院，命僧守之。今村南一洲，若浮玉然，莲池、梵院具存，必其葬处无疑也。"里人陆祚兴《陈墓小记》载："陈墓之名何昉乎？昔宋绍兴南渡，于此地择水穴葬陈妃，用是名也。道院之前，湖光荡漾，水势潆洄，篙楫偶触，即有声铿然者，为妃冢也。"明朝中叶，陈妃水冢成为吴中文人雅士的怀古之地，为明"陈墓八景"中的主要一景。

文昌阁　又名文星阁、片云阁，原在通神道院内。元天历三年（1330）始建。清乾隆三十二年（1767）夏，因特大风灾，文昌阁倒塌。乾隆三十八年（1773），里人募资

文昌阁

重建，并移址于五保湖畔莲池禅院东侧。清里人张圻《文星阁片云额跋》记载："向于镇西通神道院之偏，有文星阁，岁有会，月有司，余亦从事焉。乾隆癸甲间，阁大颓，百凡俱废。时余病痛，恍惚中，书此二字，意欲别构一阁，以为之颜。已而谋建于此，议数四，卒不果。越今又十余年，余衰矣，无能为役，不谓同人之顿兴斯举也。既落成，检敝箧，额尚存，谨刊而悬之。"

文昌阁高15.6米，建筑面积约200平方米，坐西朝东，为砖木方形结构，黛顶粉墙，四面三层，呈浮屠状，宝瓶式刹顶，飞檐翘角，角系悬铃。阁前有石台，上有石栏。拾级而上阁顶，北可俯瞰全镇风貌，南可饱览五保湖水天一色。其西原有宝阁岑楼，并缀以琴堂、莲舫、惜字会所，今皆毁。昔时，内供奉文昌帝君像。《祀典》云："二月三日为文昌诞辰，官为致祭。"道教将文昌帝君尊为主宰功名禄位之神。清张大钧《楼前水轿小引》载："锦溪莲池禅院之东有莲池，池方六、七亩，即邑乘所载放生池也。北有石堤，南有芦埂，东有绿杨。其面东而耸然于西者，则有宝阁岑楼，缀以琴堂、莲舫。惜字会文举于斯，引年游艺集于斯。"后文昌阁几经修葺，并在底楼供孔子画像和牌位，倡导向善尊儒之风。1980年再次重修。1991年被列为第一批昆山市文物保护单位。

莲池禅院 旧称古莲寺，也称灵官殿。坐落于镇南五保湖口，坐南朝北，占地面积

莲池禅院"崇文祈愿"大典 唐凤元 摄

5235.7 平方米。始建于南宋隆兴元年（1163），因孝宗宠妃陈氏病殁葬此而构此院，命僧守之，御名莲池禅院。历经宋、元、明三代。至清顺治十三年（1656），白门双忠寺僧若山和尚到此住持，重新扩建鼎新。《（乾隆）陈墓镇志》记载，里人孙君垣捐银五百两，使院内殿堂、廊庑，次第告成，计有弥勒、三世、大悲、观间等殿，傍添斗坛、方丈、三官堂、鹤来轩等处。还在寺外东侧筑长堤，开巨沼，前后榆柳婀娜有致，放生池里芙蕖风摆掩映，一度改名为阿律寺。厥后倾圮。康熙四十五年（1706），有澄江僧理贤者，募里耆张霁岩及合里善姓，重建大悲殿。里人张絜庵兄弟修斗坛，榜曰“宥过坛”，娄东王时敏书。雍正初年，陈墓发大水，大堤被淹没，僧众住处几濒于危。主僧牧堂同里人陈鲁庵、王俊洲、朱允大等募众重筑石堤。雍正七年（1729），主僧天宁建塔院。乾隆三十二年（1767），殿宇俱为风所毁，客堂、山门瓦片无存。僧永辉不事募化，重建客堂及修葺正殿、方丈，里人陆延英重建山门。之后，又屡毁屡建，并陆续增添了文昌阁、崇善堂、惜字会等建筑。1941 年，寺内有和尚 7 人，住持法号为“布竹”。抗日战争时期，因设立伪警署，香火日衰。1945 年，禅院被改立为中学校舍。1993 年，学校撤出，并逐步重建山门、天王殿、钟鼓楼、大雄宝殿及两厢僧房等建筑，恢复莲池

祝甸古窑群遗址

禅院。院内原有南宋建寺时所植龙柏、罗汉松各一棵，一柏一松，寓意松柏常青。2005年，其中一柏不幸枯死，现柏为2010年补栽。

古巡检司 位于锦溪街中段巡检司弄内。《姑苏志》载："陈墓巡检司，洪武十八年至万历三十五年，辖葑门外独墅、大姚、角直浦。"《(乾隆)陈墓镇志》载："明洪武二年，陈墓设有巡检司，设弓兵四十名，负责葑门外独墅、大姚、角直浦等地治安。"华东师范大学赵思渊在《明清苏州地区巡检司的分布与变迁》一文中说：陈墓巡检司设于洪武元年（1368）。嘉靖时期（1522—1566），陈墓巡检司为'倭寇'所毁，任职巡检司者均避居于苏州城内。清朝末年（1912）遭废弃。解放后，一度曾为工厂所用。厅堂及两侧厢房、堂前明廊、天井今保存完好。

祝甸古窑群遗址 位于镇南郊祝甸村长白荡畔，总面积约12万平方米。始建于清代，民国时期扩建。现存古窑19座，沿湖岸依次排列，体形高大，分布密集，保存完整，为江南地区仅存的、分布密度最大的古窑群遗址。

锦溪窑业约始于元代。至清代，已发展到鼎盛阶段，《(乾隆)陈墓镇志》有"男子作佣工，半籍窑业以糊口"记载。传统砖瓦窑均为土窑，由窑棚、窑场、窑墩、窑屋组

成。窑有乌窑和白窑两种。乌窑，又称砖瓦窑，烧制砖瓦。由砖土垒成，窑墩呈穹窿形，顶部有烟囱。白窑，又称石灰窑，烧制石灰。窑形似酒甏，内部结构与乌窑类似，无烟囱。现存的祝甸古窑群遗址中，有 1 座是双窑（子母窑），其余都是单窑。形制有大、中、小三种。窑炉均为砖土结构，穹窿项。9 号窑是保存最完整的一座，该窑由窑棚、烧坑、窑道、火膛、窑床、排烟道、蓄水坑、渗水池等组成。自窑门至后壁全长 11.5 米，窑床最宽处 7.45 米。其内组成形态各不相同：火膛平面为等腰梯形，窑底呈椭圆形，烧坑是竖井式方坑形，而窑床的平面似马蹄形，后面的烟道又是矩形。窑外部的砖壁和窑门两翼各有壶门式壁龛 4 个，可供窑工放置茶水。窑壁上留有的“双钱”“双胜”等图案，皆为清代遗物。与其他古窑不同的是，该窑的渗水池位于窑顶，其独特的窑顶渗水系统，从未在相关的专业书刊上有过记载。2006 年，被公布为江苏省文物保护单位。

资福庵 位于锦溪古镇区菉荇街中段，始建于南宋咸淳八年（1273），由甪直保圣寺僧人本怀所创立。明初，寺僧复源开辟后院。弘治十五年（1502），寺僧坚白、一诚等开池沼、叠假山，对寺院进行大规模鼎新和扩建。据河南道监察御史夏机所撰《重修资福庵记》碑载：坚白、一诚、芳春谷、蕃古松等“同心戮力而经始之，登山采石，涉海求材，不惮劳苦，一旦成功。旧日之荒芜倾倒者，今皆金碧交辉焉。殿宇、佛像、供具咸备，僧房、禅室、庖湢俱新。山门桥道，种种整洁；田园池沼，既广且腴”“岁时节旦，祝圣诞寿”“旱天涝月，祈晴祷雨”，香火繁盛。

寺院东侧有塔院。据明陆洲《资福院塔院记》载：资福庵“自宋咸淳八年，迄今四百余载。僧之纯德懿行，间亦有之。至于化者循俗以焚，舍利、全身之塔，寥寥乎无所闻也”。至方春谷主寺时，方“谓其徒英天美曰：‘我道虽以性空为教，体质之终当有所归’，相与择地，得庵之东仅亩许”。此地临市，喧嚣嘈杂又人口稠密，在阴阳家看来属不祥之地，方春谷未卜而定。不久，方春谷示寂，徒英天美遵师遗诫化之，将其葬于此地，并以树封之。第二年，树木葱茏，繁荫如盖，行人每每观之，常感叹其师徒用心之勤，见理之真。清乾隆三十二年（1767）为风所毁。原为淀西中心小学校校址。2012 年 9 月，小学易地新建后整体搬出。今存门楼及部分围墙为旧时建筑。

武帝庙 位于虬泽村东南首，靠近淀山湖畔。据《（光绪）昆新两县续修合志》记载，村南清凉圩武帝庙始建于清康熙初年，道光二十九年（1849），水灾冲破墙壁，三十年（1850）圮于风灾，同治十一年（1872）重建，光绪三十一年（1905）进行大规模的重修。庙宇占地近3亩，坐北朝南，高大宽敞。殿内供关公、关平、周仓木雕造像三尊，中关帝手握书，神情威武。大殿前后两对柱子上分别刻有柱联，前联左为“临大节而不可夺也”，右为“非圣人若是其能乎”；后联左为“至大至刚塞乎天地”，右为“讨乱讨贼志在春秋”，均为训导彭龙光所书。据2006年关公博物馆编《关公文化资料丛书》所列，虬泽村关帝庙为华东地区仅存的一座古代关帝庙宇。2016年重修。今村民中依然保存着农历五月十三关公生日当天杀白雄鸡、点香烛、祭关公的传统习俗。

古区公所　陈墓区公所旧址位于天水桥南堍。民国时期，陈墓为昆山县第六区，区公所设于陈墓镇。1937年冬，日军入侵，区、镇机关自动解散，吴县、昆山县陈墓镇设立维持会，陈墓区公所沦为日

古区公所

军驻扎地。1946年成为基督教浸信会分堂。解放后，一直作为居民住房使用。现存坐东朝西三合院一座，占地面积220平方米，建筑面积332平方米。南侧为院墙，中有圆形拱门，东、西、北三栋建筑均为两层砖木建筑，前檐均带1.2米悬挑前廊，廊间相连相通，形成“H”形走马廊。东、西前后建筑相距7.83米，南侧院墙至北侧房屋相距6.12米。屋顶均为歇山顶，双坡小青瓦屋面。地板、门窗均为木制。西侧房屋底楼设有1.2米宽过道，临街门雕有西式图案，是典型的民国建筑，保存完好。2011年被列为江苏省文物保护单位。

杨宅 位于锦溪街东段，巡检司弄口与上塘街中间，始建于清末，两层四合院结构，院内有古井一口，占地面积320.61平方米，建筑面积380平方米。砖木结构，门窗花纹雕刻精细，为典型的江南民宅风格。现保存完好。2013年被列为昆山市文物保护单位。

王宅 位于下塘街南段，普庆桥西堍北50米。原有八进，前三进经修复，已作为马诺特泥禅坊对外开放。今存三进，建筑面积605平方米，两层砖木结构。前两进为四合院，旧时为王家茶馆，厅堂宽阔高敞，南北两侧厢房分别设有楼梯。二楼围绕天井一侧为花格窗户。第三进为王家私宅，狭长天井，两侧风火墙高耸错落。正面底楼为通透落地长门，二楼为木格花窗。整栋建筑以门厅为中轴线，工整古朴，大气庄重。2013年被列为昆山市文物保护单位。

杨宅（锦溪街）

王宅

锦溪古八景

锦溪历史上曾经出现过两个古八景："陈墓八景"和"莲池八景"。"陈墓八景"大部分集中在锦溪河与三图河中或沿河两岸，包括通神御翰、陈妃水冢、锦溪渔唱、莲池结社、石音客帆、古井风亭、福寿残碑、谯楼鼓声。始成于宋、元时期，明代中后期，因高启、沈周、文徵明等历代文人的诗文渲染而闻名遐迩。今莲池结社、锦溪渔唱、古井风亭等遗址尚在，陈妃水冢和通神御翰的部分建筑尚存。"莲池八景"集中在今古莲池、菱荡湾一带，包括莲池阁影、片云钟度、迎晖普照、画舫晴雪、露台荷映、堤柳鸣禽、菱歌晓唱、芦荻风帆。形成于清代中期，颓废于清代末期。今莲池阁影、片云钟度、迎晖普照、露台荷映、堤柳鸣禽等景观依稀尚存。

"陈墓八景"

通神御翰 原位于通神道院内。宋孝宗驻跸锦溪时，为寓居陈墓的蓑衣真人何中立御书"通神庵"三字额，"笔势腾挪惊凤舞，文光灿斓讶龙飞"①。前去观赏御书墨宝者络绎不绝，遂成一景。

陈妃水冢 浮于镇南五保湖西北隅，莲池禅院南侧碧波之中。南宋时，宋孝宗携家眷抵临锦溪，途中陈妃病殁，立水冢而葬，由此得名。

锦溪渔唱 位于今锦溪河中和桥至太平桥区

古文昌阁

① 〔清〕何轸：《通神御翰》，《（乾隆）陈墓镇志》卷六"寺观"。

“陈墓八景”

域。旧时为天然渔港。晨霞夕辉，锦溪桥、中和桥畔桃李纷披，渔歌不绝，故而成名。

莲池结社 位于今古莲池西岸，莲池禅院东墙外，明代水殿[①]之上。一为供高僧讲经说法，结社念佛。二为乡约之所。每逢初一、月半，乡里老人带领后辈至此，听德高老儒宣讲伦常礼教。

石音客帆 位于今里河桥以西，三图河上。旧时，地方政府在此设有水关。河中立有观音石像。商来旅往，船走浪涌，流水穿石，清脆有韵，因此成景。

古井风亭 原址位于今里河桥堍。古井泉水清冽，久旱不干；风亭为驿站，四周榆柳掩映。为人们歇息、乘凉之地。

福寿残碑 在原镇北福寿院中。福寿碑为元至正年间（1341—1368）福寿庵的残碑断碣。明末清初，福寿庵已倾圮，仅留下残碑于原址古坟之上，碑上“福寿院记”四字清晰可辨。时人以祈“福寿”之吉利，常驻足观赏，终成景观。

谯楼鼓声 位于今太平桥西北。宋时为传递军情而建。清里人张观洛《谯楼鼓声》诗小序云：“吾乡自宋南渡时为驿，递军书旁午之处，曾建丽谯，驻跸于此。”后用作更鼓，夜幕降临，鼓声频传四方，向居民报晓太平，“一更一更复一更，咚咚总是太平声。”[②]

“莲池八景”

莲池阁影 莲池，即今古莲池，阁为文昌阁。旧时莲花池植满芙蕖，南北堤岸上栽有桃李。春天桃李争艳，夏天荷香田田，秋天朗月高悬，冬天瑞雪盈顶，一年四季，文

---

① 水殿：临水的殿堂。

② 〔清〕陈灿阜：《谯楼鼓声》，《（乾隆）陈墓镇志》卷八“古迹”。

昌阁飞檐凌霄，倒映在古莲池中，其美如画。

片云钟度 文昌阁，也称片云阁。莲池禅院的钟声从片云阁内传出，声音洪亮悦耳，一路飘过碧翠池塘，飘过花径小溪，余音袅袅，不绝于缕，荡涤着人们的心灵，令人肃然沉静。

迎晖普照 “晖”指朝晖。一轮旭日从湖面上升起，文昌阁以及湖岸上刚从夜色中醒过来的民居，沐浴在清晨的霞光里。此时，勤劳的人们已经早早地来到柳堤上送迎亲人。湖面上棹声摇曳，弦歌四起，开始新的一天。

画舫晴雪 每当雪后天晴，暖阳高照，房顶上、长堤上、船篷上，到处盖着皑皑白雪，野地里偶尔开着几点红花，古莲池的景色犹如古画一般。

露台荷映 夏末新秋，古莲池水平如镜，满池的荷花日盛一日，花枝随风摇摆，婀娜多姿。堤岸上，暗香浮动，榆柳间挂晒着渔民的渔网，一副富足安逸的生活情景。

堤柳鸣禽 每当春暖花开的季节，古莲池南北长堤，犹如两道含笑的黛眉，漂浮于碧波之上，鸟儿在榆柳间嬉戏，就连莲池禅院里的钟声也格外的悦耳。游人泛舟其间，如入桃源一般，其乐融融。

菱歌晓唱 指与古莲池一堤之隔的菱荡湾的情景。菱荡湾呈半月形，位于古莲池北侧，旧时多种红菱。大清早，人们还未起床的时候，菱荡湾里就有采菱的老翁，划着小船，哼着小曲，为了赶上早市，开始不停地劳作。

芦荻风帆 指古莲池外湖，即今五保湖上的风景。晚霞渐渐散去，五保湖烟波浩渺，湖边的芦苇滩上归鹭翩跹，一只只船帆也卸下一天的辛劳，落下桅杆，由远而近，从湖面上陆续归来。古莲池又将迎来美好的夜晚。

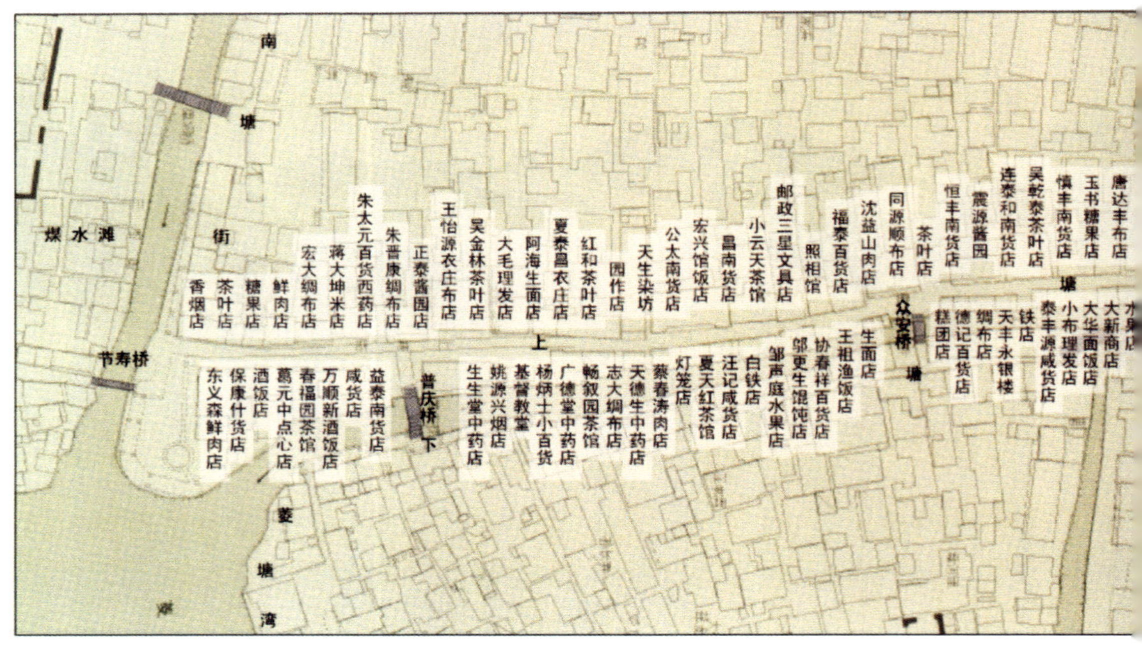

1950 年上塘街老字号分布图

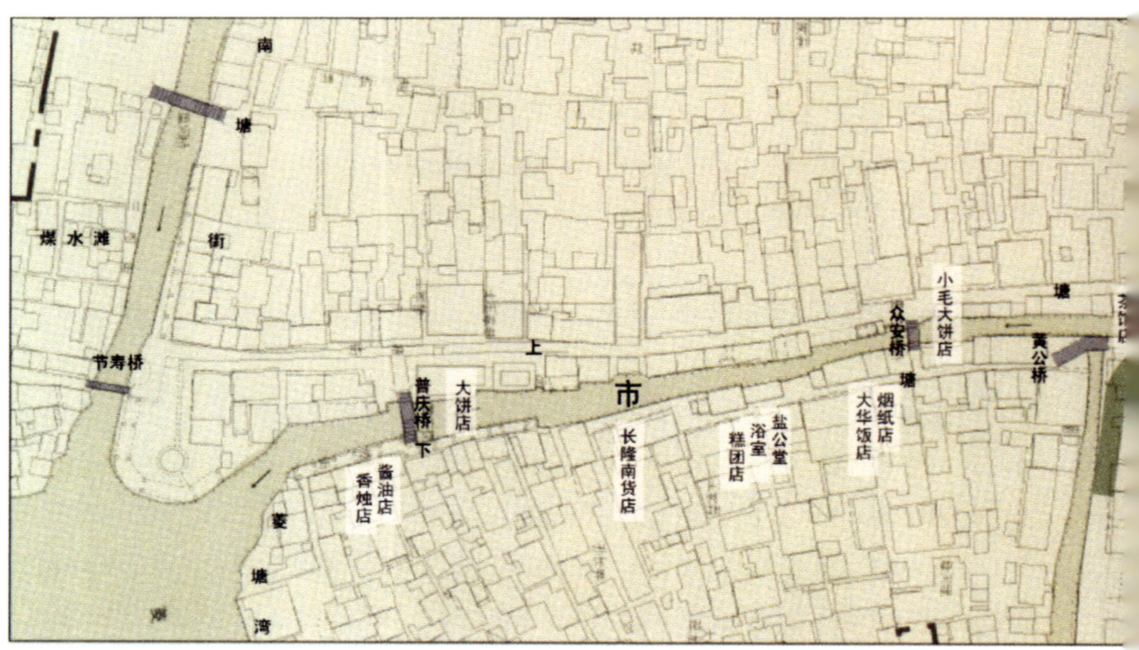

1950 年下塘街老字号分布图

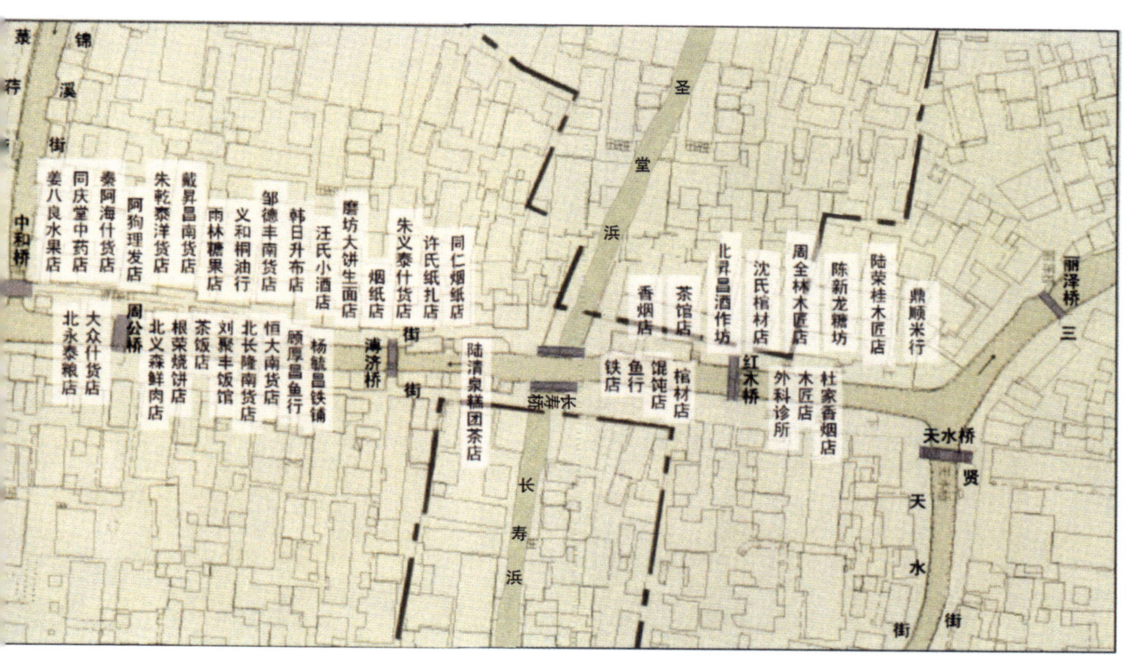
莱荇
锦溪街
中和桥
姜八良水果店
同庆堂中药店
秦阿海什货店
阿狗理发店
朱乾泰洋货店
戴昇昌南货店
雨林糖果店
义和桐油行
邹德丰南货店
韩日升布店
汪氏小酒店
磨坊大饼生面店
烟纸店
朱义泰什货店
许氏纸扎店
同仁烟纸店
北永泰粮店
大众什货店
周公桥
北义森鲜肉店
根荣烧饼店
茶饭店
刘聚丰饭馆
北长隆南货店
恒大南货店
顾厚昌鱼行
杨毓昌铁铺
溥济桥
街
街
陆清泉糕团茶店
圣堂浜
长寿桥
长寿浜
香烟店
茶馆店
北昇昌酒作坊
沈氏棺材店
周全林木匠店
陈新龙糖坊
陆荣桂木匠店
鼎顺米行
铁店
鱼行
馄饨店
棺材店
红木桥
外科诊所
木匠店
杜家香烟店
丽泽桥
三
天水桥
贤
天水街
街

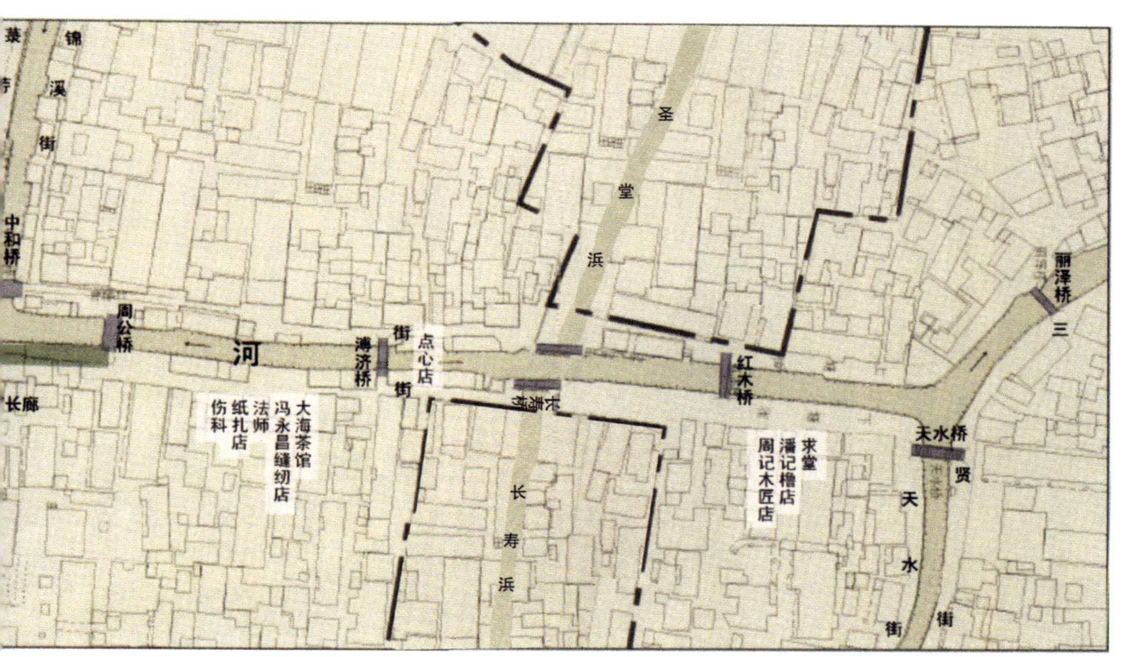
莱荇
锦溪街
中和桥
周公桥
河
长廊
溥济桥
街
点心店
街
伤科
纸扎店
法师
冯永昌缝纫店
大海茶馆
圣堂浜
长寿桥
长寿浜
红木桥
周记木匠店
潘记橹店
求堂
丽泽桥
三
天水桥
贤
天水街
街

古镇一角

张坚任 摄

古镇保护

1985年镇、乡合并以后，陈墓镇将镇南文昌阁片区确定为“文昌阁旅游风景区”，并加以保护。1987年提出“建设新区，保护古镇”的发展思路，于镇北小猪行以北、大东港以南，东至邵甸港、西至海市洼开辟镇北新区，逐步将与古镇风貌不协调的银行、邮电、学校、宾馆、商场、政府机关及所属部门等29家单位，迁移至镇北新区。2002年，原大东砖瓦陈列馆迁入古镇区，筹建中国古砖瓦博物馆，并成功引入古董馆、古钱币馆、天文馆、奇石馆等多家民间收藏展览馆。近年为申报世界文化遗产，又投入大量资金，按照原有风貌修缮保护区内的街巷和建筑，迈出了一条传统历史建筑保护、开发及利用的新路子。2010年，古镇保护项目获“中国人居环境范例奖”。

锦溪

保护规划

锦溪古镇保护实施比较早。1985 年 2 月，陈墓镇、陈墓乡、淀西乡实行镇管乡体制，陈墓乡、淀西乡并入陈墓镇，设立古镇保护领导小组，下设办公室。在此之前，陈墓镇区面积达 1.8 平方千米，人口 5762 人，为县直属的纯居民市镇。由于土地限制，陈墓镇不但没有农业，工业企业也只有镇区边缘的大东砖瓦厂、轻工机械厂、塑料厂等几家国营、集体企业。同时，陈墓镇四面环水，不通公路，往来进出全靠船只，交通相对闭塞，因此，80 年代，陈墓镇依然是一个水陆并行、河街相邻，民风淳朴、人口稠密的昆山南部地区的商贸大镇。1985 年，制定出台《陈墓镇三年市镇规划》，将镇南文昌阁片区列为游览区加以保护。1987 年，又制定出台《陈墓镇集镇建设总体规划》，将游览区扩展到了全部古镇 1.8 平方千米的范围。1995 年，锦溪镇人民政府首次颁布《古镇保护暂行条例》。翌年，成立古镇文物景点维修保护领导小组，下设办公室，全面实施古镇建筑物的修缮和维护。2006 年，挂牌成立锦溪镇古镇保护与管理办公室，负责古镇保护规划的制定和古镇日常管理工作。2011 年，以《锦溪镇总体规划》《锦溪历史文化名镇保护规划》为主导的古镇保护规划体系制定初步完成。

总体规划

《锦溪镇总体规划》 由江苏省村镇建设服务中心、锦溪镇人民政府于 2009 年 8 月共同编制完成。规划期限包括近期 2007—2010 年、远期 2010—2020 年两部分。按照锦溪城镇定位和发展实际,《锦溪镇总体规划》对城镇空间布局结构进行禁建区、限建区、适建区划定，将古镇文物保护区，包括各级文物保护单位的保护范围、划定的历史建筑区域确定为禁建区，禁止一切新的建设活动。对旅游发展用地严格控制规模，与古镇相邻的五保湖区域可适量开发高品质、低密度旅游度假区，但建筑风格、建设规模、形态等，都必须与古镇风貌相协调。

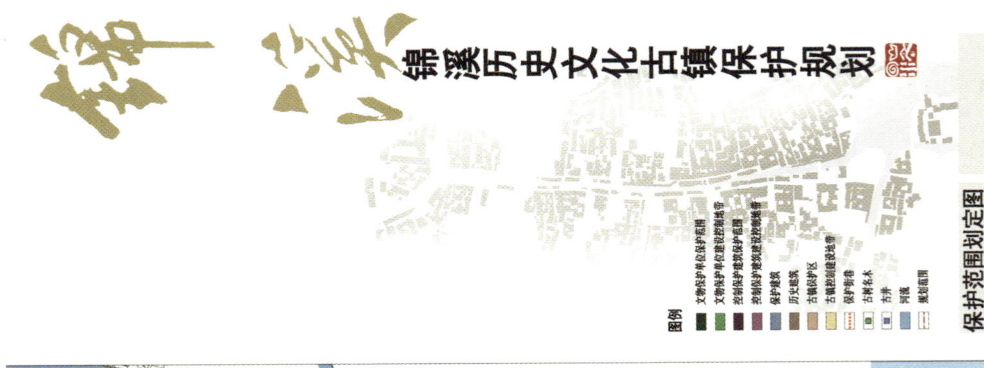

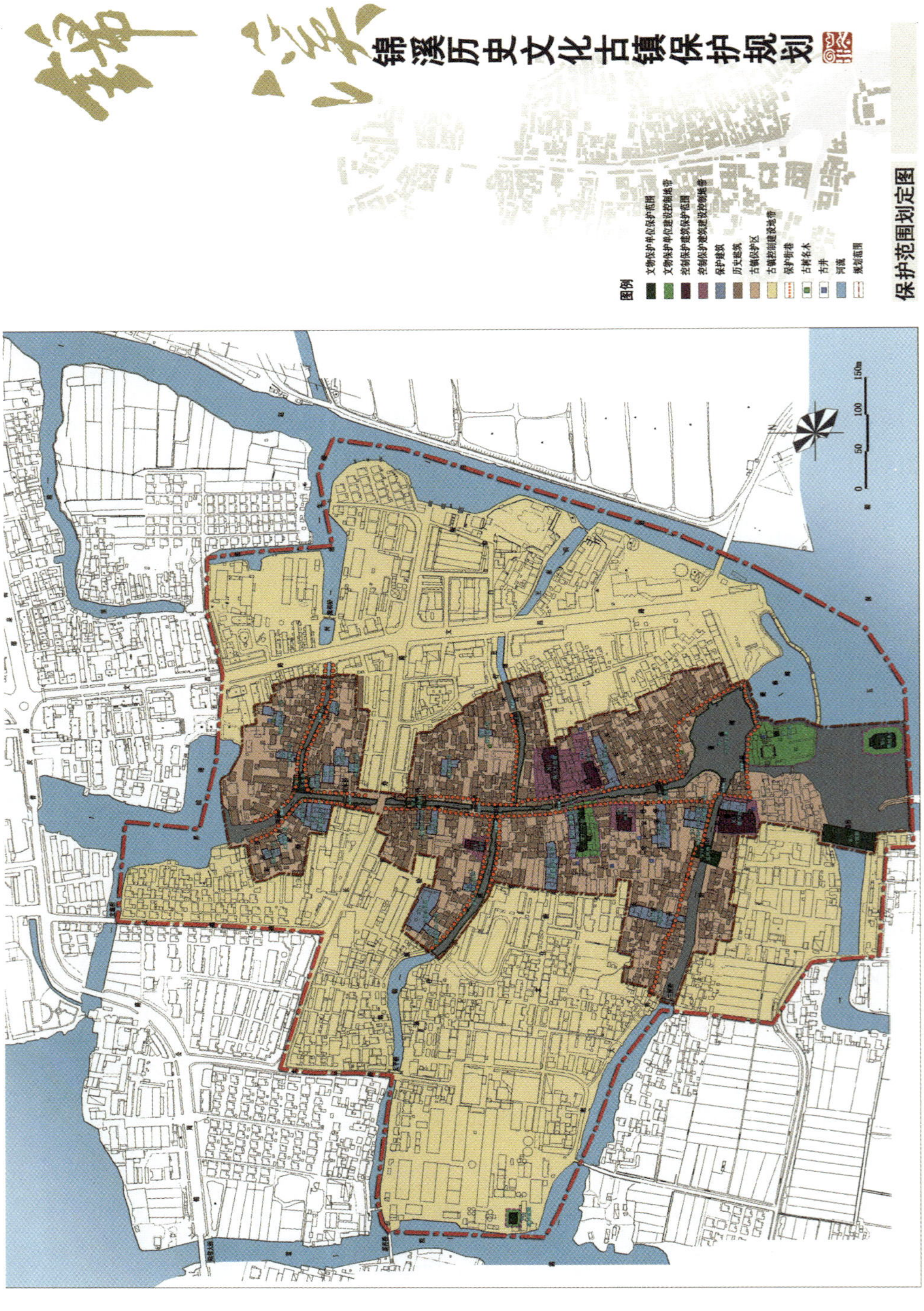

锦溪历史文化名镇保护规划图

名镇保护规划

《锦溪历史文化名镇保护规划》 由上海同济城市规划设计研究院、同济大学国家历史文化名城研究中心、锦溪镇人民政府三方于 2011 年 9 月共同编制完成。《锦溪历史文化名镇保护规划》的保护范围为锦溪整个镇域，东至邵泉港，南至联湖村，西至通神道院，北至界浦港，总面积约为 67.98 公顷。其中重点保护范围 21.2 公顷，缓冲区面积 46.78 公顷。充分利用锦溪东邻上海、西接苏州、南近杭州的优越地理区位优势和便捷的交通环境、宜人的自然条件，利用锦溪深厚的历史文化底蕴、2000 多年的民俗地域文化积淀和保存完整的古镇历史原真风貌，实施古镇区历史街区、文化胜迹、名人故居修缮修复，整治古镇综合环境，保护水质，开发水上游览线路，实施五保湖旅游休闲度假项目和西部现代生态农业示范项目，实现锦溪古镇历史文化遗产保护的可持续发展。

配套规划

《锦溪镇旅游发展总体策划》 由上海同济城市规划设计研究院、同济大学国家历史文化名城研究中心、锦溪镇人民政府于 2009 年 6 月共同编制完成。《锦溪镇旅游发展总体策划》将锦溪旅游的核心定位为：锦绣江南，度假天堂。保护世界遗产，保育生态环境，打造最美江南水乡；营造大上海休闲后花园，确立长三角度假新地标。核心战略：田园古镇，江南水乡。通过“保护、信誉、建设、交流、参与”的世界遗产“5C”（可信度、保护、能力建设、宣传、社区）战略，使锦溪成为未来的“生态绿道”“休闲绿道”“历史遗产廊道”，从江南古镇同质化竞争中脱颖而出。

《锦溪镇水系规划》 由苏州市水利设计研究院有限公司和锦溪镇人民政府于 2008 年 2 月共同编制完成。锦溪处在昆山南部水乡古镇旅游度假片区内，水系丰富，历史遗存众多。《锦溪镇水系规划》以“整治水系、健全河网、改善水质、美化环境”为重点，以“水清、流畅、岸绿、景美”为目标，推进和保障锦溪镇的新农村建设。《锦溪镇水系规划》实施后，锦溪镇防洪能力为 50 年一遇，圩区排涝标准提高到 20 年一遇，同时为水环境改善创造了良好的条件。

《锦溪镇消防规划》 由江苏省村镇建设服务中心、锦溪镇人民政府于 2008 年 11 月共同编制完成。规划期限：近期 2007—2010 年，远期 2010—2020 年。按照“预防为主、防消结合，因地制宜、合理布局，远近结合、分步实施，技术先进、安全实用”的原则，消防设施与城镇基础设施统一规划，统一设计，统一建设。重点改造古镇区消防设施薄弱地段，改造三、四级耐火等级的建筑区，完善古镇区消防栓等消防基础设施，增强锦溪镇抗御火灾尤其是特大火灾的能力。建立起一支较强的消防专业队伍，配合标准的人员整备，建设一个占地面积达 5000 平方米的标准消防站，古镇区实行消防给水管道与居民生活、生产给水管道共用。主要道路间隔不大于 120 米设置一个消防栓，无市政消防栓、无消防通道的建筑密集区应修建消防蓄水池或消防码头，镇区内河道和河塘均需留出汲水通道。建立完善的消防法制健全、宣传教育普及、监督管理有效的消防安全教育体系，为锦溪镇经济和社会发展提供安全可靠的消防环境，切实保障人民生命财产安全。

《锦溪古镇消防预案》 2000 年 5 月，锦溪镇派出所制定《锦溪古镇消防预案》，实行“预防为主，防治结合”的方针，经常性地开展防火安全教育，增强公众的防火意识，最大限度地减少火害发生。各事业单位、社会团体从组织领导、人员分工、装备配置、进出线路、取水地点、应急措施等方面制定详细的方案。2017 年，锦溪建立消防中队，配备消防车辆 5 辆、消防艇两艘、手抬泵 8 台、水龙带 3000 余米、小型灭火器具 700 余台，消防中队专职消防队员 30 余人，志愿消防队员 80 人。

消防警示标志

保护修缮

锦溪地处苏南水网地区，是苏南地区重要的商贸集散地之一，历史遗存众多。解放后，由于生产和社会事业发展的需要，部分遗址被移作他用。但由于不通公路、工业企业相对偏少的缘故，除少量建筑在“文化大革命”中被拆除毁损以外，市镇区基本完好保存着明清时期的风貌格局和建筑形态。1985 年，陈墓镇和陈墓乡、淀西乡合并，新组建的陈墓镇人民政府提出“开发新区、保护古镇”的发展思路，着手对古镇环境进行整治，对历史遗存和历史建筑进行大范围的修缮与复原，并成立了古镇保护领导小组，2006 年改设为古镇保护与管理办公室，具体负责对古镇保护修缮工作的组织与实施。

古迹遗址修缮

莲池禅院修复　解放战争时期，莲池禅院一度被国民党警察局占用。1945 年，改设为中学。1993 年，中学异地新建以后，经国家宗教部门批准，锦溪镇人民政府决定恢复重建莲池禅院。1996 年，工程正式开工，重建莲池禅院山门、钟鼓楼、天王殿等寺内建筑以及与之相配套的寺院外的石牌坊、古莲桥等，重修莲花池及内外石埂。1999 年 4 月 18 日，莲池禅院重建工程完工并隆重举行了开光典礼，正式接受信众烧香朝拜。2010 年 5 月，圆通宝殿重建工程奠基，翌年落成开放。2017 年 3 月，鉴于早期重建中，钟鼓楼、天王殿等寺内建筑大多采用了与历史原貌不相符合的混凝土等建筑材料，锦溪镇人民政府会同昆山市宗教局、昆山市文物管理所等部门单位，在听取众多专家意见建议基础上，经过慎重讨论研究，决定联合专业古建公司，对占地面积 5235.7 平方米、建筑面积 2221.7 平方米的莲池禅院再次进行整体修复，尽量保存遗构和历史信息，复原遗存；使用原材料、原形制、原工艺以及古建筑景观中的传统手法，对钟鼓楼、天王殿及沿街店铺拆除重建，对南岸码头、东侧驳岸等区域进行梳理整治。2017 年年底，修复工程基本完工。

陈妃水冢修复 水冢原为石灰石堆砌后覆土而成，随着水位的高低变化，水冢时而露出水面，时而没于水中。1992 年，锦溪镇人民政府对其进行重修，用花岗石按其原来的鹅卵形状进行围砌，然后顶部封土，形成东、西长 11 米，南、北宽 20.5 米的湖中小岛。陈妃墓穴位于小岛中央，三面环植松柏，北侧为墓碑，碑前立有汉白玉陈妃雕像，雕像前为三门式牌坊。小岛四周建有花岗石围栏，东西两侧分别建有凉亭，北侧的牌坊前设有两分式河埠，游客可坐船上岛参观。

通神道院修缮 历史上，通神道院几经扩建修缮。南宋时建有三清殿、通神庵，元时增建正山门，至明清时，已有中岳殿、东岳殿、雷祖殿、关帝殿、玉皇殿、文昌阁、斗姥阁等，造型与规模均与苏州玄妙观相同。解放后，通神道院被改设为粮库，大批建筑遭到损毁，今仅存正山门与东岳殿。1991 年被公布为首批昆山市文物保护单位。2016 年 1 月，锦溪镇人民政府组织专家对通神道院遗迹进行全面评估，作出对现存历史建筑进行保护性维修而不进行大规模重建的决定。2016 年年底，通神道院遗址修复工程正式启动。修复工程按照最少干预原则、保存历史信息与可识别原则、以旧修旧原则和使用安全原则，对正山门、东岳殿及相关辅房的地面青砖残破，墙体部分开裂，屋脊残损，屋面瓦残破，檐口、木椽、斗拱变形等相关情况进行一一矫正和必要更换。总投资 447.32 万元。工程定于 2018 年 5 月全面完工。

古区公所维修 2011 年，镇政府投资 100.9 万元，委托专业园林古建公司对古区公所进行抢救性修缮。对房屋屋面及木屋架进行防护加固，对地面铺砖进行修整，重新疏通院内原有的排水系统。2017 年 1 月，经江苏省文物局批准，锦溪镇人民政府再次对房屋进行较大规模的揭顶修缮。修缮施工仍由专业园林古建公司承担。修缮坚持原址保护、尽可能减少干预、定期实施保养、保护文物环境、保留原构件等原则，避免因装饰一新而影响文物的真实性。维修过程中，除了使用原材料、原工艺以外，对于不影响安全的部分，尽量采取留旧的方法。如地面青砖碎裂、磨损而不影响使用的，坚决不全部揭墁而保持现状；墙体抹灰褪色而无空鼓、剥落等病害的，保留现状；油饰褪色而无脱落、空鼓或残缺的，不予重刷。工程计划总投资 148 万元，定于 2018 年年底全面完工。

祝甸古窑址群维修 祝甸古窑址群集聚了明清古砖窑 19 座，位于锦溪镇祝甸自然村东侧的长白荡沿岸。至今仍保存着砖瓦烧制所需的“取材—加工—烧造—运输”的完整工作、生活环境和历史遗存，现存以“和泥区、窑炉、作坊、制作场地、码头、水路运输通道”为主体的遗存体系和实物以及盘窑、砖瓦烧制等传统技艺。2017 年，因国土保护需要暂时停止生产。因为长期使用的缘故，祝甸古窑址群一直由被称作烧窑“大师傅”的村民自行维修。2010 年 7 月，镇政府曾投资 125.68 万元，对存有安全隐患的几座古窑进行加固，对整个窑址群的环境进行绿化整治，绿化总面积 2.45 万平方米。2017 年停止生产以后，大部分古窑出现窑体裂隙，窑内部霉变、粉化脱落，窑面植物恣意生长等表面和结构的双重病害。2017 年 11 月，锦溪镇人民政府会同中国建筑设计院建筑历史研究所，着手对古窑址群进行保护性维修。维修采用传统材料和工艺技术对窑炉、窑棚等生产设施进行修缮和长期维护。严格遵守不改变文物原状的原则，尽可能真实完整地保存祝甸窑址的历史原貌和建筑特色。在维修过程中，以现存的传统工艺为主要修补手法，对窑门、火膛、窑床、火塘、烟道、烟囱、渗水池、窑炉外侧砖壁、覆土层和蹬道、窑棚等进行修缮和保养。对装窑、烧窑、观火揽烟、窨水、开窑等传统工艺进行系统整理，并以塑像形式予以展示，将古窑址群建设成集砖窑文化、科普教育、砖窑研究及观赏游览于一体的古砖窑遗址公园。工程定于 2018 年年底竣工开放。

文昌阁维修　文昌阁历经两百多年，整体风貌、结构始终保持完好。1996 年，镇政府出资对其墙面进行重新粉刷，并于东侧古莲池处扩建亲水露台。之后，由于莲池禅院反复施工及年久失修等因素影响，文昌阁墙体出现倾斜、开裂、酥碱等迹象，椽子略有脱落，屋面出现渗漏，擎檐柱部分脱位，戗角断裂、扭曲。2010 年 2 月，镇政府又出资 25.65 万元，对其进行保护性维修，对损坏的木构件及小青瓦进行了更换。2017 年 3 月，镇政府与昆山市文物局联合，按照文昌阁历史原貌，对其不合理的香炉烛台等设施设备进行整治，并于文昌阁东侧临古莲池边增设石牌坊一处。

文昌阁挂牌保护标志

1991—2017 年锦溪镇古建筑维修一览表

表 3

修缮时间	建筑物名称	修缮面积（平方米）	投入资金（万元）
1991 年	文昌阁	205	30.6
1992 年	古莲池南侧长廊	386	42.2
1994 年	南大街廊棚	284	36.3
1995 年	陈妃水冢围堤	460	26.8
1996 年	丁厅、夏太昌、杨宅	1895	89.8
1997 年	莲池禅院	726	140.6
2000 年	锦溪街（巡检司以东）古建筑	2256	568.4
2001 年	菉荇街、黄公桥廊棚	1180	129.8
2002 年	上塘街沿街古建筑	9291	865.6
2003 年	求德堂、世德堂等	3285	608.4
2004 年	三贤街沿街古建筑	7630	1130.0
2005 年	上、下塘街沿水建筑	5250	318.0
2006 年	酒作坊、蔡家宅、王宅	11835	916.8
2007 年	求德堂、朱宅、陈宅	7940	692.6
2009 年	南大街沿街古建筑	6181	561.4
2010 年	文昌阁、祝甸古窑址群、北王家浜南侧建筑	14555	1229.2
2011 年	古区公所	332	100.9
2012 年	宣卷馆、金石人家、莲池禅院墙面修缮	250	3.0
2013 年	朱文鑫墓、丁宅修缮	1200	238.0
2015 年	古镇区居民危房修缮	3636	610.0
2016 年	通神道院、锦溪街长廊修缮	1502	455.6
2017 年	莲池禅院、古区公所、杨宅等	3104	7786.0

古桥维修与保养

十眼桥修复 十眼桥位于镇南坟塘港与五保湖的交汇处，九墩十孔，因此被称为十眼桥。2009 年 9 月，因桥年久失修，部分石条出现倾斜，存在安全隐患，锦溪镇人民政府会同昆山市文保所，投入 87.6 万元，对其进行较大规模地整治修缮。工程由专业古建园林公司承担施工。修缮时采用围堰抽水的方法，使用原有石材对九座桥墩分别进行重新叠砌。考虑其所处水面开阔，水流较快，石缝间加注水泥混凝土以加固。原桥部分桥面使用牌坊石，修缮时，考虑其强度不够，故改用花岗石铺设，原牌坊石作为历史遗物另存保留。解放前，十眼桥桥面两侧均无栏杆。解放后，于主孔桥面两侧添加钢管栏杆。此次修缮中，则在全桥桥面两侧增设花岗石栏杆，主孔处设有如意形望柱，栏杆间采用开榫连接。

溥济桥维修 溥济桥位于镇南北中心市河中段，始建于元代，明弘治二年（1489）重建。2013 年 5 月，市、镇两级财政投入 23.93 万元，对其进行维修和保养。维修由专业园林古建公司承担，主要对原台阶石、金刚墙进行修整，基础和券石进行加固。建筑面积 600 平方米。施工时采用围堰抽水后清除淤泥，然后对桥台水盘石底四周加固，再拆除桥身、桥面、城墙砖，所有石材、砖材均进行编号堆放，最后按原样重建。桥台依然为原金刚石浆块石，半圆旧金山石压顶，石柱、抱鼓石、枕石等均为原有石料。

里河桥维修 里河桥位于镇南三图河上，是锦溪古桥中跨径最大的石拱桥，始建于明，清乾隆十二年（1747）重建。历史上，里河桥曾多次进行维修。但因河面比较宽阔，船只来往较多，桥身局部已损坏，桥面部分已明显下沉，踏步石高低不一，桥梁拱腹填料下沉，金刚墙出现裂缝，压口石部分风化，存有安全隐患。2008 年 9 月，市、镇两级财政投入 10.12 万元，对其进行较大规模地保养与维修。维修采用围堰抽水，并搭设满堂支架，使拱圈石在拆除桥身时不变形，然后再拆除踏步、平台、下槛、栏杆。由于里河桥除桥栏为青石外，其余均为花岗石质地，拱圈纵联分节，并列砌筑，望柱、长系石、抱鼓石等均保存完整，因此，维修时基本无须更换或添加石料。通过增厚夹石土，修复矫正踏步、压口、平台、楹联石及栏杆等，确保以旧修旧和修旧如旧。

1996—2017 年锦溪镇古桥梁维修一览表

表 4

年份	古桥名称	修缮面积（平方米）	投入资金（万元）
1996 年	隆福桥	21	8.6
2000 年	丽泽桥、天水桥	43	56.6
2002 年	黄公桥、周公桥	52	90.4
2003 年	节寿桥、槃亭桥	53	70.0
2008 年	里河桥	41	10.1
2009 年	十眼桥	260	87.6
2010 年	古莲桥	190	102.4
2011 年	红木桥	20	5.0
2013 年	溥济桥	12	23.9
2014 年	节寿桥	12	3.2
2016 年	陈墓大桥	15	3.8
2017 年	普庆桥	15	24.8

古河道保养与维修

古河道驳岸维修 古内河水道是锦溪古镇的一道千年血脉，见证了锦溪从无到有、从小到大、因水而兴的历史进程。千百年来，古内河水道在人们的生产、生活中发挥了巨大的作用，但也承载着岁月的沧桑与重荷。60年代后期，陈墓镇人民政府曾对其进行全流域抽水后的修复，起到了重要的保护作用。之后，虽屡有修缮，但都限于局部抢救性的修复。至2010年，河道石驳岸，包括石埂、石基、石河埠、石桥等，均已发生松动或损坏，使用寿命不断降低，危及人们的生产、生活安全。另外，后期局部驳岸的抢救性修复，部分已失去了其原来的风貌。2011年6月，锦溪镇人民政府经上级文物主管部门同意，投资500万元，对锦溪古内河水道再次进行全面修复，最大限度恢复和延续古内河水道的原有风貌，消除安全隐患。修缮由专业古建公司统一勘察设计，严格按照设计资料，采用逐段围堰后抽水施工的方法，累计整理驳岸乱石总长550米，驳岸修复总长700米，驳岸表面清理总长750米，修复大小河埠40个，驳岸基础加固面积150平方米，围堰面积200平方米。

古河道清淤 从2000年起，组织力量对古镇区实行全面清淤和日常保洁。清淤工程采用招标方式，主要通过船挖清淤和人工罱泥等形式，确保古内河水道河道通畅，河水清澈。2008—2017年十年间，对古镇区主要6条河道疏浚清淤，累计疏浚清淤18.1万立方米，完成投资441.7万元。成立保洁队伍，共4条船，每船2人，对古镇区古内河水道水上漂浮物进行常年全天候打捞清理。古内河水道水质常年保持在Ⅳ类水质标准以上。

1996—2015年锦溪镇古镇区河道清淤一览表

表5

年份	河道名称	清淤工程量		资金（万元）
		长度（千米）	清淤量（万立方米）	
1996年	锦溪河	1.5	5.5	98.2
2000年	油车港、三图港、柴场港、锦溪河	3.4	3.4	60.3
2001年	古莲池、柴场港、西春港、三图港、王家浜	2.5	1.9	33.5
2002年	三图港、油车港、柴场港、西春港	3.8	2.7	47.9
2003年	中心市河、三图港	2.1	1.6	29.2
2004年	西春港、油车港	1.8	1.5	27.0
2005年	古莲池	0.3	0.4	6.9
2006年	中心市河等主要河道	6.0	7.6	130.0
2009年	中心市河等主要河道	6.0	8.0	145.0

续表 5

年份	河道名称	清淤工程量		资金（万元）
		长度（千米）	清淤量（万立方米）	
2010 年	古莲池	0.3	0.3	6.0
2012 年	娄里港	1.1	6.1	11.7
2014 年	中心市河、西村港	0.8	0.5	40.0
2015 年	溇里港、西村港、三图港	1.9	3.2	239.0

古街巷修复　锦溪古镇现有古街道 14 条、古里弄（胡同）25 条；古街道总长度 4.10 千米，古里弄总长度 2.51 千米。新中国成立后，陈墓镇成立镇房屋管理所，下设建筑社，具体负责市镇房屋的管理与维修。1985 年，陈墓地区“两乡一镇”合并后，则改设古镇保护领导小组，下设办公室（以下简称古保办），除对房屋进行必要的管理外，重点负责古镇街道、里弄及房屋的日常维修工作。2000 年起，随着古镇“三线入地”“污水截流”等基础工程的开展，古保办逐步将古镇内原有的碎石路面进行更换，主要街道中间铺石板，两边铺青砖；露天里弄用石块铺设，室内则采用青砖平铺方式。一些角落空闲地，则改设为花坛，配以绿植、景观石等。沿河驳岸增设条石护栏，一方面起到安全防护作用，另一方面可供游客休憩。至 2013 年 6 月，古镇区所有街道、里弄均得到修复。古保办的街巷维修工作重点也由原来的修复转换成对古街巷的日常保养。

2000—2017 年锦溪镇古镇区街道维修整治一览表

表 6

维修时间	街道 / 项目名称	面积（平方米）	资金（万元）	备注
2000 年	莲池禅院石埂、上塘街	2880	222.6	重新铺设青砖、石板
2001 年	下塘街、南大街	2296	198.2	重新铺设青砖
2002 年	菉荇街、三贤街	2480	208.0	重新铺设青砖
2003 年	古镇区“三线”地埋	38000	3160.0	同时实施“两污”分流
2004 年	长埭廊、锦溪街	3060	240.0	重新铺设青砖
2005 年	油车港南侧沿河路面	2120	188.0	重新铺设青砖
2006 年	三贤街、南大街、天水街	1350	195.0	中间加铺石板
2010 年	三贤街	110	5.7	石板路改造铺设
2011 年	南塘街、天水街	125	5.0	石板路改造铺设
2012 年	圣荡浜支路、屈家弄、南坟塘	315	17.4	石板路改造铺设及污水管网改造
2013 年	古镇区缺损石板道路	135	7.0	石板路改造铺设
2014 年	巡检司	60	1.8	石板路改造铺设

续表 6

维修时间	街道 / 项目名称	面积（平方米）	资金（万元）	备注
2015 年	古镇区缺损路面	75	2.9	石板路改造铺设
2016 年	长埭廊	105	1.2	路面翻铺
2017 年	古镇区道砖路	125	1.9	路面铺设及翻铺

古民居修缮

丁宅修缮 解放初，丁宅门厅与轿厅为镇商业公司烟糖商店，其余为居民住宅。2002 年，烟糖商店迁出，改设为中国古砖瓦博物馆。2013 年 5 月，古砖瓦博物馆迁出，镇政府会同市文保所，投资 235.34 万元，对丁宅进行整体维修，其中根据损坏程度，前三进门厅、轿厅、大厅建筑为保养维护，后两进楼厅、辅房为修缮。修缮过程中，重点对楼厅、辅房的地面、墙体、柱子、梁架进行修补和加固，对屋面均实施揭顶维修，原有盖瓦、底瓦以及花边滴水和望砖等大部分得到重复使用，补添的材料也均与原材料保持一致。2017 年 1 月，整个修缮工程完工并对外开放。

夏宅修缮 夏宅坐西朝东，一路三进，前后以院落相连。2011 年 6 月，锦溪镇人民政府委托专业园林古建公司，对夏宅进行全面的勘察设计，并投入 300 万元，对其进行揭顶维修与复原性修复。今夏宅仍为夏家私有，前后三进均为硬山式顶，纵头脊，花岗石柱础，墙体为空斗砌，门楼、书条式槛窗（又称半窗）、鹤颈轩等花卉图案雕刻精美。

王宅修缮 王宅位于下塘街中段。新中国成立后，前三进为陈墓供销社五金商店所用，后为居民居住。2017 年，前三进建筑面积 605 平方米，均为 2 层四合院式建筑，保存完好，后五进已被居民相继改建，原风貌已不存。2010 年，五金商店迁出，镇政府随即对王宅进行保养性维护，主要对其地板、梁柱、门窗及外侧风火墙等进行重新油漆及粉刷。2013 年 5 月，引入马诺特泥禅坊，对外开放。

盐公堂修缮 盐公堂位于下塘街中段，具庆桥南侧，旧时为陈墓盐商商号。解放后，盐公堂改设为陈墓供销社百货商场，1997 年迁出，改设为根雕收藏展示馆。2013 年 8 月，镇政府投入 514.26 万元，对盐公堂全面揭顶修缮。按原有材料，重新铺设屋面青瓦及地面方砖，并对门窗、梁架、风火墙、室内外墙壁等重新油漆和粉刷；疏通原有的室内外给排水设施；重新安装节能电、气等设施设备。之后，又按照中国古砖瓦博物馆展示要求进行布置装饰。2014 年 5 月，博物馆正式对外开放。

危旧房修缮 锦溪古镇尚存明清及民国历史建筑近9万平方米，其中公有集体房屋7.2万平方米，私有房屋1.5万平方米，新中国成立后由镇房屋管理所负责日常维护修理。但由于砖木结构容易侵蚀生腐，表面修理很难达到较好效果，因此，房屋破败现象及危险程度有日益严重趋势。2015年6月起，锦溪镇人民政府决定加大古镇区历史房屋的修缮力度，于当年投入778.79万元，由专业园林古建公司先后对上塘街7、16、30、34、34—1、36、37、37—1、38、42、44、46、52、53、59、60、61、69号，篆荇街7号，下塘街1、2、15、39号，菱荡湾2、3号，典当弄5、6、7、8、9号等居民房屋进行全面维修，修缮总面积3635.62平方米。按照依旧修旧原则，对房屋的屋面、墙体、梁柱、门窗、地板、屋脊、白蚁防治等进行重点整修和防治，最大程度改善古镇区居民的生活居住质量。

2017年锦溪古镇建筑所有权一览表

表7

分类	国家	集体	个人	合计
总建筑面积（平方米）	33635	38352	14633	86800
比例（%）	38.75	44.39	16.86	100

古镇风貌整治

古镇区综合整治工程 2010年起，锦溪镇开展为期3年的古镇区综合整治工程。整治范围除古镇遗产核心区外，扩展到东至邵前港、西至道院港、南至坟塘港、北至柴场港等古镇风貌控制区和协调区范围。2010年，投资1.2亿元，对文昌路、邵前街、长寿路等店招店牌实施统一改造，改建旅游文化广场。2012年，投入828.5万元，对古镇遗产核心区内的店招店牌、雨篷、空调架等实施统一改造，彻底清除菱荡湾，上、下塘街，南大街等历史街巷的乱搭乱建，增设环境绿化、景观灯光等。投入869.7万元，实施太平新村、教师新村环境整治工程，将原来的红色瓦屋面改为黑色瓦屋面，用灰、白两色重新粉刷内外墙面，保证与古镇区粉墙黛瓦历史建筑风貌相协调。至2013年年底，整治工程基本完工。

红房顶改黑工程 70年代起，锦溪古镇区部分新建房屋采用红色平瓦作屋顶铺设。至2010年，累计红房顶面积6350平方米。2010年11月，锦溪镇人民政府投入675万元，实施古镇保护区内红房顶改黑工程。工程将规划范围内所有6350平方米红

整治后的文昌路

色平瓦屋顶全部拆除，改用与古镇风貌相协调的望板、小青瓦铺设。至2011年年底，工程全部完工。

“三线”地理工程 2003年，锦溪镇人民政府投资3600万元，对古镇遗产核心区、风貌控制区内的所有电力、电信、电视光缆（俗称“三线”）实施地埋，古镇区空间得到净化。

污水处理工程 2003年，锦溪镇实施古镇污水处理工程。总投资5000万元，在古镇四周的6条内河水道的入口处建起6座闸门，并在古镇核心区周围，铺设4.6千米的雨污分流管道，对居民生活污水进行集中处理。2008年，兴建第二污水处理厂，古镇区污水处理得到扩容。2014年9月，镇政府实施古镇核心区内部污水截流工程。工程覆盖古镇核心区、风貌协调区等32.5公顷范围，共铺设污水管网3.28千米，污水检查井1560座，采用膜生物反应器一体化污水处理技术，设立污水处理站15座、隔油池15个、格栅井9口、污水调节池9个，总投资5018.9万元。排放水质达到国家《城镇污水处理厂污染物排放标准》（GB 18918—2002）所规定的一级A标准。至2016年年底，工程全部完成。

夜间灯光工程 1996年，锦溪镇组织实施古镇区河道清淤、灯光亮化、绿化美化“三大工程”，对古镇区建筑、桥梁、廊棚实施景观灯光布置。之后，曾多次进行增补和完善。2017年4月，锦溪镇投入1500万元，再次对古镇区夜间灯光进行规划设计和提升改造。覆盖范围由原来的菱荡湾、上下塘街，延展至古镇核心区和风貌保护区全域。工程按照统一协调、以人为本、技术创新、绿色节能为原则，以宁静、素雅、简约为理念，正确处理光与影、多与少、动与静、简与繁之间的关系，以内透光为景观照明主色调，采用 LED 高能效技术，按一般模式、节日模式、午夜模式分时段控制，总功耗 85 千瓦，较好地凸显了锦溪千年古镇的建筑风格、乡土人情和个性特点。2018 年 1 月，工程完成并亮灯开放。

保护制度

《锦溪古镇保护与管理暂行办法》 2006 年，挂牌成立锦溪镇古镇保护与管理办公室（以下简称镇古保办），并颁布《锦溪古镇保护与管理暂行办法》（以下简称《办法》）。2010 年，按照《中华人民共和国文物保护法》及江苏省、苏州市历史文化名城名镇保护相关文件精神，对《办法》进行修改，后经镇人民代表大会通过并重新发布。《办法》包括总则、建（构）筑物的保护与管理、河道的保护与管理、绿化与古树名木的保护与管理、经营与环境管理、奖励与处罚、附则七章共四十一条，将古镇区内的民居、寺庙、历史遗址、桥梁、驳岸、河埠、亭台楼阁、古井、古墓葬、石刻砖雕、牌坊石碑、古树名木等建（构）筑物及其附属设施，都列为保护对象。将古镇内建筑物的用途、修缮、保护、交易等环节作了具体和明确的规定，使古镇保护做到有章可循、有法可依。

《古镇保护市民公约》 古镇区居民主要集中在镇上下塘社区。镇古保办成立以后，即与上下塘社区一起，利用社区讲堂、老年大学，通过设立固定宣传栏、定期发放宣传资料等，在居民中广泛开展“爱护古镇、从我做起”古镇保护宣传教育活动，充分认识保护世界文化遗产的重要意义，不断激发社区居民保护古镇的自觉性和主动性。针对古镇区居民一度出现的破墙开店、私搭乱建、私拉电线、私自出租及垃圾乱放等不良现象，镇古保办与社区居委会组织广大居民，制定《古镇保护市民公约》，自觉维护古镇的历史风貌和生产、生活环境。

2017 年锦溪镇各级文物保护单位一览表

表 8

名称	保护等级	建造年代	使用情况	公布时间	地址
祝甸古窑群遗址	江苏省级	清及民国	部分使用	2006.6	祝甸村
陈墓区公所	江苏省级	民国	未开放	2010.5	下塘街
通神道院	昆山市级	元	未开放	1991.8	南大街
文昌阁	昆山市级	清	对外开放	1991.8	莲池禅院内
溥济桥	昆山市级	明	对外开放	1991.8	中心市河
古内河水道	昆山市级	明、清	对外开放	1997.5	古镇区
十眼桥	昆山市级	清	对外开放	1997.5	镇南苗圃港
丁宅	昆山市级	清	对外开放	1997.5	上塘街
陈妃水冢	昆山市级	宋	对外开放	1997.5	五保湖中
天水桥	昆山市级	明	对外开放	2004.7	北市河
里和桥	昆山市级	清	对外开放	2004.7	三图港
夏太昌宅	昆山市级	清	未开放	2010.5	上塘街
陈三才故居	昆山市级	清	未开放	2010.5	下塘街
朝阳桥	昆山市级	现代	开放	2010.5	祝甸村
杨宅	昆山市级	清	未开放	2013.10	锦溪街
王宅	昆山市级	清	开放	2013.10	下塘街

2017 年锦溪镇古镇区古井保护一览表

表 9

序号	年代	位置
1	清	梅园弄
2	清	金石人家篆刻馆
3	清	敦和里
4	清	王家弄、南坟堂交界处
5	清	南王家巷
6	清	北王家巷
7	清	三合土里
8	清	槊亭街
9	清	莲池禅院内

2017 年锦溪镇古镇区古树名木监测表

表 10

调查号	中文名	别名	树龄（岁）	树高（米）	胸围（厘米）	具体位置
昆山 61	罗汉松	—	847	11	220	莲池禅院
昆山 60	银杏	白果	344	16	215	锦溪镇人民医院旧址

续表 10

调查号	中文名	别名	树龄（岁）	树高（米）	胸围（厘米）	具体位置
昆山 59	银杏	白果	129	16	153	锦溪镇人民医院旧址
新增 1 号	龙柏	—	85	8	129	莲池禅院
新增 2 号	龙柏	—	85	8	131	莲池禅院
新增 3 号	银杏	白果	200	17	204	环湖北路锦发路口
新增 4 号	银杏	白果	125	15	159	锦溪镇旅游休闲广场
新增 5 号	银杏	白果	125	15	138	锦溪镇旅游休闲广场
新增 6 号	银杏	白果	125	16	141	锦溪镇旅游休闲广场
新增 7 号	银杏	白果	200	18	182	梧桐栖凤街坊
新增 8 号	银杏	白果	200	16	196	梧桐栖凤街坊

链接：

苏南小镇用文化打造个性

——以昆山锦溪镇为例

姜爱萍

文化也是一种重要资源。许多小镇有其悠久的历史，但被后人破坏殆尽。如果你去参观一下江苏苏州昆山的锦溪镇，你会发现她是一个极具个性的小镇。其关键是小镇赋予了“灵魂”的东西——文化内涵。锦溪镇不仅通过有形的表层物质元素反映自身个性，更通过无形的深层地方精神凸显文化特色。因而小镇显得既有生机、又有活力，成为目前长三角旅行社着力推崇的一个旅游小镇，其门票与周庄合在一起已达 150 元。

一、锦溪镇概况

1. 锦溪镇的位置

锦溪古镇，地处中国最令人向往的富庶区域——昆山市西南 23 千米处。她东与上海市青浦区接壤，西与苏州市吴中区为邻，距上海虹桥机场 60 千米，距古镇周庄只有 8 千米，距古镇角直约 9 千米。因境内一条彩若锦带的河流——锦溪河而得名。全镇占地面积 90.69 平方千米，镇区面积 1.6 平方千米，素有“三五”之称，即五万亩耕地，五万亩水域，五万人口。

2. 锦溪镇悠久的历史

吴越春秋时期，当吴王阖闾命令伍子胥修建苏州古城时，锦溪这个距离苏州只有30多千米的集镇，已出现兴盛的迹象。

宋皇室南渡时，孝宗的爱妃陈妃病逝后水葬于此。宋孝宗下旨在爱妃的玉殒之地，五保湖畔建成造成了一座莲池院，设寺僧为陈妃诵经超度，从此名声大振。

由于宋朝都城南移，在迁都至杭州的途中，官员、行人取道锦溪，将财富积聚于此地，使得锦溪成为苏州城外十分富足的小镇。从历史来看，锦溪镇的形成比周庄早，集镇也大，从澄湖至吴淞江，在很早以前就是吴中出海的重要航道。

二、小镇淋漓尽致地反映了吴文化特色

“吴文化植根于长江三角洲地区，自旧石器时代开始至今，经历多种文化（主要是中原文化）的冲击与包容，而逐渐发展成熟，吴文化区已成为全国经济最发达的地区之一”。锦溪镇地处全国经济最发达的江南苏州昆山，在吴文化区域背景下尽显江南特色、苏州特色、昆山特色、锦溪特色，多尺度地反映了吴文化的精髓。

1. 江南水乡特色的体现

吴文化是水文化。“所谓水文化，既有物态文化的层面，如由此而形成的稻作文化、鱼文化等；又有心态文化层面，‘知者乐水，仁者乐山’”。水的灵动性浸润和滋养着机智而又巧思的锦溪人。“境内河湖纵横，有大小湖荡76个。河道228条，绿水相映。碧水粼粼。古镇以湖为骨架，石桥水埠，民居枕河，街市环水，风光宜人”。由于小镇水域面积与陆地面积相近，因而水乡特色更加突出，处处可见小河，处处可见小桥流水，小镇充分利用水乡特色，傍河而建，居民临水而居中，因而处处可见小船，处处能听到软软吴侬语。

2. 苏州吴文化开放特色的体现

吴文化是开放的文化。“对外开放和横向交流是吴文化景观变迁的动力源泉”。锦溪镇地势平坦、东濒大海的区位特点，使其地理环境呈开放型。对于海派文化与中原文化，它既有吸收，也有发扬，从而形成了颇具特色的锦溪镇吴文化的区域思想特色：聪颖灵慧、机智巧思、灵活善变、细腻柔和而又视野开阔。从小镇颇具文化内涵的宋代、明代、清代、民国各类建筑的设计，还有书法绘画艺术馆的作品呈现可见一斑。

3. 昆山富足繁荣的景观特色凸显

吴文化是后来居上的文化。“稳步中求发展是吴文化的精髓”。昆山经济繁荣，小镇兴旺，在全国享有盛名。更重要的是吴文化的发展始终能顺应时代潮流的变化。做出价值取向上的调整。锦溪镇在乡镇经济大潮中也曾想做个弄潮儿，将一些古老的建筑拆除，把石板路撬掉换上水泥路等。随着经济的进一步发展，人们已经意识到保留个性才能满足人们怀古情结的愿望，人们更崇尚原汁原味的吴文化特色，并且可以通过保存小镇特色开发其旅游资源。因而锦溪镇在一溜烟的跟风中放慢了脚步，开始释放和展现自身最具个性的东西。如修复了石板路、修复了历史建筑——建于明代的文昌阁，修复了历史遗存——陈墓水冢等。这个作为了不起！

4. 锦溪镇崇教尚文的传统特色体现

吴文化区是人文荟萃之地。锦溪镇的区位，决定了她能避开战争的困扰，因而祥和的气氛适宜读书作诗。锦溪历来崇尚“枯灯夜读”，哺育出不少栋梁之材。“据地方志记载，明嘉靖十九年至清乾隆三十五年的230年中，就有进士举人16名”。这些读书人与外界的交往增多，把他乡的文明与经验带回小镇，丰富并发展了小镇的文化。近百年间，锦溪镇仍延续了读书的传统，“哺育出中科院院士2名，副高以上人才320人，其中正高91人，留学生百余名”。成为教授故乡、留学生故乡。这是苏州其他小镇无法比拟的，也是江苏乃至全国罕见的。小镇培养的各类人才分布于世界各地，通过其返乡或与家乡亲人的联系，互通了信息，更新着小镇人的观点。

吴文化的特点通过锦溪镇这样一个载体活脱脱地体现出来，通过江南、苏州、昆山、锦溪不同尺度的区域文化特色，层层套叠，一步步将小镇自身的个性凸现于江南这个富足、祥和背景下，与之既有区别而又相协调。在漫长的历史进程中，既积淀出自成一色的小镇文化特色，又不断与其所在的区域文化交融。

三、整体设计颇具人文内涵

在镇区1.6平方千米的范围内通过有形的（如水面、小桥、枕河的各种建筑、青石板路、各种民间博物馆等）与无形的（如小镇人的精神面貌、方言、思维方式、地方精神等）有机组合，以文化层面与风貌来显现小镇的文化特色。

1. 充分利用历史文脉与古建筑反映小镇文化

五千多年的历史积淀给小镇留下无数文物古迹。如通神道院，原名天庆观，始建于宋代，至今遗存小镇。位于莲池禅院内的文昌阁，始建于明代，重建于清代乾隆年间，它是古镇人文荟萃的象征。

小镇在布局上将这些历史建筑修复并呈现在世人面前。如小镇因其繁荣而又得名的陈墓水冢的修复。这座水冢无论洪水期水位多高，从未淹没过，可见当时的设计技术之先进！

古镇饱经沧桑，现存的大部分房屋建筑是明清与民国时期建造的。市河两侧无处不是小楼。如典型的丁家弄，房屋结构完好，从铺地方砖、天花板，到亭、柱、梁、椽、门窗，基本无损。至今仍有数百间民房住宅，这些百年以上的老房子虽无人居住，但仍保存完好，亭、柱、门、窗尚存，门楼砖雕字迹可辨，井水清澈可饮。

水乡特色古桥多。锦溪现存古桥 16 座，大多为明清建筑。桥上碑记、柱联、花纹镌刻精细，构成了“桥的博物馆”。形成了特有的桥文化。几乎唐、宋、元、明、清的桥梁均有保存，这也是特色。

2. 充分利用区域优势发展小镇文化

该镇区位优势突出，与上海、浙江距离很近，与江南有名的古镇周庄与角直镇形成近似“等腰”三角形，其中锦溪处于它的顶点，周庄、角直连线构成等腰三角形的底线。周庄、同里、角直几乎也构成一个等腰三角形。这与经济学上的成长三角一致，“具有几何空间上的稳定性，多种生产要素的互补支撑，扩大经济规模、三极间的协同作用和开放性等优点，因而有助于区域经济由极化阶段向扩散阶段过渡”。

周庄、角直、锦溪具有相同的地理“背景空间”，因而锦溪与二镇在文化上有相互渗透与相互影响的关系。但它们之间又各具个性：周庄镇因其居民多经商使小镇富裕而闻名于世；角直镇因其悠久的历史以及名人的历史文化遗迹，如“保存完好的有宋、元、明、清时期的桥梁 41 座，造型各异，各具特色”而享誉大江南北；而锦溪镇则以其独特的文化打造小镇，如小镇的历史与所成长的人物是特有的，锦溪人将其历史与名人挖掘出来，通过各种形式呈现历史风貌与传承历史人物精神，这是很有眼光的。就“好像是将小镇的历史与文化，做成一道道文化大餐，呈现于游人面前。让人们一下子就领略到小镇的文化脉搏”。

3. 充分利用多种方式呈现小镇丰富文化内涵

只要随便去小镇走走，你就会发现自己如置身于文化长廊中，处处可见小镇所出名人的书法与绘画或雕刻等作品。

只要随意跟小镇人聊一聊，他们就会如数家珍地道出自己镇上所出的人才，他们真为之自豪。

历史的沉淀必不可少，精神的传承也十分重要。成功的历史人物能给后人以启示、以借鉴，并给人以智慧，让后人少走弯路。小镇出生了一位留美天文学家朱文鑫先生，为了纪念先生，小镇将文昌阁前的一座桥以先生的号——槃亭命名，在中学校园里塑了先生的雕像，将其事迹陈列于“锦溪杰出人物馆”，将其研究成果陈列于“华夏天文馆”。可见小镇对历史人物的尊重。

体现水乡特色的丝竹表演，显现了锦溪人对生活的热爱，由于当地的气候湿润、阳光充足，适合竹子生长，心灵手巧的锦溪人民，充分利用自己的聪明才智，自行制作了乐器，在闲暇之时抒发情怀。

体现江南特色的风味小吃，色香味俱全的菜肴。水乡产鱼，锦溪人用小镇的水产如湖虾、白鱼、巴鱼等招待客人，显现出与地域极其相关联的食文化的独特，让人置身其中，全方位感受其文化气息。

锦溪的石板路是小镇的一个特色。如果你留意观察就会发现，这样的石板路，一人走在上面就可以踩出节奏，如果是数人一起走来，真像在合奏一首曲子。石板路走起路来有音乐节奏，也体现了锦溪人的智慧，更反映了小镇人对美的追求与向往，同时也体现小镇人独特的品位与个性。所有这些都给人留下深刻印象。

小镇十分重视教育，加上经济的繁荣更加促进了教育的发展，而教育的成功又反哺了小镇。因而小镇处于一种良性的循环之中，这样的文化起点又开始雕刻小镇的内在的文化气息与特色。

4. 充分利用经济优势兴办民间博物馆提升小镇文化品位

“办博物馆这在一个城市是平常的事，但要在一个小镇建有十多个专业博物馆，这在全国仅此一家”。因而锦溪镇的民间博物馆闻名遐迩。这也是当今的锦溪人文化内涵的一种表现。“锦溪人充分利用自身的历史文化底蕴，将各种民间的收藏收集过来，既反映了小镇的历史，也反映了小镇的文化，在小镇各个适宜的方位陈列，成为锦溪镇一道亮丽的风景线”。

小镇有中国古砖瓦博物馆、华东第一古董博物馆、中国宜兴紫砂博物馆、华夏天文馆、张省美术馆、锦溪杰出人物馆等。至此，全镇各具特色的博物馆、流动展馆达到 12 家，大大地提升了锦溪旅游的文化品位。

5. 通过小镇人无形的地方精神反映小镇文化特色

外在的布局固然重要，内在的“雕刻”也十分需要。在锦溪镇，苏南吴文化特色既镶嵌在小镇的有形建筑中，又通过无形的地方精神、地方意识、地方认同感等深层文化因素根植于人们心中，通过小镇人的衣着、方言、风土人情、思维方式、行为习惯、精神面貌反映出来。具有审美眼光的小镇人的衣着干净、整齐而又不俗，具有开放意识的思维与勤劳的生活习惯均折射出小镇的一种健康的、积极向上的精神，软软的侬侬吴语给他乡人以亲切友善之情。

锦溪镇深厚的文化底蕴以江南昆山作背景，通过小镇整体设计中物质的与非物质的因素为载体显现出——小桥、流水、人家图案，真是美不胜收。

“城镇文化应该始终贯穿于城镇规划、建设、管理的始终，有历史文化的城镇应该在保护、挖掘、开发历史文化资源的基础上，建设一个地方特色突出、文化品位较高的小城镇。”

在许多历史文化名镇接受“旧城改造”和“空心村治理”过程中，种种历史性的建筑与个性文化被破坏。而锦溪镇能完整地保持好各种传统的历史文化，并将其发扬光大，不能不说是一种高尚，也不能不佩服当地人的“有文化”。

总之，江南苏州昆山的锦溪镇是个颇具个性的小镇，有其自身的文化内涵，这笔宝贵的资源其价值在于不可复制，她将成为小镇一笔巨大的财富。

（原载《乡镇经济》2006 年第 11 期）

旅游开发

“养在深闺人不识，一朝闻名天下知。”80年代，江南水乡古镇旅游在全国各地纷纷兴起，与古镇周庄仅一步之遥的锦溪，地处吴根越角，蕴含着两千多年的历史文化积淀，人文古迹与自然景观丰富。2000年5月，首届锦溪民俗文化旅游节开幕，掀起了锦溪古镇旅游新的篇章，并较快形成了以千年古镇为核心，以水乡自然生态为依托，以“中国民间博物馆之乡”为品牌，文化旅游与古镇保护、生态提升齐头并进、竞相发展的良好态势，锦溪的知名度和美誉度稳步提升。

錦溪

景区景点

古镇历史文化游览区 锦溪古镇游览区位于市镇区的中部，南起五保湖，北至柴场港，东自文昌路，西止道院港，面积0.67平方千米。古镇历史悠久，文化流长，风景秀丽。1948年《昆山游览指南》记载："陈墓镇古名锦溪，地处吴昆交界，商业繁荣，为县属首镇。四面环湖，水道交通极便，苏州、昆山、青浦各地，均有汽船往返。此地民风淳朴，胜景天绘，春秋佳日，附近邀侣，联袂携来，其热闹不让苏锡之诸胜。"

解放后，虽有部分建筑移作他用，但古镇整体格局始终延续着水陆并行、河街相邻的历史空间肌理，处处呈现出粉墙黛瓦、河桥辉映的"小桥、流水、人家"风貌。80年代初，陈墓镇人民政府顺应广大居民呼声，制定《陈墓镇三年市镇规划》，着力对镇南五保湖、菱荡湾区域实施游览区规划建设。1987年，又在原有规划基础上，制定《陈墓镇集镇建设总体规划》，提出"开发镇北新区，保护千年古镇"的整体建设思路，将游览区扩展至古镇区全域。经过30多年的努力，古镇游览区面貌得到全面改善，初步形成了以古街、古巷、古建筑、古河道为主线，逐步融合戏曲、民俗、宗教、历史、饮食及博物馆文化于一体，具有浓郁水乡意蕴的江南古镇游览区。2005年6月，被国家旅游局评为国家AAAA级旅游景区。

国家AAAA级旅游景区铭牌

主要景点有陈妃水冢、莲池禅院、文昌阁、十眼桥、通神御院、锦溪老街、古内河水道、丁宅、五保湖、古莲池、菱荡湾、民间博物馆群等。

2000—2017 年锦溪古镇所获荣誉一览表

表 11

荣誉称号	授予单位	授予时间
国家 AAA 级旅游景区	国家旅游局	2003 年
最具海外人气旅游景点	江苏省旅游局	2005 年
国家 AAAA 级旅游景区	国家旅游局	2006 年
全国环境优美乡镇	国家环境保护总局	2006 年
中国民间文化艺术之乡	文化部	2008 年
中国历史文化名镇	住房城乡建设部、国家文物局	2008 年
中国最佳文化生态旅游目的地	亚太旅游联合会、中华旅游促进会等	2009 年
中国最具投资价值旅游名镇	国际文化旅游促进会、中国民族文化旅游协会、中国生态旅游发展协会等	2009 年
江苏省人居环境范例奖	江苏省住建厅	2009 年
长三角世博主题体验之旅示范点	长三角世博主题体验之旅示范点评选委员会	2010 年
中国精品文化旅游景区	第三届世界文化旅游论坛组委会	2010 年
中国人居环境范例奖	住房城乡建设部	2011 年
全国特色景观旅游名镇	住房城乡建设部、国家旅游局	2011 年
中国最美生态宜居旅游名镇	中国营销协会、中国国际品牌协会、中国县域经济协会等	2011 年
长三角十大古镇三十强	首届长三角十大古镇评选委员会	2012 年
中国最美小镇	人民日报社、人民网、中国最美小镇活动组委会	2012 年
中国十佳村镇漫游地	中国消费经济高层论坛组委会、中联城乡统筹发展研究中心、消费日报社	2012 年
《中国世界文化遗产预备名单》	国家文物局	2012 年
最佳人文古镇	中国饭店协会	2013 年
最受欢迎国内游目的地	中国城市第一媒体旅游联盟	2013 年

2000—2017 年锦溪古镇游客人数及门票收入情况表

表 12

年份	接待人次（万人）	售出门票（万张）	门票收入（万元）	年份	接待人次（万人）	售出门票（万张）	门票收入（万元）
2000	3.50	2.6	10	2009	78	35.0	783
2001	6.30	4.9	76	2010	96	35.0	700
2002	16.50	10.5	175	2011	122	37.9	1212
2003	22.70	14.7	374	2012	128	42.1	1280
2004	41.10	27.5	543	2013	129	45.0	1307
2005	62.12	35.3	720	2014	138	47.8	1396
2006	70.74	42.7	820	2015	142.48	49.8	1425
2007	67.93	39.6	720	2016	146.23	49.6	1490
2008	70	35.0	600	2017	155.44	51.7	1773

祝甸古窑群遗址

祝甸窑文化游览区

位于锦溪古镇西南3千米处的祝甸自然村。祝甸自然村地处南长白荡西岸伸入长白荡的半岛之上，俗称长白荡滩。可耕地面积有限，而且多为滩田。明清时期，祝甸村民几乎家家户户以窑业为生，较富裕的自己盘窑，有的烧制青砖小瓦，有的烧制石灰，条件有限的则去窑场做窑工，也有“撑大船”专门从事运输的，将砖瓦、石灰销售至上海、青浦、嘉定等地。新中国成立后，农村大力发展粮食生产，陈墓其他一些地区的砖窑、灰窑逐步被拆除还田，而祝甸村因为情况特殊，经上级政府部门同意，窑业生产得以保留。1978年改革开放以后，陈墓农村开展多种经营，祝甸村的窑业重新得到快速发展，成为远近闻名的砖窑之乡。2000年以后，随着农村生产、生活的变化和对生态要求的提高，祝甸窑业逐渐萎缩，留下了数量众多的老砖窑，成为人们寻求窑文化记忆的场地。

祝甸窑文化浏览区主要景点有祝甸古窑群遗址、祝甸砖窑文化园。

祝甸砖窑文化园　位于锦溪镇西南5千米处的祝甸自然村，距离祝甸古窑群遗址600余米。由始建于80年代的淀西乡第二砖瓦厂改建而成。文化园完整保存了原36门

祝甸砖窑文化园

砖瓦生产轮窑，并结合原土坯、砖瓦堆场、上下货码头、办公辅助用房等原有设施，建成融砖窑博物馆、休闲商业广场、亲水码头、花园民宿、花卉田园为一体的现代化休闲体验度假文化公园。文化园总占地面积 2.2 万平方米，总建筑面积 4218 平方米，专为基于乡村田园的全新生活方式设计建造。总投资 6000 万元，2017 年 1 月正式对外开放。

祝甸砖窑文化园获住房城乡建设部田园建筑优秀实例一等奖

淀山湖旅游度假区

90年代初，设立淀山湖旅游度假区。度假区依托毗邻上海市的地缘优势和淀山湖自然生态资源，为消费者休闲度假、健康疗养、旅游观光及商务会务等提供优质服务。1996年，上海岛庄园落成并对外开放。至2015年，度假区已发展为包括长泰淀湖观园、时代御湖花园、岛尚溪园、丰泽湾花园、淀山湖庄园、纳帕溪醍庄园度假村6个，度假别墅总计达2012幢，总占地面积1.93平方千米，总建筑面积57.5万平方米的大型度假区。且拥有游艇、室内外游泳池、酒店、宾馆、大型健身房等配套设施，环境优雅，气候宜人，是昆山市及淀山湖周边地区最早开发的旅游度假区之一。

主要度假村有计家墩理想村、丰泽湾花园、岛尚溪园、东方荡生态乐园等。

计家墩理想村 位于锦溪镇东南4.3千米处的计家墩村。园区采用轻资产村舍租赁开发方式，以村民移迁后留下的142栋村舍为核心，建造田园民宿、文化商业、主题飨食、休闲体验、自然教育、有机农业等为内涵的乡村休闲综合体。园区于2015年9月开工建设，占地面积585亩，总投资1.5亿元。2016年10月，正式对外开放。

计家墩理想村 唐徐国 摄

游客参观

下塘街上的外国游客

现代生态农业体验区

锦溪现代生态农业园区位于镇区西北部、环澄湖片区，包括陆泾、袁甸、长云、南前、狭港、朱浜、三联7个村委会，园区总面积16.56平方千米，耕地面积8033.47亩。2017年，生产大米111.33吨、小麦21.33吨、油菜0.96吨、各类果蔬660吨，繁殖各类鱼苗2.24亿尾。经过沟渠、田间道路、灌溉、农业机械、土地改良、农业服务等方面的全面提升，农业的耕、播、管、收等基本实现现代化。2014年9月，被认定为首批苏州市级现代农业园区。

主要景点有欧耕尼克有机农场、长云农场、澄湖特种水产养殖基地等。欧耕尼克有机农场主要生产各类有机果蔬。澄湖特种水产繁殖基地为江浙沪一带水产养殖户提供种苗。

梨亭桥

旅游线路

锦溪旅游资源丰富，经过 20 多年的发展，旅游线路已从单一的古镇观光游，向覆盖全域的集观光游览、休闲度假及以文化为载体的各种专题旅游于一体的多线路旅游转变。消费者可根据个性化需求，选择不同的旅游线路。

寻幽访古人文游 线路特点：体会原味江南，聆听千年传说，感受人文魅力。

锦溪具有原汁原味的自然生态景观和两千多年深厚的历史文化积淀，文人辈出，文化内涵丰富，仅高启、沈周、文徵明就留下众多诗词名句。文人笔下的“陈墓八景”便是一个个谜一样的景点，扑朔迷离的故事为它们增添了一层神秘的面纱。

莲池禅院

古莲桥

推荐线路：（1）看古莲池，寻访“陈墓八景”中的“莲池结社”。“莲池结社”为“陈墓八景”主要景点，在清净的莲池禅院内，曾有众多文人逸士聚首于此，饱览水乡美景，运思酬唱，切磋诗文。寻访古人足迹，感受锦溪文化盛况。（2）登里和桥，寻访“陈墓八景”中的“古井风亭”。明代诗人高启曾经描写道：“南塘桥下水泠泠，桥畔长堤柳色青。一勺清泉涵古井，十分凉思满风亭。”“古井风亭”为锦溪古时自然风光最美丽的景色之一。重寻诗中美妙情景，感受古镇淳朴风情。（3）渡渔船，聆听千年传说中的“锦溪渔唱”。“锦溪渔唱”是千百年来让人忘我沉醉的鲜活渔家生活画卷，明代文人沈周描绘道：“溪桥郁古木，渔歌托风达。欸乃三四声，顿与浮名割。”欣赏锦溪渔家乐的风光，感受江南水乡版的“桃花源”。（4）游五保湖，寻访“陈墓八景”中的“陈妃水冢”。“陈妃水冢”静卧在镇南五保湖中，这个曾经让锦溪更名“陈墓”达八百年之久的景点，是锦溪最具独特性的景点之一。寻访“陈妃水冢”，感受千古爱情在水一方。（5）逛古镇、走古街、过古桥。穿越锦溪历史，体会古韵魅力，感受人文情怀。

健心水疗生态游 线路特点：轻松逛古镇，悠闲品江南，健康尝河鲜，养眼、养耳、养心、养忆、养口、养身，减压放松，调养身心。

锦溪以幽静、柔美的水乡特点以及原生态的自然生态资源，成为市民短线游的首选之地。游览可坐船、可骑行，静观湖、动垂钓，通过人水和谐、物我两忘的境界，达到健心之效。

推荐线路：（1）坐摇橹船欣赏五保湖，锦溪水巷寻幽，听船娘用吴侬软语唱着古老的歌谣，感受记忆中的水乡天堂。（2）逛古街、走古桥，亲水长廊里休闲品茶，看锦溪枕水人家的亲水生活，寻找曾经的江南回忆。（3）沿环湖廊道骑行，赏长白荡、明卿荡及沿途村庄风光，感受原汁原味的水韵江南。（4）农家休闲体验，尝农家菜，品湖中水鲜。不同季节还可以采菱、捞虾、捕蚌，亲水休闲，养生健心。

欢乐水乡亲子游 线路特点：水乡古镇亲子游，游戏中玩遍锦溪，寓教于乐，是一次亲子交流的难得体验。

改变传统的导游带领参观介绍景点的常规模式，开创性地以“游戏式”“互动式”的模式代替，导游组织互动游戏，由不同的游戏将整个旅游过程串起来，既欢快有趣又达到真正的寓教于乐，休闲放松，促进家长与孩子之间的感情交流。

推荐线路：整个游览线路分为不同的游戏板块。（1）摇啊摇，摇到外婆桥。坐

古街游客

摇橹船游览五保湖，穿行于锦溪水巷。（2）寻宝地图。游“陈墓八景”，寻“锦溪八宝”，参观博物馆，寓教于乐。（3）亲子互动。走祝甸古窑群遗址，逛计家墩理想村水上集市，童趣童玩，手工 DIY。（4）体验农家乐。垂钓、采摘、捕捞，农家生活全接触。

博物馆里考察游 线路特点：看稀奇到锦溪，游“陈墓八景”，寻“锦溪八宝”，游水巷，寻古桥，走古弄，穿越锦溪历史，感受文化魅力，是一次城市里不曾体验到的博物考察之旅。

锦溪有“中国民间博物馆之乡”的美誉，大大小小的博物馆有十余座，从古砖瓦到古董、古窑，从明清家具到泥塑、紫砂，从宣卷到人物，从金石到书画……可谓是集锦版的民间文化大观园。在锦溪看稀奇，走走看看，聚聚散散，看得轻松，既增加人文知识，又休闲放松，轻松惬意。

推荐线路：（1）坐摇橹船饱览五保湖的天然风光。（2）近观陈妃水冢，感受帝王爱情在水一方。（3）在锦溪水巷中慢行，听船娘用吴侬软语唱着古老的歌谣，走进梦里水乡。（4）参观博物馆，看稀奇，寻“锦溪八宝”。（4）寻古桥，见证锦溪历史绵长。（5）穿丁家弄、王家弄、杨家弄等锦溪古弄堂，感受“烟雨江南图”中的意境。

五保湖湿地公园顾家浜村片区

小憩

锦绣前程精彩游 线路特点：灵秀锦溪，人杰地灵。锦溪之吉名，望前途腾达者，常来此讨个吉兆。

从清末至2017年的一百多年中，锦溪养育了数百名杰出人才，有“留学生之乡”和“教授之乡”的美誉。深厚的文化底蕴，灵秀的水乡风物，培育出了众多的国家栋梁。到锦溪感受深厚的文化底蕴，重走名人之路，通过名人成长道路上的点点滴滴，激励自己努力向上，奋发有为。

推荐线路：过锦程门，登文昌阁，“走三桥”，看杰出人物馆，寻访名人足迹。（1）文昌阁广场过锦程门，鲤鱼跳龙门。（2）莲池禅院登文昌阁进香，祈福文运昌盛。（3）登古莲长堤，欣赏古莲池及五保湖风光，感受金波玉浪，远观陈妃水冢，感受千古爱情在水一方。（4）参观中国古砖瓦博物馆，寻找“七十二座窑”的历史痕迹，看明清建筑丁宅。（5）“走三桥”（里和桥、中和桥、溥济桥或太平桥），走出锦溪后能仕途腾达。（6）参观柿园，欣赏锦溪名人书画艺术，感受深厚的文化底蕴。（7）参观锦溪镇杰出人物馆，寻访名人足迹。

特色田园乡村游 线路特点：远离城市喧嚣，享受田园生活，感受乡村文化，重拾乡愁记忆，用创新和艺术缔造新江南生活。

锦溪湖荡密布，河流纵横，57 个犹如世外桃源般的古村落，无不以优美的自然环境、纯朴的民风民俗、丰厚的劳动创造，吸引着人们的目光。2016 年起，一批批艺术家、学者、教授到锦溪考察，利用村庄原有资源，开发祝甸砖窑文化园、祝甸原舍、计家墩理想村、蜻蜓港安轩民宿等特色田园乡村建设项目，成为锦溪旅游新亮点。

推荐线路：适合按照个人需求，进行私人订制。（1）参观游览。祝甸砖窑文化园系 80 年代初由淀西乡第二砖瓦厂加固改造而成，游客可由此追寻当年窑厂劳动生产的真实场景。祝甸古窑群遗址距此 800 余米，游客可一并参观游览。计家墩理想村由计家墩自然村村民整体搬迁后留下的村庄屋舍改建而成，漫步其间，犹如回到了童年。（2）商务休闲。各点均设有茶座、咖啡屋、书吧、创客厅等休闲场所，置身乡村田园，享受当代时尚品质生活，为商务休闲的极佳去处。（3）会议展览。祝甸砖窑文化园、计家墩理想村均设有大小多功能会议室，可供中小型会议及展览使用。（4）主题民宿。类型多样，有供艺术家创作驻留的，有供参加养生疗养培训的，有居家休闲度假的，有组织商务活动的。按照各类项目，游客可自主选择。

旅游服务与设施

服务机构

苏州水乡锦溪旅游发展有限公司　成立于 1995 年 1 月，1996 年 6 月注册开业，是锦溪镇人民政府所属的集体所有制企业，主要从事锦溪古镇游览区的规划建设、景区管理以及旅游服务、旅游产品的开发与经营等。公司原名昆山市锦溪旅游发展有限公司，2009 年 7 月更名为苏州水乡锦溪旅游发展有限公司，地址位于邵甸港路 18 号锦溪旅游服务中心内。2015 年，拥有员工 69 人，年接待游客 142.48 万人次。曾先后荣获 2004 年苏州市旅游行业文明示范窗口、2006 年苏州市旅游行业巾帼文明示范岗、2006 年苏

锦溪旅游服务中心

州市旅游行业先进集体、2006 年昆山市文明单位、2010—2011 年度昆山市文明之星企业等众多称号。

游客服务中心 锦溪古镇游览区游客服务中心成立于 2002 年 4 月，原址位于古镇游览区主入口处。2011 年 9 月，异地新建至与锦溪古镇游览区旅游文化广场一桥之隔的邵甸港路西南侧。中心总占地面积 43 亩，建筑面积 5620 平方米，总投资 4800 万元，由游客集散中心、旅游服务中心、中心广场和停车场等部分组成。是一家集旅游咨询、

旅游文化广场

导游服务、游客集散、商务特服等功能为一体的，设施齐全、环境一流的旅游文化综合服务机构。游客服务中心配有旅游线路指南、景区景点简介、人工咨询、电子试听、电子导游、电子触摸屏等多种媒介。内设售票厅、大小会议室、游客休息区、影视展示厅、商务休闲特服区等，提供茶饮和锦溪特色小吃、土特产、旅游纪念品以及方便游客的多种服务，让游客在游览伊始，就能全方位了解水乡锦溪的概貌、景区景点及民俗文化，享受锦溪宾至如归的良好服务。

售票服务 锦溪古镇游览区各旅游景点实行“一票通”的联票制（不含游船项目），单票包括成人票、儿童票、老人票、优待票等。联票门市价为65元，70周岁以上老人、残疾人、现役军人、享受国家抚恤补助的优抚对象，在江苏省获全国无偿献血奉献奖、无偿捐献造血干细胞奖、无偿献血志愿服务终身荣誉奖的个人，6周岁以下或身高1.4米以下儿童以及“昆山之友”“昆山荣誉市民”凭相关有效证件享受个人门票免费（不含游船项目）。6～18周岁未成年人、全日制大学本科及以下学历在校学生、60～69周岁老年人凭有效证件享受半价优惠。

此外，自2017年7月起，景区推出亲情特惠组合套餐：“携手结伴组合”含6张景点联票和1张游船票，260元。“阖家畅游组合”含3张景点联票和1张游船票，190元。

网络购票：携程网、同程网、驴妈妈网、大众点评网、美团网、去哪儿网等。

现场购票：锦溪游客服务中心（邵甸港路18号）、旅游广场售票处（菱荡湾11幢1—1号）

导游服务 2017年年末，苏州水乡锦溪旅游发展有限公司共有导游5人，除中文外，还为游客提供英语、日语、韩语等多种语种的导游服务。所有导游人员均佩戴导游证，持有公司导游旗、小喇叭等，着公司统一服装。导游按照游客需求，确定接待计划，包括游览时间、线路及其他要求等，带领游客参观游览，同时为游客介绍沿途风光、各景区景点的历史文化以及古镇特有的民俗风情。游览结束时，游客填写《游客意见反馈表》，提出对导游工作的意见及建议，以提高服务质量。

游船服务 2000年5月，组建古镇水上旅游船队，添置手摇小型游船8艘，并从周边农村中挑选熟悉水性的摇船好手担任船娘。这些船娘不仅摇起船来驾轻就熟，还各自有一些拿手好戏，能用最古老的吴侬软语，说唱出最纯最真的水乡故事和古老民俗，深受游客的喜爱。2017年，锦溪古镇水上旅游船队的游船增至30艘，船娘达20人，已成为穿梭在古镇小桥流水间的一道道灵动的风景线。

淀山湖游艇观光码头

船娘划游船行走在水巷间

船娘在等候游客

旅游交通

锦溪古镇位于沪、苏、浙交界处的长三角中心腹地，周边路网密织，铁路、公路、航空四通八达。距离京沪高铁昆山南站 22 千米、上海虹桥综合交通枢纽 45 千米、上海浦东国际机场 90 千米。境内有常嘉高速澄湖服务区。西距常嘉高速锦溪出入口、中距苏沪高速甪直出入口、东距苏沪高速张浦出入口等高速出入口均不足 8 千米。

自驾线路

上海方向：

1. 沪蓉高速（G42，原沪宁高速）昆山出口—昆周公路张浦方向—锦溪古镇（约 70 千米）

2. 延安高架—沪渝高速（G50，原沪青平高速）西岑出口—沪青平公路—锦商公路—锦溪古镇（约 60 千米）

3. 上海绕城高速（$G15_{01}$，原上海郊环高速）—沪常高速（江苏段编号 S58，原苏沪高速）张浦出口—昆周公路—锦溪古镇（约 46 千米）

南京方向：

1. 京沪高速（G2，原沪宁高速）—常嘉高速（S5）周庄出口—锦周路—锦溪古镇（约 250 千米）

杭州方向：

1. 沪昆高速（G60，原沪杭高速）—常嘉高速锦溪出口—锦周路—锦溪古镇（约 160 千米）

2. 杭练高速（S13）—申嘉湖高速（S32）—常嘉高速锦溪出口—锦周路—锦溪古镇（约 150 千米）

苏州方向：

1. 苏州绕城高速—沪常高速—常嘉高速锦溪出口—锦周路—锦溪古镇（约 32 千米）

2. 苏州东环路—机场路—富利南路—锦溪古镇（约 40 千米）

公交、地铁线路

上海方向：

1. 地铁 11 号线—花桥站（乘公交游 7 路）—锦溪游客服务中心

2. 中兴路客运总站（上海火车站北广场）可至昆山，再同站转车至锦溪古镇

苏州方向：

苏州汽车北站—锦溪古镇

昆山方向：

1. 昆山公交客运中心站（公交 130 路）—锦溪古镇

2. 高铁昆山南站（公交 133 路）—锦溪古镇

3. 昆山体育中心（公交 161 路）在锦溪清香酒店下—延普庆路—文昌路—古镇景区

4. 昆山公交客运中心站（旅游专线）直达锦溪古镇

酒店、住宿、购物 2017 年，锦溪古镇拥有各类饭店、酒楼 18 家，拥有民宿、旅社、招待所 10 家，各类旅游土特产、旅游纪念品商店超过 130 家。主要集中在古镇上下塘街、南大街、菱荡湾、文昌路、长寿路等街道上。

旅游文化节

自2000年5月1日首届旅游文化节开办以来，锦溪古镇旅游文化节庆活动日益增多，内容不断丰富，形式日趋成熟，在传承历史文化、丰富人们节日文化生活的同时，逐渐成为推进古镇旅游资源开发和提升城镇形象的重要品牌，成为推动经济与社会发展的又一内生动力。

锦溪镇民间民俗文化艺术节 2000年5月1日，锦溪镇第一届民间民俗文化艺术节开幕，同时开售锦溪古镇旅游门票。开幕式上，全镇40多个自然村、70余支民间团队的1000余名男女，尽情表演舞龙、舞狮、打莲湘、荡湖船等民间民俗节目。当天的古镇万人空巷，文昌路、莲池广场、古莲池畔、上塘街人山人海，热闹非凡。上海、苏州、杭州、南京等地70余家旅行社的近万名游客参加艺术节并游览古镇。上海新天地旅行社的一名游客买走了锦溪古镇旅游的第一张门票，票面价为10元。

2001年5月1日，锦溪镇第二届民间民俗文化艺术节开幕。活动包括开幕式、民间民俗文化表演、旅游特色项目展示、传统折子戏专场表演、文昌阁彩灯观赏等项目，中央电视台、上海电视台、江苏电视台、苏州电视台等多家电视媒体均为锦溪旅游拍摄专题宣传片，引起旅游业界的关注。开幕式当天，还举办锦溪古镇民间民俗文化研讨会。会上，与会专家们提出依托锦溪原有的古砖瓦陈列室，打造中国民间收藏博物馆之乡品牌，与周边古镇形成错位发展的发展思路，得到锦溪镇党委、政府的高度肯定。

锦溪旅游文化节 2002年，锦溪民间民俗文化艺术节被纳入苏州国际旅游节活动内容之一，并更名为锦溪旅游文化节。是年5月1日，2002江苏昆山锦溪旅游文化节开幕。上海市旅游协会、苏州市旅游局和昆山市委、市政府等领导，江浙沪等地的50多家新闻媒体，60余家旅游协会、高等院校和旅行社学者及资深人士应邀出席开幕式。中国宜兴紫砂博物馆、中国历代钱币珍藏馆作为锦溪古镇首批民间收藏展览馆开馆剪彩。开幕

2002 江苏昆山锦溪旅游文化节

式后，举行上海艺术家文艺专场演出，王汝刚、李九松、汪华忠等 9 位表演艺术家表演文艺节目。锦溪文昌路、莲池禅院、上塘街、旅游文化广场等地以及市河内游船上，也分别有由全镇各村村民组织表演的马灯、扇舞、腰鼓、甩花、舞狮、抬轿子、打莲湘、挑花篮、荡湖船、水乡秧歌、江南丝竹、鱼鹰叼鱼、丝网捕鱼等古镇民间民俗文化活动。5 月 5 日，中央电视台一套《早新闻》播出锦溪旅游的新闻，锦溪古镇首度登上央视荧屏。

2003 年 6 月 8 日，2003 江苏昆山锦溪旅游文化节开幕，并首次由昆山市人民政府、苏州市旅游局主办，锦溪镇人民政府、昆山市旅游局承办。江苏省政府领导发来贺电。江苏省旅游局和苏州市、昆山市政府领导等 500 余人出席开幕式。开幕式上，华夏天文馆、华夏奇石馆、锦溪镇杰出人物馆首次开馆，并与前期开馆的张省美术馆、东俊根雕馆同时举行揭牌仪式。至此，锦溪古镇民间收藏展览馆已增至 11 家，“民间收藏博物馆之乡”特色初步形成。开幕式当天，来自南京、扬州等地的 50 多个旅行团、1.6 万名游客畅游了古镇。旅游节期间，开展多种形式的民间文艺表演活动。

2004 年 4 月 30 日，2004 江苏昆山锦溪旅游文化节开幕。该次旅游文化节以“民间收藏焕新彩，文化旅游乐百姓”为主题，主要包括开幕式、文昌阁广场文艺演出、百名记者走进古镇开拍仪式、国家 AAA 级旅游景区揭牌仪式、“文革”艺术品陈列馆和明清家具馆开馆剪彩仪式、民间民俗文艺表演等活动。各级领导、各地新闻媒体和旅游界人士共 450 余人参加开幕式。

2005 年 4 月 28 日，2005 江苏昆山锦溪旅游文化节开幕。活动主题为“传承民间文化，展现水乡魅力”。开幕式上，省市领导、省内外嘉宾为旅游文化节开幕暨锦溪流动展馆开馆、农家乐旅游项目开业剪彩。开幕式期间，举行地方文艺会演、江苏省首届水乡青年歌手大赛，开展《锦溪》杂志创刊20周年庆典暨昆山市作家协会锦溪笔会、首届“任伯年杯”全国书画大展赛颁奖暨书画名家锦溪笔会等系列活动。

2011年，锦溪旅游文化节活动进行调整，一是开展系列活动，时间上由原来的一个节点扩展至全年；二是由“请进来”改为“请进来”与“走出去”相结合。是年6月，“携手长宁·相约锦溪”中国苏州锦溪旅游文化节系列活动首次在上海市长宁区中山公园举办。活动中，“锦溪宣卷”表演、昆曲表演、锦溪土特产展示及有奖竞猜等，均受到上海市民的喜爱。

2015年9月17日至10月7日，举行“飞常有趣，渔你有约”暨2015锦溪旅游文化节开幕活动。（1）“飞”常有趣，炫酷空中美拍锦溪——昊翔无人机航拍大赛。游客在专人指导下操纵小型多旋翼无人机，进行实地航拍大赛。（2）速度与“机”情——无人机“极限穿越”表演。由位于锦溪的昊翔30台无人机进行各种障碍穿越、飞行、旋转、俯冲等极限运动表演。（3）“欢乐飞翔”电动滑板——无人机互动体验活动。天上无人飞机灵活飞行，地上电动滑板帅气滑行，天上地上汇成欢乐的海洋。（4）“渔”你有约——锦溪开捕满载而归。9月26日，锦溪开捕节在明卿荡正式启动。开捕节上，镇渔业村渔民进行了丝网捕鱼、鱼鹰捕鱼等传统捕鱼表演和锦溪渔歌演唱表演等。数百名游客参与了开捕节抓鱼体验。岸边还安排了称重售卖区和处理区，游客抓到鱼后可以直接去售卖区称重购买，并可以免费处理，以便带走。

锦溪昊翔新型无人机亮相2015锦溪旅游文化节

2016年10月1日，“乡伴好时光”2016锦溪旅游文化节暨锦溪河鲜节在锦溪湖滨公园举行。活动期间，举行一元竞拍、趣味猜重、免费尝鲜、沙滩寻宝、捕鱼达人等趣味活动，开展时令集市。

2017年10月28日，“鱼跃金秋，活力锦溪”2017锦溪旅游文化节暨锦溪河鲜节隆重开幕。活动共分两个会场举行，主会场设于祝甸古窑文化馆，分会场位于锦溪文昌广场。活动除锦溪民俗风情展示表演外，还举行了“金鱼嘴”卖萌大赛颁奖典礼。

锦溪镇金秋经贸招商专场暨旅游文化节 2006年10月25日，2006锦溪镇金秋经贸招商专场暨旅游文化节举行。锦溪旅游文化节首次与镇经贸招商活动合二为一，地点设在锦溪镇东扩区新建的倚林佳苑项目水上演艺坊。招待晚宴上进行文艺演出和焰火观赏。昆山市党政领导、中外客商和新闻媒体记者共260人出席活动。

2007年10月9日，2007锦溪镇金秋经贸招商专场暨旅游文化节在镇招商服务中心举办。昆山市党政领导、镇三套班子领导、投资客商、各界新闻媒体出席。与会者还参观了新成立的锦溪镇生态产业区。

2008年10月11日，2008锦溪镇金秋经贸招商专场暨旅游文化节在淀山湖庄园举行。昆山市党政领导及海内外客商、新闻界媒体300余人出席。会上，举行德国飞格物流公司等10个新项目的签约仪式和五星级酒店——锦东大酒店的开工典礼。

2009年10月10日，2009锦溪镇金秋经贸招商专场暨旅游文化节开幕。昆山市领导和省体育局相关领导出席活动。开幕式上，15个项目签约，42个项目联合举行开工开业仪式。江苏省级体育产业示范基地揭牌仪式也同时举行。

2011锦溪镇金秋经贸招商专场活动

2010 中美滑水明星对抗赛组图

昆山锦溪中美滑水明星对抗赛 2010 年 9 月 27—28 日，“时代杯”昆山锦溪中美滑水明星对抗赛暨 2010 锦溪镇金秋经贸招商活动和锦溪镇旅游文化节开幕式在镇南五保湖畔举行。活动由国家体育总局水上运动管理中心、江苏省体育局和昆山市人民政府主办，昆山市体育局、昆山市旅游局、锦溪镇人民政府承办。开幕式上，中美 40 位滑水明星为观众展示了各种花样滑水，包括男女跳跃滑、男女花样滑、男女赤脚滑、男女全能、团队追逐等项目。特级空翻、水上芭蕾、集体罗汉、趣味滑水、回旋穿花、拖船转向、双人技巧等，令人眼花缭乱的惊险表演刺激又具有美感，让人叹为观止。

2011 年 9 月 25 日，“中州杯”昆山锦溪中美滑水明星对抗赛暨 2011 锦溪旅游文化节开幕式在马援庄村外淀山湖畔举行，中美 50 余位滑水明星进行滑水对抗比赛。

2012 年 9 月 26—27 日，2012 中美滑水明星对抗赛第三次与锦溪结缘。2012 年的比赛更加凸显亲民特色，不仅在赛前开展广泛深入的宣传工作，而且在比赛期间免费开

2011 中美滑水明星对抗赛开幕式

放所有观众区域，确保昆山市民能在家门口零距离、零花费的观赏世界顶级水准的经典水上赛事。

“锦溪杯”全国新人新作影像大展 2011年9月25日，举行“印象水乡·锦溪”全国摄影大展颁奖典礼暨“青春之歌”——第二届“锦溪杯”全国新人新作影像大展启动仪式。“印象水乡·锦溪”全国摄影大展由锦溪镇人民政府、中国摄影杂志社联合主办，来自全国12个省、自治区、直辖市的99位摄影作者的摄影作品分获最佳作品、优秀作品、入选作品等奖项。

2012年9月26日，“青春之歌”——第三届“锦溪杯”全国新人新作影像大展颁奖典礼举行。活动历时一年，共征集到来自全国各地参展照片1.4万多张，最终评选出艺术创意类、记录类、“印象锦溪”类最佳作品各1幅，优秀作品各2幅，入选作品各30幅。

2013年9月27日，2013“锦溪杯”全国新人新作影像大展颁奖典礼在锦溪镇举行。北京电影学院、中国摄影杂志社及昆山市相关部门领导出席颁奖典礼。本次大展历时近一年，涵盖艺术创意类、社会记录类、DV短片类和DV短片“印象锦溪”类四大类，有声有色地展示了锦溪原汁原味的风土民情、丰厚的人文内涵和现代化建设新形象。

2014年10月2日晚，还举办2014锦溪古镇钢琴艺术大赏音乐会暨2014“青春之歌”——“锦溪杯”全国新人新作影像大展颁奖晚会，118幅作品分获最佳作品奖、优秀作品奖和入选作品奖。

2011“印象水乡·锦溪”全国摄影大展

2013 江浙沪宣卷演唱交流会

中国锦溪博客邀请赛　2011 年 10 月 29 日，举行 2011 中国锦溪博客邀请赛，50 余位知名博客参加了为期 20 多天的实地体验和博文撰写活动。

江浙沪宣卷演唱交流会　参见本志“‘锦溪宣卷’·活动演出·江浙沪宣卷演唱交流会”。

2012 年春节民俗活动　2012 年 1 月 24 日，举行“龙年贺岁，情浓水乡”春节民俗活动，活动主要包括古莲池鱼鹰捕鱼表演、老街丝竹宣卷表演及舞龙、腰鼓、马灯、挑花篮等民俗展示。

锦溪鲃鱼节　2012 年 7 月 30 日，举行“美味鲃鱼，美好锦溪”锦溪鲃鱼节，活动内容主要有美味鲃鱼烹饪大赛、鲃鱼典故征集、锦溪鲃鱼生态养殖基地成立仪式等。

锦溪博物馆节　2013 年 5 月 18 日，举行“珍藏锦溪的记忆”锦溪博物馆节。活动包含“博览锦溪，惠游水乡”活动、“走出城市，走进民间博物馆”《扬子晚报》百名小记者锦溪采风活动、“寻找锦溪千年古迹”、“欢乐寻宝游——走进锦溪博物馆”四大内容。活动期间，市民除了享受票价优惠，还可用手机拍下“宝物”照片，发布至微博便可获得惊喜礼物。

2014 年 5 月 18 日，举办“美丽的锦溪，我们的家”锦溪博物馆节，开展“听一砖一瓦里的故事”锦溪“金砖探秘”亲子之旅、“江南宁静处，心灵憩息地”锦溪旅游征文大赛等多项活动。

中国锦溪国际水上摩托大奖赛　2013 年 9 月 27—28 日，2013 中国锦溪国际水上摩托大奖赛暨锦溪旅游文化节开幕式在锦溪五保湖举行。大奖赛由国家体育总局水上运动

2013 中国锦溪国际水上摩托大奖赛组图

管理中心、江苏省体育局、昆山市人民政府共同主办。大赛期间，来自中国、美国、加拿大、韩国、马来西亚等国家的 40 名运动员，进行坐、立式水上摩托竞速赛、障碍回旋赛等项目的精彩比拼，为市民呈现一场展示速度与激情的水上运动饕餮盛宴。活动中，还穿插专业滑水特技表演和体现水乡民俗特色的“摇快船”比赛。

锦溪古镇千纸鹤季 2014 年 10 月 1—7 日，举行 2014 锦溪古镇千纸鹤季。免费提供折纸鹤用纸，指导游客折千纸鹤，以千纸鹤装扮古镇，为游客打造别具特色的旅游体验。同时举办 2014 锦溪水乡古镇花船节，古莲池、菱荡湾水上花市，江南特色花船展示。

锦溪水乡古镇祈福庙会 2014 年 10 月 2 日，举办 2014 锦溪水乡古镇祈福庙会。举行古镇地方特色小吃大汇展、挂福牌、民俗展示等传统庙会活动，除袜底酥、海棠糕、熏青豆等地方小吃外，布艺玩具、剪纸、麦秆画、葫芦刻字、倒装壶、泥塑、拉洋片、棕编、糖画等一大批民俗文化得到充分展示。

锦溪 2015 羊年春节活动 2015 年 2 月 19—24 日，举行“乐享三年”羊年春节活动。“乐享三年”，买年货、开年会、赏年俗，喜气洋洋过春节。

锦溪泡泡节 2015 年 4—6 月，举行 2015 锦溪泡泡节。活动围绕甜蜜的“泡”字展开，打造 2015 锦溪泡泡季。（1）“锦溪渔唱”。通过锦溪民歌征集活动，唱出原汁原味的锦溪好声音。（2）“匆匆那年，我在锦溪”。开展锦溪老照片及昔日风景、人物的短文征集活动，记住乡愁，记住曾经的锦溪。（3）“踩出我精彩”。组织游客进行踩气球活动。（4）“挖掘机强不强，挖到金砖才算强”。组织儿童参加挖掘机挖金砖游戏活动。（5）“2015 锦溪房车展”。组织不同品牌的时尚房车集体亮相，供游客体验。（6）“泡博物馆之锦溪博物馆节”。组织小记者“采”馆活动，聆听锦溪古镇历史与名人故事。

锦溪莲池禅院崇文祈愿典礼活动 2016 年 5 月 8 日，举办“志贤天佑 · 人杰锦溪”2016 苏州锦溪首届莲池禅院崇文祈愿典礼活动。百位大德法师、文化名家、杰出学子与各方宾朋近千人出席典礼。典礼以锦溪古镇秀丽清嘉的自然景致为背景，依托全景式实景舞台，由“人文礼圣”“杰出学子”“地音渔唱”“灵禅锦溪”四个篇章组成。第一篇章：祭祀先师孔子尊像，敬献供品，并诵读《祭文》，上表追思，下述民情，为众祈愿。第二篇章：莘莘学子身着汉服，诵读《论语》《少年中国说》《大国之风》，将现场的气氛推向高潮。第三篇章：船娘唱起传统的渔歌，让现场观众领略别样的江南风情。第四篇章：在佛乐梵音中，礼拜先师孔子尊像，祈福祝祷，欢喜圆满。典礼还进行全程网络直播。

2017 年 5 月 21 日，举行“志贤天佑 · 人杰锦溪”2017 苏州锦溪第二届莲池禅院崇文祈愿典礼活动。典礼以“崇文”和“祈愿”两个部分展开，分别展示传统人文的魅力和美好祈愿的力量，为锦溪民众送上传统文化体验的同时也祝福人们幸福美满。

链接：

到周庄不看锦溪乃憾事也

朱永新[①]

作为中国第一水乡古镇，周庄已经是声名遐迩了。无论是到了上海还是来到苏州，周庄总是许多人旅游的首选地。甚至，周庄已经成为人们游览的目的地。在“五一”、“十一”、春节等长假的时候，周庄往往被游客挤得水泄不通，连拍一张照片都很困难。

其实，在周庄的旁边，有一个并不亚于周庄的幽静的古镇——锦溪。到周庄不看锦溪，对于千里迢迢来游览的人来说，是一件令人遗憾的事情。

周庄是以桥闻名的，贞丰桥、富安桥、太平桥……每一座桥都有一个美丽的故事，尤其是双桥，更是声名遐迩，陈逸飞的油画《故乡的回忆》使周庄的双桥和周庄一起真正走向了世界。

① 朱永新：学者、教授。

但是，锦溪的桥似乎不比周庄逊色。人们曾经用“三十六座桥，七十二只窑”来形容锦溪的特色。在锦溪，你可以看到建于明代的里和桥、溥济桥，清代的普庆桥、隆福桥。这些桥梁的碑记和花纹镌刻精细，桥联文辞优美，如普庆桥的桥联：“两岸烟飞通海市，一溪浪涌接澄湖”，天水桥的桥联：“愿天常生好人，愿人常做好事”，形成了颇具特色的桥文化。更让我们不可思议的是，据说，锦溪的三十六座桥与杭州城里的三十六座桥，竟然完全相同！

有桥必有水。与小桥联系在一起的是流水。赵丽宏曾经写过一篇《周庄水韵》的散文，抒发了他在周庄的小河里泛舟时的诗意。更有作家用《水做的周庄》为题，描写了周庄的水的景致。其实，锦溪的水恐怕更不在周庄之下。锦溪，这个充满诗意的名字，就源于一条古老的河流。“东迎薛淀金波远，西接陈湖玉浪平”，锦溪河包孕在澄湖、淀山湖、五保湖、矾清湖、白莲湖等五湖三荡之间，在早晨的彩霞和落日的余晖中，满溪跃金，灿如锦带。锦溪的水更有一绝：陈妃水冢。据说这是南宋孝宗皇帝的陈爱妃在皇室南迁时病逝后水葬的地方，明代才子文徵明曾经为陈妃墓写过这样的诗句：“谁见金凫水底坟，空怀香玉闭佳人。君王情爱随流尽，赢得寒溪尚姓陈。”据说，陈妃水冢的奇妙之处是在任何时候都不会干枯或者被淹没。即使大水进了岸上的房屋，陈妃墓也依然会露出湖面。

小桥，流水，人家。少了人家，自然会少了生活气息，少了文化色彩。周庄的人家，不仅有临河而居的普通百姓，老街两旁的特色小铺，更有像沈厅、张厅这样的大户人家。沈厅的主人沈万三，曾经是一个富可敌国的人物，周庄也因为沈万三而闻名。

当然，锦溪的人家也毫不亚于周庄。这里的水巷一样的安逸幽静，这里的街市一样的别有情趣，尤其是那用花岗石、青石、武康石垒砌而成的绵延数里的驳岸，更是让我们体会到古镇的沧桑与精致。锦溪是进士、举人、教授和留学生的故乡，据说，仅仅民国以来的教授与留学生就有百多名，如“民国状元”朱雷章、清华英烈陈三才、天文学家朱文鑫、“护书功臣”陆辑安、巾帼英雄金瑞仙、普通话之父朱文熊、微生物学家陈华癸等。一方水土养育一方人才，锦溪真是人才辈出。

所以，在我的眼里，周庄与锦溪是不分伯仲的。陈逸飞当时在两个地方都画了许多水乡的景色，他不仅画了周庄的双桥，也画了锦溪的南塘桥，如果先引起轰动的是锦溪的古桥，可能现在的周庄的位置就应该是锦溪的了。在周庄已经成为古镇、水乡代名词的时候，在周庄已经誉满世界的时候，锦溪依然是“养在深闺人未识”，这似乎有点不太公平。

好在，锦溪人并没有灰心。他们不走周庄的老路，而是利用靠近周庄的优势，在打周庄牌的同时，塑造锦溪自己的特色。锦溪的书记沈立新告诉我，他们的口号是：“到周庄不要忘记看锦溪，要看稀奇到锦溪。”精心打造的中国民间博物馆之乡，经过几年的努力，目前已经粉墨登场。

从 2000 年 5 月 1 日锦溪售出第一张门票，锦溪的旅游收入每年翻番。从 2001 年初锦溪老街第一家私人博物馆开张，到 2003 年底 13 个风格内容不同的博物馆全面建成，锦溪已经成为古镇旅游的不可忽视的重要目的地。细细品味这些博物馆，是我们在古镇的小桥流水中间行走时的独特享受。在中国古砖瓦博物馆，你可以看到原汁原味的秦砖汉瓦，看到属于 5000 年前良渚文化的“红烧土”，看到曹操当年的铜雀台用过的“铜雀瓦”；在被称为“华东第一馆”的古董馆，你不仅可以欣赏到著名收藏家薛仁生精心收藏的 3000 多件古董，而且可以听主人讲述收藏过程中的惊心动魄的故事；在中国宜兴紫砂博物馆，你可以看到可供 2000 人同时饮用的巨型“东坡提梁壶”，可以欣赏到那些出神入化、栩栩如生的紫砂微雕；在中国历代古钱币博物馆，你不仅可以看到人类最早使用的“贝币”、用铁仿贝的殷周铁贝币、先秦时期由铜锡合金铸造的“空首布币”，而且可以看到从北宋到今天的各种纸币；此外，东俊根雕艺术馆、华夏奇石馆、华夏天文馆、篆刻艺术馆、柿园书画馆、张省美术馆、锦溪杰出人物馆等，一馆一特色，馆馆有精品。参观这些不同的博物馆，我们仿佛置身于历史的长河，艺术的宫殿。

一位上海的游客在看了锦溪的博物馆以后说：“锦溪，离我们这么近的地方，不来不知道，来了忘不掉。”我也要借用苏东坡“到苏州不看虎丘乃憾事也”的名句，为锦溪做一回广告：到周庄不看锦溪，乃憾事也。

（原载《苏州日报》，2004 年 2 月 9 日）

锦溪古镇导览图
锦溪镇人民政府
农业银行
顺达大酒店
锦溪宾馆
普
庆
路
泉
部
邮电、电信支局
新牌楼
经济服务中心
城管中队
东京酒店
文
锦花楼酒店
文体中心
新华书店
丽泽桥
天水桥
吴庆桥
隆福桥
锦溪医院
红木桥
W.C
柿园
长
寿
路
昌
建设
银行
锦溪宣卷艺术馆
鸿运楼
锦溪客栈
溪
濟济桥
上海华联超市
金溪大酒店
药店
老字号蹄髈专卖店
绿江南
福满楼
依乡园
长廊饭店
黄公桥
青龙桥
新南洋大酒店
中和桥
锦溪杰出人物馆
苏州人家饭店
众安桥
古砖瓦博物馆
马若特泥拌坊
古董博物馆
中国收藏艺术展览馆
壶文化馆
张省美术馆
人民旅社
外婆家饭馆
红欣饭店
王记茶馆
泥坞茶肆
普庆桥
三图桥
南塘桥
南
图
街
节寿桥
菱塘湾
燕月楼
天一阁酒楼
牌坊
售票处
苏杭时代大厦（超市）
游客服务中心
廊桥
汽车
莲池禅院
古莲池
文昌阁
古莲桥
五保湖
十眼桥
陈妃水冢
农家乐旅游休闲中心

锦溪古镇游览区导游图

民间博物馆之乡

2002年起，锦溪镇在原有大东砖瓦厂古砖瓦陈列室基础上，利用古镇传统历史建筑，广泛引入民间力量，征集民间收藏，开设各种民间收藏博物馆。先后开设了中国古砖瓦博物馆、古董馆、柿园书画艺术馆、金石人家篆刻艺术馆、中国陶都紫砂博物馆、张省美术馆、锦溪镇杰出人物馆、明清家具馆、中国锦溪宣卷艺术馆、马若特泥禅坊、流动馆等十余家民间收藏展示馆，成为名副其实的“中国民间收藏博物馆之乡”。走进一家家收藏博物馆，犹如打开了一本本厚重的古线装书，处处散发着陈年的幽香，飘荡着岁月的回音。

錦溪

中国古砖瓦博物馆

中国古砖瓦博物馆，前身为大东砖瓦厂古砖瓦陈列室，1980年10月创办。1996年，昆山市人民政府、锦溪镇人民政府共同筹资新建并更名为中国古砖瓦博物馆。中国古砖瓦博物馆位于锦溪下塘街，展示面积3000余平方米，藏品2300余件，涉及瓦当、滴水、屋脊构件、建筑砖、铭文砖、祭祀砖等14大类，年代跨越5000年。中国古砖瓦博物馆素有“秦砖汉瓦”之称，汉代城砖、六朝板瓦、西晋纪年砖、唐宋凿榫井砖以及明清、太平天国、民国时期的各类稀有砖瓦，可谓古今珍奇、一应俱全，堪称一部砖瓦史。博物馆分设五大展区，第一展区为“砖瓦之道”，诠释了华夏先民在烧制砖瓦过程中所蕴含的丰富人文哲学思想；第二展区为“砖瓦五千年”，揭示了华夏砖瓦从起源、演化到鼎盛时期的五千年发展历史；第三展区为“砖造瓦作”，彰显了砖瓦制造的生产工艺演化；第四展区为“精砖细瓦”，体现了中华砖瓦的艺术及文化价值；第五展区为“砖风瓦俗”，展示了与砖瓦有关的民俗与地域文化。馆内还藏有很多有代表性的装饰砖，如距今有2100年历史的秦二世胡亥建在陕西咸阳郊外望夷宫上的装饰砖，通神道院山门上的“福、禄、寿”滴水瓦，西汉的“钱币砖”，春秋时期土陶井瓦等，

中国古砖瓦博物馆

古砖瓦博物馆展厅

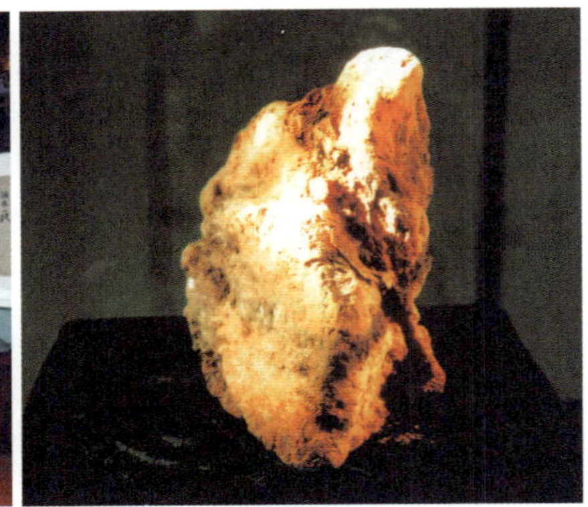
红烧土

均弥足珍贵。

红烧土 馆中珍藏年代最早的“砖”，出土于良渚文化时期一居住遗址，距今已有5000年历史。它由黏土、砻糠和稻草糅合夯实，并以竹竿和芦苇做骨架，用火烧制而成。考古界称之为“红烧土”，是砖之雏形，亦为砖之元祖。

铜雀台瓦当 铜雀台瓦当为馆中瑰宝之一，为东汉建安十八年（213）曹操在河北临漳建造的金凤、冰井、铜雀三台之遗器。70年代，由被誉为“砖瓦痴”的大东砖瓦厂厂长龚竹珏所觅得。瓦当为筒瓦形制，长约28厘米，宽约18厘米，正面镌刻着清代书法家翁方纲的笔迹：“天然一片瓦，琢成此奇形。北海鱼龙舞，中央雨露泽。”刻者自诩“铁笔道人”，还附记“此瓦得于洛阳荒野蔓草间，其泥细结，其性坚韧，古玩之真，铜雀台遗器，永保之”。背面刻有纪年“建安五年三月造”。唐人杜牧诗云：“东风不与周郎便，铜雀春深锁二乔。”“铜雀”二字即指漳河边邺城（今临漳）铜雀台。曹操当年

筒瓦

“福、禄、寿”滴水瓦

所建的铜雀台，早已被历史的风尘所湮没，而台上这片筒瓦，却历经1700多年，作为历史的见证，仍妥善地保存于江南小镇一隅。

西汉墓室砖　砖长1.12米，宽0.25米，高0.19米，中空壁薄，外表镂有菱形花纹。明清时期，人们用它来搁置古琴。由于砖是空心，轻轻扣之，磬然有声，可以与琴声产生共鸣，使琴声更加悠扬动听，故称之为“琴砖”。

金砖　金砖原是铺设于皇宫地墁的方砖。明代科学家宋应星在《天工开物》一书中称，金砖土料采用太湖底沉积多年的故土，经选土、练泥、澄浆、制坯、阴干、入窑烧制等26道工序，严格加工制成。金砖仅烧制的时间就要130天，出窑后

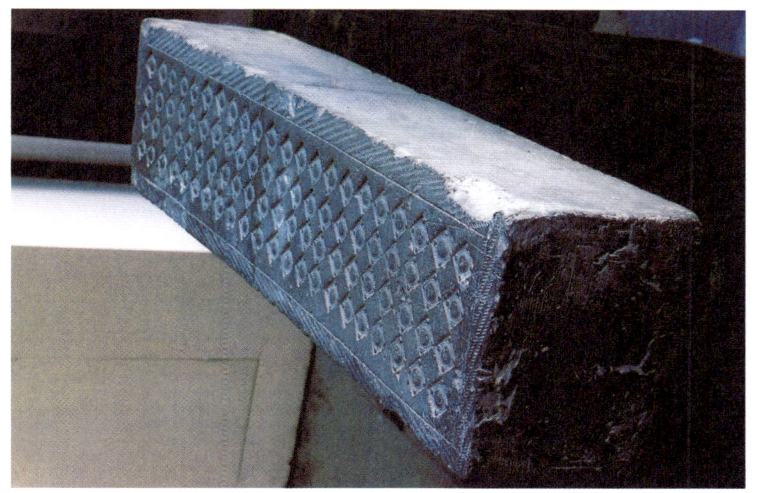
西汉墓室砖

砖饰

“钱币砖”

还要用桐油浸一百天，所以金砖有“千年不毁”之说。馆内陈列有一尺七寸（56.67 厘米）、二尺（66.67 厘米）、二尺二寸（73.33 厘米）各款金砖。

古董馆

锦溪古董馆位于下塘街众安桥西堍，系苏州古玩收藏者薛仁生于 2001 年创办，面积 1092 平方米。馆内积聚历代水盂、瓷器、玉器、石佛、铁瓶等 19 大类 3000 余件藏品。馆内展品种类繁多，分布于 3 个楼层。一楼为漆器、木雕、明清家具。收藏有 6000 年树龄的老树桩、宋代马车、明景泰三年（1452）《火烧赤壁》图、大型银杏木雕、明代黄花梨鹿角椅、金丝楠木镂花木雕等珍品。二楼为瓷器、书画、玉器。展示有宋代五大名窑瓷、明代钧红瓷、雍正年间瓷（显著特点为开片）、乾隆郎红瓷、广彩瓷百余件瓷器。三楼为水盂陈列室和重器展示厅。

古董馆

祝寿图

水盂陈列室

檀香木半化石

木雕 九龙红木地屏《祝寿图》，宽 3 米，高 2.8 米，重 1.2 吨，由上等老红木精雕而成。地屏中间为 24K 金箔镶嵌“寿”字，是晚清著名书法家翁同龢手书。地屏正面祝寿人物《百忠图》，为明洪武年间（1368—1398）银杏木雕；背面饰物有西汉铜镜、北宋越窑花瓶、清乾隆年间（1736—1795）云石、明人黄道周竹刻字联等珍贵文物。整体图案构思新颖而独特。檀香木半化石是古董馆的“镇馆之宝”。树桩高 1.70 米，宽 1.5 米，是一株具有数千年历史的半化石，形状似太湖石，但奇香扑鼻，蛇虫不近，敲打则磬然有声。因水流冲刷，树身具有皱、瘦、透、漏之特点。若仔细观察，有依稀可辨的飞鸟走兽图案。

水盂陈列室 水盂陈列室是馆内最有价值的展室之一。水盂作为古往今来文人必备的文房用具，也是历史悠久的中国传统工艺品。水盂室内珍藏着由先秦至今 3000 年间的历代水盂、笔筒、笔洗、笔架 800 余件。有西晋水盂、南北朝原始青瓷兽形尊（又称猛兽尊）、南北朝鸡首壶、北魏石佛、唐代铁瓶、唐代白陶仕女俑、唐三彩水盂、北宋越窑三足蟾蜍水盂；有乾隆钧红釉南瓜形笔洗、同治菱形纹水盂、光绪硬壳形水盂、晚清水晶水盂；甚至还有美国、日本等国家带有异域风格的各种水盂。藏品琳琅满目，数不胜数。出自清代福建艺人柯庆元之手的黄杨木镂空花雕笔筒，高11.8厘米，直径7.8厘米，集山水、花鸟、楼台亭阁和人物微雕于一体，人物、花鸟姿态各异，是不可多得的水盂上品。

天然漆及木器 馆藏的汉代漆杯为中国早期漆器的典型代表。馆内收藏的最早木器为宋代马车，该车车架、车轴、车辙均由名贵树种黄檀木制作，结构坚固，保存完好，是较为难得的历史遗物。

中国收藏艺术展览馆

中国收藏艺术展览馆

中国收藏艺术展览馆位于锦溪镇上塘街，创办于2007年，建筑面积937平方米，展览面积650平方米。馆内藏品由河南省开封市文物鉴定所辛树伟提供，共分三大类：明清家具、青铜器、古瓷器。

明清家具 中国传统家具一向以材美、工巧、艺精闻名于世，而传世于今的明清家具，除了以其造型优美而享誉内外外，更是以选用材质优良的紫檀、黄花梨木而著称。紫檀是木中极品，素有“百年寸檀”“寸檀寸金”之说。馆内所藏清代初期紫檀屏风，高 2.8 米，宽 3.6 米，重达 800 千克，通体由紫檀制作，采用浮雕手法，以和田玉、叶蜡石、玉彩螺镶嵌成梅兰竹菊、如意百宝、山水花鸟等图案。屏风两侧边页竖屏嵌有诗联“山静无言如自喻，兰因有信竹相怡”，屏风背面是玉彩螺嵌饰的海水云龙纹和描金楼阁。整座屏风恢宏大气又不失精巧和细致。馆中藏品紫檀木龙凤呈祥竖式多宝阁，设计巧妙，工艺超凡，花板雕刻细腻，图案集“洪福齐天、万鹤齐舞、竹林野趣、荷塘戏水”等诸多纹饰。多宝阁柱础棱处均采用黄铜雕花片包裹，熠熠生辉，亮格通透，参差有致。馆内其他藏品如黄花梨透雕九龙戏珠插屏、紫檀嵌玉花鸟诗纹屏风、六柱九龙架子床等，也都用材考究、做工精湛，代表着中国古代家具制作的较高水平。

黄花梨透雕九龙戏珠插屏、黄花梨写字台

紫檀嵌玉花鸟诗纹屏风

青铜器　馆藏汉、唐等朝代的铜镜、鼎、铜饰等青铜器两百余件。其中出土文物汉代青铜弦纹铺耳壶，高 22 厘米，撇口、束颈、溜肩、鼓腹、圈足，壶口直径 7.7 厘米，腹部直径 9.4 厘米，为汉代皇宫贵族盛酒器物。壶口与溜肩部分分别饰有两条缎带状凸线。肩部配有两个对称的铺首，以便穿绳提携。腹部圆鼓，中央饰有 3 道弦纹。底为圈足，直径 3.5 厘米。因久藏地下，壶的表面已生出铜锈、土锈，但仍可辨其制作精细，形态典雅，为

紫檀木多宝阁

古青铜器中的珍品。

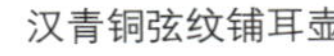
汉青铜弦纹铺耳壶

瓷器 馆藏古今瓷器500余件，包括高古青瓷、青花瓷、粉彩、胭脂红等多种。元青花龙凤纹高足碗，也称马上杯，高9.9厘米，包括碗与足两部分，碗直径10.3厘米，足直径3.5厘米，呈握柄状。碗内外均有图饰，碗内图饰分上、中、下三层，碗口为折沿撇口，口沿饰有缠枝卷草纹。碗壁为印花龙纹，一龙张牙舞爪，威猛生动，活灵活现。碗底饰青花绘菊花一枝，图案精致细腻。碗面沿口与碗底为青花饰双线，线条简洁。碗面饰有青花凤纹和如意云纹，凤鸟飞舞，栩栩如生。下足部分饰有3道弦纹。足底微撇，空心，似喇叭状，放置在桌上十分稳固。此碗图饰线条流畅，工艺精湛，是一件不可多得的元代佳品。青白釉刻花婴戏纹斗笠碗，为宋代藏品。碗高6.7厘米，碗口直径17.6厘米，碗底直径3.8厘米，形似斗笠。通体施青白釉，釉色莹润光亮，釉面有玉质感，矮圈足，足底无釉，釉面及足底使用痕迹明显。碗内写意刻划婴戏纹，纹饰清晰，线条流畅，刻划工艺娴熟灵动，是宋代富贵人家比较典型的实用器物。

元青花龙凤纹高足碗

青白釉刻划花婴戏纹斗笠碗

中国陶都紫砂博物馆

中国陶都紫砂博物馆位于上塘街南段，建筑面积700平方米，展示面积240平方米，馆藏百余位大师的上千件紫砂、陶瓷作品。中国陶都紫砂博物馆是由原宜兴紫砂博物馆和近现代民间壶具馆两馆合并而成，是以紫砂和近现代瓷壶为主要展品的综合性主题博物馆。展品年代跨度较大，包含从明代初期到解放初期乃至“文化大革命”时期各年代的紫砂精品。展品种类繁多、内涵深刻，体现了从粗犷到细致、从抽象到写实、从夸张到仿真的紫砂艺术文化。展厅分上、下两层，底层是古今名壶综合展，二楼是现代名人精品展。

古今名壶 面门而坐的是“未来世佛”弥勒菩萨紫砂造像，体态丰盈、面目和善、惟妙惟肖。巨型东坡提梁壶，仿制北宋文学家苏轼点炉煮茶所用提梁壶而成，手法夸张、造型独特，采用粗砂手制、彩描手绘，从制作、干燥直至煅烧成品，历时 200 多天，净重 1.5 吨，可供 2000 人同时饮用。展厅北侧墙上悬挂有紫砂壶生产制作工艺流程图，南侧陈列历代紫砂名壶，有宋代紫砂壶（一种观点认为是紫砂壶的雏形），明代时大彬提梁壶、陈子畦圆灯壶，清代邵大亨掇球壶以及蜚声海内外的“曼生十八式”紫砂壶，

“未来世佛”弥勒菩萨紫砂造像

东坡提梁壶

紫铜龙纹大茶炊

近代紫砂壶

现代名人精品展厅

还有彩陶、均陶和紫砂瓶等现代紫砂艺术精品。其中最值得称道的是明代“良陶”名匠时大彬所制作的提梁壶，与现收藏于北京故宫博物院的“时大彬款”紫砂胎剔红山水人物图执壶、扬州博物馆的“大彬”款六方紫砂壶被同列为紫砂珍宝。

现代名人精品 二楼现代名人精品展展有中国近现代工艺大师600余件紫砂精品。“双线竹鼓”紫砂壶是已故“壶艺泰斗”顾景舟的代表作之一，做工精巧，独具匠心，富有浓郁的东方艺术特色。馆中还陈列有中国工艺美术大师蒋蓉、汪寅仙、谭泉海和陶瓷艺术家何道洪等的紫砂代表作，均为艺术瑰宝，具有极高的收藏价值。微雕是展厅中别具风格的奇观，《龙虾》《秋蟑》《金屋藏娇》《枯木蚁群》等作品，笔法细腻、神态逼真、栩栩如生。作品命名恰切形象、别出心裁，体现了工艺大师们的睿智和才华。如《减轻负担》是以背驮重物的小童小解时的情景寓意得名，《母子情》是以母鸡孵蛋命名，形神兼备，耐人寻味。

金石人家篆刻艺术馆

金石人家篆刻艺术馆位于古镇锦溪街，是一处保存较好的清代建筑，院内绿树成荫，四季常青。该馆是当地篆刻爱好者唐志云生前于2001年创办的一个文化旅游景点。唐志云

金石人家篆刻艺术馆

一生致力于书法运笔与篆刻操刀研究，其书法篆刻作品受到国内外鉴赏家的关注和青睐。艺术馆分为上、下两层，馆内展品包括“筛竹轩”“翰墨楼”“味石斋”“思悟堂”四大类。

筛竹轩　展示作者的刻字成就。如九龙竹刻，采用老树皮和毛竹材料，造型新颖，别出心裁，自成一格。砖刻《锦溪春晓》《普庆夏荷》《南塘秋月》《天水冬雪》以古代青砖为材料，采用平面线刻，古为今用；砖刻题材则取自锦溪的太平桥、普庆桥、里河

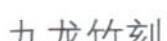

九龙竹刻

砖刻——《天水冬雪》

砖刻——《普庆夏荷》

桥、天水桥的四时之景，再现锦溪小桥流水人家的水乡风貌，体现了作者的匠心和情趣。

翰墨楼　陈列作者书画艺术精品。具有代表性的作品有：以明代文徵明咏“陈墓八景”诗为内容而创作的行草书作品，笔法遒劲有力，字如行云流水，令人赏心悦目；以“梅、兰、竹、菊”为背景的传统水墨写意花卉画，笔墨横姿，出神入化，有青藤缶老[①]之意趣。

味石斋　展示作者印章篆刻艺术。各类印章作品皆体现了作者的治印观点：白文印不使其满，当中红白相间，密处密不通风，疏处疏可走马，不为汉印所囿；朱文印则结体疏朗，意态生动，明秀中具有飘逸之趣。

馆藏印章

思悟堂　陈列作者在国内外书画篆刻艺术中所获奖章、荣誉证书，展示了作者20余年的笔耕成果。同时还展示了书画名家、金石篆刻名家唐嵒、陈雨辰、江路一、华人德、钟植生、张士东、陆家衡以及日本书法界泰斗、日本篆刻家协会理事长梅舒适（原名梅舒适郎）为“金石人家”的开馆题词。

马若特泥禅坊

马若特泥禅坊位于下塘街17号，建筑面积631平方米，是河北民间艺人马若特于2012年在锦溪开设的民间艺术展示馆。馆内展示马若特及其父亲马志国二人的泥塑作品共计200余件。“泥”即泥土也，“禅”为佛教用语，谓清净寂定的心境，即将散乱的心念集定于一处。禅是一种心态、一种意境，代表禅然恬静、自然和平。以清净

① 青藤，即明代书画家徐渭；缶老，即晚清民国时期艺术大师吴昌硕。

马若特泥禅坊

淡定之心，将天然泥土塑造成各种物象，形成自然的沉淀与思考，是马若特泥塑作品的深刻内涵。一件泥塑作品从揉泥、捏制、阴干、烧窑到出品，因季节不同，一般要10～30天。泥塑制作过程不仅包含多道工艺程序，而且凝聚着作者辛勤的汗水和深厚的情感。

北派泥塑　展馆按照房屋结构分为两部分，前一、二进为北派泥塑，展示北方劳动

青铜雕塑作品——《大地飞歌》

《山里人》系列作品（六）

人民生产与生活的泥塑作品。《大地飞歌》是馆内唯一一件青铜雕塑作品。马若特用巧妙而又夸张的手法将一位黄土高坡上北方汉子手拉二胡、引吭高歌的艺术形象刻画得入木三分、呼之欲出，作品展现了朴实而庞大的北方山民社会群体的形象。《欢庆》泥塑系列，取材于中国北方的中老年山民，通过锣鼓喧天的欢庆场面，展现火热的山村生活和民俗特色。《黑土地》泥塑系列，采用粗犷、夸张手法，将大地、母亲、人类有机结合，发人深思，使人震撼。《免交农业税》泥塑系列，由十名形态各异的山民及一个装有喇叭的电线杆组成，有喜极而泣的老汉，有欢呼的青年，有雀跃的孩童，作品准确反映了党的惠民政策传达到山村的历史瞬间，体现了思想性和艺术性的统一。馆内其他作品亦形象逼真、刻画细腻，可谓形神兼备，栩栩如生，富有生活谐趣。有咧嘴憨笑的山娃、扭秧歌的老婆婆、卖冰糖葫芦的老大爷、互相依偎的老夫妻……质朴憨厚的山里乡亲呼喊着、奔腾着扑面而来，让人不自觉地跟随他们走进山村、故土，感受山里人的朴实生活。

南派泥塑 展馆的第三进为南派泥塑，展示南方劳动人民生产与生活的情景。《久违的打铁声》和《又见爆米花》是作者来到锦溪后，根据在锦溪街头的所见所闻而创作的作品。《久违的打铁声》表现了师徒两人围着铁砧，你一锤我一锤，奋力打铁的场景。师徒两人神情专注。火炉、铁砧及铁砧下面的木桩、旁边用来冷却的水桶等用具一应俱全，场面生动。《又见爆米花》则表现了一位戴着鸭舌帽、手摇着老式大炮爆米花机的老爷爷，正在细心观察炉内的爆米花是否熟了可以出炉的情景，勾起了人们很多美好的回忆。此外，还有表现江南手艺人制作各类木桶的《江南圆作坊》、牧童吹着笛子骑在牛背上放牧的《牧笛悠扬》以及《丰收的喜悦》《船娘》《独钓》《春耕》《俏皮的放鸭娃》《童趣》等作品，都刻画的丝丝入微、惟妙惟肖。

《久违的打铁声》

《春耕》

柿园书画艺术馆

柿园坐落在古镇区德求堂内，占地面积500平方米，因园内有两株柿树而得名，为江南庭院式宅院。“柿园”二字为中国书法家协会主席沈鹏所题。其主体建筑“片石山房”始建于清同治年间（1862—1874），缘于主人藏有石涛《片石山房》古印一枚，又觅得古湖石一块，遂作书斋名。柿园是近代著名画家、围棋国手陆曙轮故居，现为陆曙轮与其次子陆家衡的书画艺术陈列馆，于2001年对外开放。

柿园

《山水》（国画　陆曙轮）

陆曙轮书画　馆内现有陆曙轮30年代创作的书法绘画作品33幅，其中国画17幅、扇面画6幅、册页画9幅、书法1幅。《秋山萧寺图》是陆曙轮的代表作品，画中山峰雄伟、秋瀑深涧，孤塔耸立、寺院深藏，树木林立、枯枝萧叶；溪水板桥上，隐士曳杖侧首、面山而立。整幅画风格高爽，穆然恬静，笔墨苍劲。该作品曾入选1937年全国美术展览会，并在《美术生活》杂志上刊出。陆曙轮晚年尤爱画梅。馆藏作品《红梅图》《红梅水仙图》等，傲骨凌霜又秀美明丽，颇具疏淡、静穆、古雅之风。陆曙轮擅长诗文，喜欢以诗文入画。他的诗词书法高雅脱俗，自成家法。馆藏作品《录六研斋笔记》笔力遒劲，一气呵成。另外，2000年10月，陆曙轮家人曾将陆曙轮书画作品70余幅无偿捐献给昆山市人民政府，现藏于昆山市昆仑堂美术馆。

陆家衡书画 陆家衡为陆曙轮次子，字持平。现为中国书法家协会会员、苏州市书法家协会副主席、国家一级美术师。馆藏作品《古来画师非俗士，今日风物属诗人》立轴，流溢出赵孟頫的秀逸神韵、北碑豪迈的气度，质地沉郁浑厚，风骨峻利飞动，气势磅礴遒健，形象流畅蕴藉。中堂隶书“老屋三间可蔽风雨，小园一角最宜晦晴”，以秀传朴，以古为新，典雅从容，落落大方。馆中藏有陆家衡多幅山竹水墨画。竹干运笔从容，笔迹间浓淡逐次而生，竹干的圆劲之态，十分生动。竹叶如写字一般，一笔而下，轻顿重挫，竹叶的内圆跃然纸上。在用墨处理上，竹叶正深反浅，面重背轻，而且少有复笔，前

《沧浪颂》（书法　陆家衡）

轻后重的层次也井然有序，即使竹梢，其用笔也细劲有韧性。馆中另有书法家翁闿运、河北省书法家协会原副主席巴根汝、书法篆刻家沙曼翁、画家张晓飞等名家作品，可供参观者欣赏。

张省美术馆

张省美术馆位于上塘街普庆桥畔，由锦溪籍书画家张省创办于 2002 年 10 月。馆名由书法家、书画鉴定家启功题写。展馆共分两层，展览面积 450 平方米。一楼主要展示张省的从艺历程，包括向刘海粟、钱君匋、程十发、陈大羽、张继馨等书画大师学艺的图片资料。二楼为张省个人的素描、油画、国画、工笔画、泼彩画等书画作品以及刘海粟、钱君匋、陈大羽、张继馨等名家书画作品展示。

个人作品 张省，1955 年生于陈墓镇。自幼酷爱绘画。现为中国美术家协会会员，国家一级美术师，广州大学松田学院艺术系顾问、终身教授。馆内展有其从艺 30 多年

张省美术馆

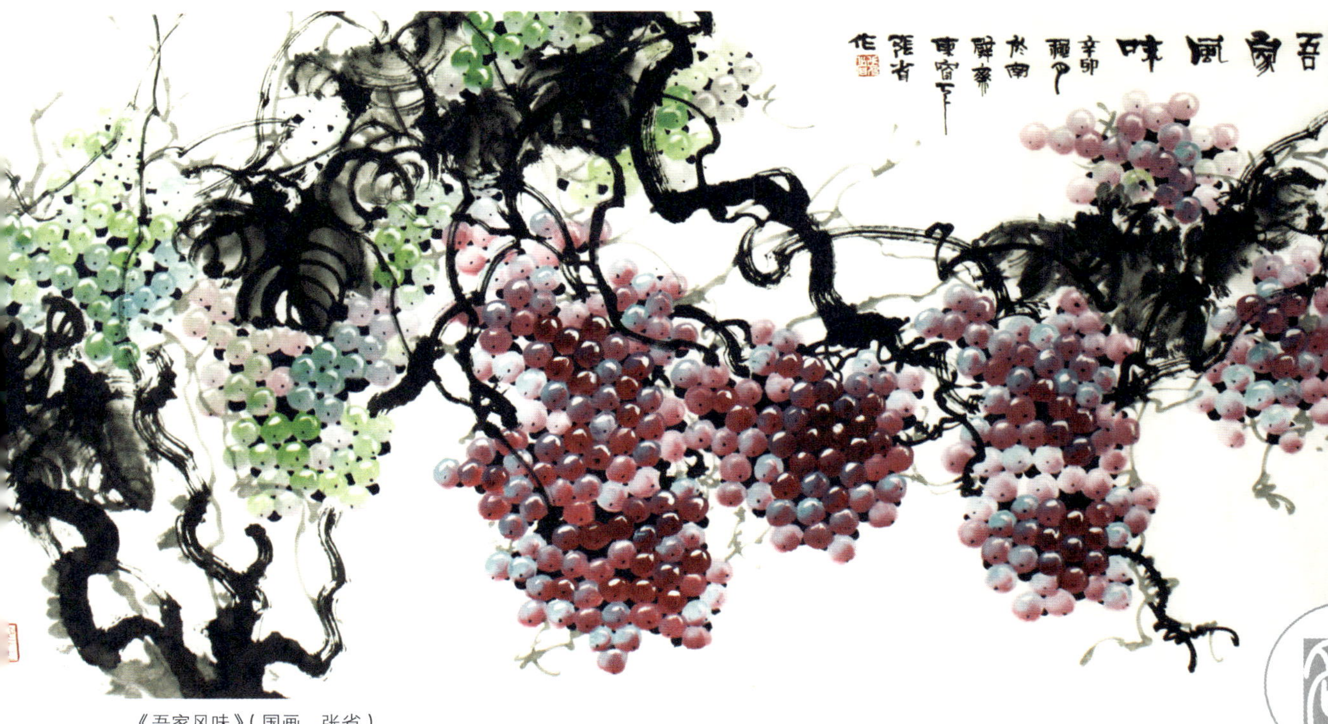

《吾家风味》（国画　张省）

各个时期书画作品200余幅。代表作《万里长江图》，长12米，高60厘米，创作于1992年。作品雄健酣畅，大气磅礴，在开合起伏的构图中，展现了万里长江秀美壮阔的自然风光和文化魅力。时年98岁高龄的现代画家、美术教育家刘海粟为张省的《万里长江图》作了题款。馆内还展示着1998年美国总统克林顿访华途经香港时，作为外交礼物赠予克林顿的由张省创作的《春来江水绿如蓝》《渔舟晨曲图》两幅中国山水画的复制品。在广州工作期间，张省对岭南广为栽种的荔枝、龙眼、葡萄等水果产生了浓厚兴趣，馆内展出了众多荔枝、龙眼、葡萄等国画小品。程十发看了这些画作后，赞誉作品“气局高古，极见功力”。

馆藏作品　张省曾先后师从于张继馨、陈大羽、刘海粟等书画名家。馆内除了张省个人的作品外，还展示着刘海粟、钱君匋、陈大羽、张继馨等大师的书画作品20余幅。其中包括刘海粟的国画《天香》《黄山十二峰》，刘海粟、钱君匋合作完成的国画《老松》，陈大羽的国画《千里荷香》《广玉兰》《和平万年》《丹桂飘香》，张继馨的国画《冷艳》《双喜图》等，都是难得一见的书画珍品。

中国锦溪宣卷艺术馆

中国锦溪宣卷艺术馆位于锦溪巡检司弄，建筑面积660平方米，由锦溪镇人民政府于2012年10月创办，是富有地域文化特色的地方戏曲艺术陈列馆。

馆藏卷本 馆内除了展示吴地宣卷从起源到兴盛的发展历程和数十件宣卷道具以外，藏有宋、元、明、清、民国各个时期弥足珍贵的宣卷老脚本200余卷，其中，手抄本有《百花台宝卷》《香山宝卷》《城隍宝卷》《桃花宝卷》《玉连环宝卷》《珍珠塔》《秦香莲》《玉蜻蜓》等50余卷，数量之多，内容之丰富，为他地所罕见，是吴地宣卷探源及传承

中国锦溪宣卷艺术馆

发展不可多得的艺术宝库。馆内所展示的宝卷《宝善堂藏板》，是一部典型的宗教卷本，讲述了唐代家庭祝寿设宴、高朋满座、子孙满堂的生活情景，体现了主人翁的孝悌之道和仁义之心。卷本《孟姜女宣卷》，采用吴地宣卷脚本中流行的说表、唱腔和当地吴语方言。宣卷中的说表大部分是七律诗歌，配以春调，当地人又称哭哭调韵律表唱，用一年十二个月的十二种花名作开头，正月梅花、二月杏花、三月桃花、四月蔷薇、五月石榴花、六月荷花、七月凤仙花……每个月份描述的都是深深的思夫之情，唱词清新有加，充分展现了吴地宣卷极强的艺术感染力。

表演戏台 艺术馆为园林式建筑，占地面积近 10 亩，园内花木葱茏，假山池沼和亭台楼阁相映成趣，设有室内和室外两处戏台，供游客观看“锦溪宣卷”艺人现场表演。室内戏台设在艺术馆二楼，总面积 92 平方米，包括表演戏台与观众席，形似小剧场。戏台面积 20 平方米左右，供宣卷艺人表演。观众席为茶座形式，配有桌椅，可容纳 30 ～ 50 人落座观看。室外戏台设在馆内西部的花园里，花园中央有一弧形池塘，池塘围绕一假山，山上建有一亭，兼作宣卷戏台。春夏季节，宣卷艺人在亭中演出，游客可一边听曲，一边游园赏景，其乐融融。

“锦溪宣卷”演出

锦溪镇杰出人物馆

锦溪镇杰出人物馆位于下塘街中段，由锦溪镇人民政府于 2004 年 4 月创办，建筑面积 435 平方米，包括锦溪杰出人物展厅和陈三才烈士纪念馆两大部分。

杰出人物展厅 锦溪镇杰出人物馆坐东朝西，由前、后两厅组成。前厅为锦溪杰出人物展厅。厅内展示了近现代锦溪镇 115 位杰出人物的生平、事迹、成就、贡献等相关资料，其中有早年参加中国共产党的革命前辈，有 3 次参加党的武装起义的将士，有长征时期参加革命的巾帼英雄，有长期与共产党合作的爱国民主人士以及在文化、科技、教育诸方面做出贡献的锦溪籍教授、海外留学生等；也有新中国成立以后，当选过全国人大代表、全国政协委员、全国劳动模范等先进模范人物，先后获得过国务院特殊津贴的专家、学者以及锦溪籍的 2 名将军与 2 名院士，等等。馆中展示的《槃亭图卷》系锦

锦溪镇杰出人物馆

陈三才烈士纪念馆

溪籍近代天文学家朱文鑫所收藏的书画珍品复制件。原画由清末翻译家、文学家林纾创作，社会知名人士张謇、唐文治、庄蕴宽、张一麐、陶惟坻、吴湖帆、吴敬恒、朱寿朋、叶楚伧、柳诒徵等相继题跋。2013 年 10 月，朱文鑫后人将此画捐赠给昆山市锦溪镇人民政府作永久收藏。

陈三才烈士纪念馆　位于锦溪镇杰出人物馆内厅。社会学家费孝通题写馆名。展厅面积约 60 平方米，展示因谋刺汉奸汪精卫未遂而捐躯的“清华英烈”陈三才的生平资料和图片，以及陈三才就义后国内各大报刊纷纷发表的悼念陈三才、抨击汪伪政府的文章剪报，陈三才生前穿过的西装、花呢大衣。还陈列着陈三才烈士的铜像，彰显着这位从锦溪走出的“清华英烈”的铮铮铁骨。2000 年 1 月，已近百岁的陈三才生前好友，集科学家、教育家、诗人、戏剧家、音乐家、佛学家于一身的顾毓琇赋诗：“赫赫精忠事可传，英灵遥望太平年。美邦负笈身心健，沪海经营事业先。西泠桥边云掩月，雨花台上气冲天。痛除汉贼计谋泄，陈氏三才志节坚。”表现了他对陈三才的深切怀念。

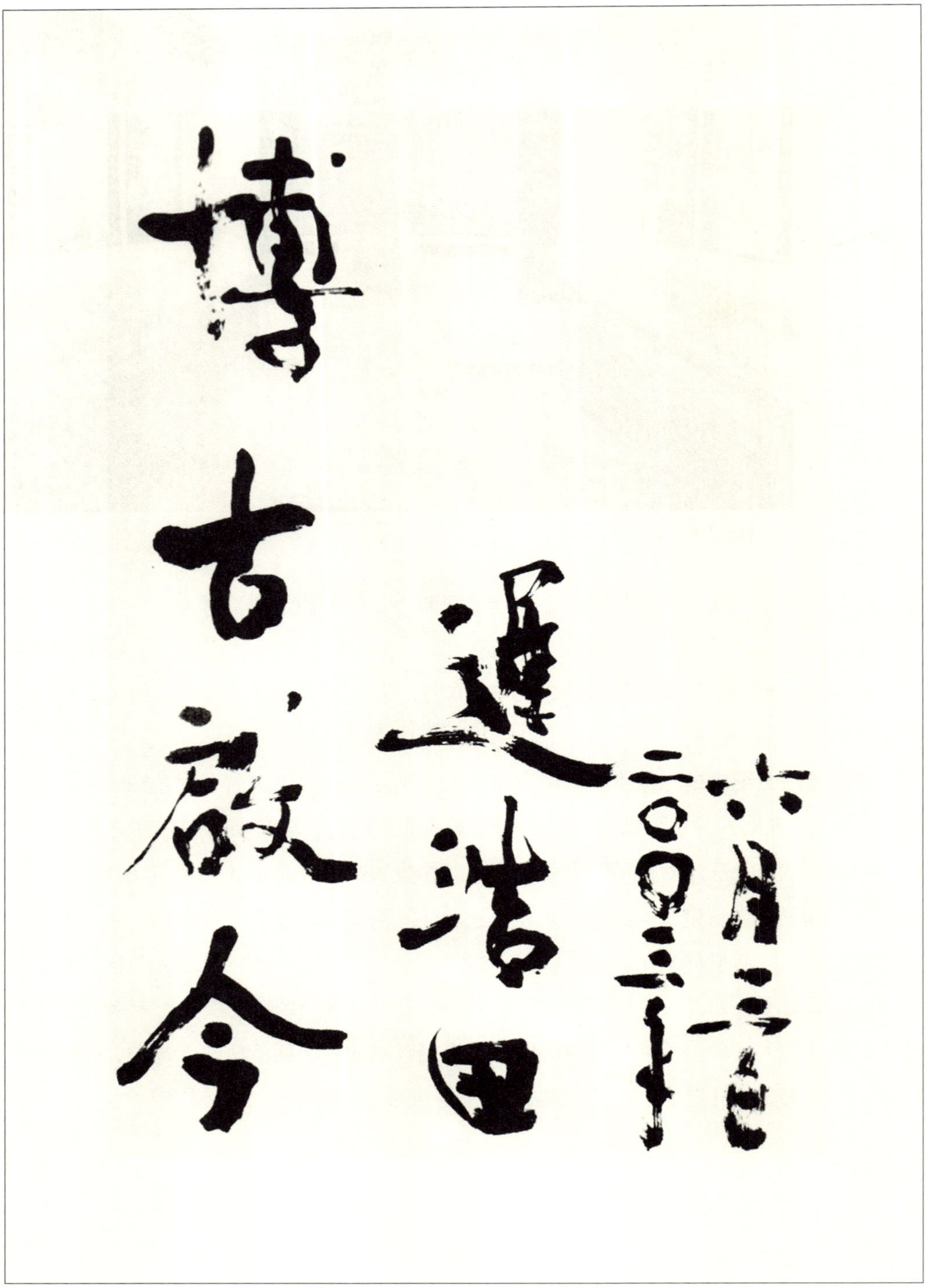

博古啟今

“锦溪宣卷”

宣卷，顾名思义，就是宣讲卷本，起源于唐宋时的佛教活动，后来发展成为说唱形式，以江浙一带民间最为盛行，大多在庙会、婚礼、祝寿等场合上演唱。《（乾隆）陈墓镇志》记载：“吴地善讴，故镇中亦有集梨园者、打十番者，近则并有一班游手，名曰‘唱滩簧’，淫哇不堪入耳。”此处所载“打十番”，即为宣卷表演，至今已有近500余年的历史，被誉为江南民间曲艺的“活化石”。“锦溪宣卷”以其浓郁的乡土气息和鲜明的地方特色，至今仍为当地百姓喜闻乐见。2009年作为宝卷的组成部分，被列入第一批江苏省非物质文化遗产保护名录。2014年作为宝卷（吴地宝卷）的组成部分，被列入国家级非物质文化遗产代表性项目名录扩展项目名录。

錦溪

传承发展

历史起源 “锦溪宣卷”起源于唐宋时期，唐代称之为“俗讲”，宋代称为“谈经”，宣讲者均为僧人，是一种为善男信女宣讲敬神礼佛、修身养性的宗教活动。明中叶开始出现以唱宣卷为职业的艺人，他们除了宣讲佛教典故以外，还为民众讲述民间故事、神话传说、历史故事等，表演地点也由原来的寺庙拓展到街坊巷弄及农村田间地头，甚至延伸到庙会、婚礼、生辰等活动之中，成为方圆百里老百姓喜闻乐见的民间艺术。

发展演变 明清时期，“锦溪宣卷”渐为繁盛。据志书记载，明清时期，陈墓地区一般的集会、宗教、祭祀等活动都有宣卷表演，内容多为神佛故事、道德礼仪、修身治家、祈神纳福等，如《玉皇宝卷》《城隍宝卷》《财神卷》《时运宝卷》等，体现富贵在天、命中注定、善恶相报等宗教色彩较为浓厚的朴素思想。至二三十年代，社会动荡，局势不安，宣卷活动的发展比较缓慢，但基本趋于平稳。在此期间，以孝悌、礼仪、道德、男女情爱等为内容的宣卷仍然是百姓喜闻乐见的曲目，如《红楼镜》《王华买父》《玉连环》《百寿图》等。40 年代，‘锦溪宣卷”再度进入繁盛期。宣卷班子超过十余家，出现了张家厍村民王秉中所带的荣传社等影响力较大的宣卷专业社团。他们以宣卷为业，频繁赴周边各地表演，南至上海境内的青浦、练塘，西至苏州、吴江松陵，北至昆山、常熟，东至上海白鹤、安亭等地，所到之处，百姓奔走相告，蜂拥而至，场面十分热烈。新中国成立后，宣卷曾一度陷入低迷和衰落。直到 80 年代，改革开放给民间艺术带来了新的生机，“锦溪宣卷”得到了昆山市政府部门的高度重视。1984 年 4 月 24 日，陈墓镇文化站根据传统宣卷组织编排的宣卷坐唱《天堂哪有人间好》，被推荐到北京中南海怀仁堂表演，得到中央领导的充分肯定。

20 世纪末，特别是进入 21 世纪，“锦溪宣卷”作为传统的民间艺术，凭借其优美细腻的曲调、诙谐绵软的唱词、灵活多变的表演形式，被越来越多的人所喜欢和推广，影

宣卷《天堂哪有人间好》表演

响力和知名度日益扩大。1994 年，锦溪镇张家厍村宣卷艺人赵明泉应邀携宣卷班子走进周庄沈厅，定期为居民和游客表演宣卷。2001 年，锦溪镇上塘街开设宣卷表演馆，宣卷艺人王丽娟等每逢节庆日为群众、游客现场表演。同年，成立锦溪小学少儿宣卷班，推动宣卷艺术进校园，促进“锦溪宣卷”在中小学生中普及与推广。2012 年，锦溪镇在古镇区巡检司弄开设中国锦溪宣卷艺术馆，设立展览室和表演室，通过文字、资料、实物、照片等形式让人们了解“锦溪宣卷”的历史、发展、传承以及成就等，真切感受“锦溪宣卷”的艺术魅力。在重视“锦溪宣卷”发展和传承的同时，锦溪镇连续举办四

锦溪小学少儿宣卷班表演

届江浙沪宣卷演唱交流会，编纂《锦溪宣卷》专集，完成“锦溪宣卷”的数字化工作，不断加大对“锦溪宣卷”的弘扬保护力度。2014年，“锦溪宣卷”作为宝卷（吴地宝卷）的组成部分，被列入国家级非物质文化遗产代表性项目名录扩展项目名录。

传承人 据1980年苏州市文化局编辑的《中国曲艺音乐集成·江苏卷·苏州分卷》介绍，苏州地区共有9位宣卷艺人，其中有6人的生平、师承或演出经历与锦溪及锦溪周边地区有关，他们分别是徐士英、张亭良、王秉中①、郑天霖、金文胤、孙慧民。遗憾的是，这6位宣卷艺人只有王秉中将其技艺悉数传授给其侄女王丽娟②，其余5人均无后继传人。

艺术特色

宣卷作为民间艺术，具有浓厚的乡土气息，群众基础深厚。“锦溪宣卷”在艺术特色上既具有宣卷的共性特征，又兼有自身的个性特点。“锦溪宣卷”唱句幽默诙谐、语言通俗易懂、音调优美婉转，适合在普通百姓之中传唱。“锦溪宣卷”还大胆尝试，开创“宣卷剧”之先河。“宣卷剧”最大的特点是将原来坐着唱、表的说唱艺术，升华为集简单地分角色唱、表、演融为一体的戏剧艺术，这也是锦溪“宣卷剧”的一大艺术

---

① 王秉中（1923—2004）：又名王金寿，锦溪镇张家厍村人。年轻时跟随本村一位道士学习二胡、笛子等乐器，自学“丝弦宣卷”，与其弟王育忠一起在周庄、张浦、茜墩（千灯）一带表演。1947年后，与徐士英、徐士雄、许素珍（贞）、姚炳生、郑天仙等人组成荣传社合作演出。王秉中把苏沪越各地的戏曲曲调有机地融入“丝弦宣卷”，世人称之为“杂锦书”。今存其创作的宣卷唱本50余部，其中百分之七十为手抄本，十分珍贵。

② 王丽娟：女，1953年生，锦溪镇张家厍村人，其父王育中是王秉中胞弟。王丽娟天生佳嗓，具有较强的表演天赋，自幼受家庭的熏陶与影响，对宣卷表现出浓厚的学习兴趣。十岁时，正式跟随伯父王秉中学唱宣卷，得其伯父亲授。通过多年学习与实践，王丽娟在说、表、唱、演各方面都能熟练驾驭、唱功精湛，赢得观众好评。2014年，被确定为“锦溪宣卷”江苏省非物质文化遗产代表性传承人。

贡献。

内容及分类　“锦溪宣卷”卷本历经数代宣卷艺人的加工、润色、改编和创新，内容越来越生动丰富、引人入胜，除了传统故事外，还产生了大量与时俱进的新作品。“锦溪宣卷”的卷本内容就其来源，大致可分为五类：佛教经籍类，如《玉皇宝卷》《城隍宝卷》等；戏曲曲艺类，如《孟丽君》《红鬃烈马》等；民间传说类，如《百寿图》《玉连环》等；历史故事类，如《顾鼎臣》《红楼镜》等；现代题材类，如《老两口搬家》《一张决心书》等。“锦溪宣卷”的卷本内容就其基本属性，可分为七类：劝人为善类，如《时运卷》《土地卷》等；忠孝礼义类，如《王氏女》《丁郎认父》等；祈神纳福类，如《财神卷》《时运卷》等；才子佳人类，如《琵琶记》《西厢记》等；神话故事类，如《玉鸳鸯》《猛将宝卷》等；历史故事类，如《粉玉镜》《丁郎认父》等；修身治家类，如《百寿图》《对菱花》等；现代生活类，如《拒烟》《乡情乡音歌颂党》等。

表演形式　宣卷分为“木鱼宣卷”和“丝弦宣卷”，表演形式简单灵便。早期是“木鱼宣卷”，保留宣讲佛教经典原生态艺术的雏形，发展到后期为“丝弦宣卷”。“木鱼宣卷”又叫平卷、文卷，一般由 2 ~ 4 人组成。一人为主宣，称“上手”，其余为帮腔，称“下手”（俗称“和调”）。主宣时说时唱，帮腔附卷（或称“和佛”），附和主宣每句唱词的最后几个字，并加唱一句禅语“南无阿弥陀佛”落调。伴奏时，主宣用木鱼，帮腔用引磬和碰铃。“丝弦宣卷”称为“花卷”，一般由 5 ~ 8 人组成，一名主宣，两名帮

“锦溪宣卷”演出

腔，其余为伴奏，说唱和附卷类似“木鱼宣卷”。道具有角鱼、碰铃、折扇、鸣尺、木梆等，伴奏除木鱼、引磬、碰铃外，还有二胡、三弦、扬琴、琵琶、笙、箫、笛等丝竹乐器。“锦溪宣卷”大多属于“丝弦宣卷”，以唱为主，以说为辅，多为坐唱。说表以苏白（吴语白话）为主，在苏州话中穿插当地方言。说、唱、念、白、扮等一应俱全。宣卷表演之前，一般都奏《三六》《梅花三弄》等江南丝竹曲调，以示静场，然后正式宣唱。宣卷表演时，其场地并排放两张八仙桌，主宣居中端坐，以折扇和手帕等为道具，说表时用醒木一块。右侧为伴奏，左侧为帮腔。宣卷曲目有长篇、短篇、选段、唱段之分，长篇通常分数个回合，中间休息称为“小落回”。宣卷表演过程可分为起板、清板、落腔3个部分。起板，类似于戏曲的开场白、引子，介绍故事相关背景、演出缘由等，以抒情为主，间以叙事。清板，讲述故事具体内容，以叙事为主，间以抒情。落腔，交代故事结局、世人评价等，以抒情为主，间以叙事。

宣卷的主要表达方式分为“白”和“偈”，通常讲时用“白”，唱时用“偈”。“白”，即说表、独白、对白；“偈”，即偈颂，为佛经中的唱颂词，多为诗的形式，也称偈诗，每句有四言、五言、七言之分，多用当地方言土语演唱。“锦溪宣卷”一般用开经偈开启宝卷，用收经偈收束全卷。偈诗通俗易懂，短小精悍，韵脚整齐，词句工整。宣卷卷本中的每段唱词都要配上与内容相符的曲调。“锦溪宣卷”的基本曲调是《万福寿》，该曲调适用于各种卷本，常用于宣卷开场、叙事以及情节之间的过渡，根据剧情的需要可分为慢板、中板和快板。《万福寿》曲调遵循传统乐学中的宫、商、角、徵、羽五声音阶，调式简单、曲风古朴，佛教色彩浓郁。随着时代发展和历史变迁，今“锦溪宣卷”的曲调在宣卷表演过程中逐渐吸纳了江南小调、民间山歌、越剧、沪剧、昆曲、评弹等多种音乐元素，在唱法和技巧上发生了较大改变，既保持了《万福寿》基本调的原有韵律韵味，又增强了宣卷的艺术表现力与感染力。如卷本《天堂哪有人间好》，将《万福寿》原有两次长拖腔改为一次，增加了清板后的小帮唱，男主唱，女帮唱。男生唱法中还融进了白口，此种唱法、旋律和音色，使宣卷曲调丰富多变且更有韵味。如卷本《老两口搬家》，采用男女声轮唱的技法，充分发挥男女各自音色的特点，交相辉映，让人耳目一新。由于宣卷的曲调坚持了“留其神而略变其形”的特点，因此《万福寿》这一基本调常唱常新。“锦溪宣卷”现存曲调有《宣卷调》《庆寿调》《念佛祈》《大头调》《北头调》《南头调》《关王调》《拜香调》《万福寿》《十字调》等20多种，整体上细腻软糯、温和婉转，有着江南小镇的独特韵味。

现存“锦溪宣卷”艺人王秉中宣卷唱本一览表

表 13

序号	卷名	序号	卷名	序号	卷名
1	《王华买父》	18	《雪地小梅香》	35	《双金锭》
2	《红鬃烈马》	19	《双蝴蝶》	36	《猛将宝卷》
3	《红楼镜》	20	《玉镯记》	37	《节孝宝卷》★
4	《顾鼎臣》	21	《剪舌记》	38	《财神卷》★
5	《蜜蜂记》	22	《双探花》	39	《时运卷》★
6	《孟丽君》	23	《双金花》	40	《土地卷》★
7	《珍珠衫》	24	《刘金蝉》	41	《寿生卷》★
8	《龙凤锁》	25	《十朵莲花》★	42	《太母宝卷》★
9	《白马驮尸》★	26	《调龙记》	43	《贤孝卷》★
10	《蝴蝶杯》	27	《贩马记》	44	《玉皇卷》★
11	《磨房产子》	28	《双富贵》	45	《城隍卷》★
12	《玉连环》	29	《凉亭产子》	46	《百花卷》
13	《双金锁》	30	《百寿图》	47	《香山卷》
14	《金叉记》	31	《张四姐闹东京》	48	《三星赐福》★
15	《落金扇》	32	《合同记》	49	《文武香球》
16	《盗金牌》	33	《桃花卷》	50	《桃艺宝卷》
17	《翠连巷》	34	《奇案卷》		

说明：带★的唱本与佛教有关

活动演出

江浙沪宣卷演唱交流会 “吴越比邻莫问宣卷故里，沧桑往事都归檀板金樽。”2009年6月，锦溪镇首次举办江浙沪宣卷演唱交流会。交流会为期两天，吸引了江苏无锡、常州、靖江，浙江嘉善，上海金泽以及锦溪周边的同里、河阳、胜浦、角直等宣卷班子前去演出，对传承、保护江南宣卷这朵非遗艺术奇葩，加强江浙沪毗邻地区宣卷艺术的交流，推进民族民间文化的保护工作，起到了较好的推动作用。

2011年11月21—22日，第二届江浙沪宣卷演唱交流会再次在锦溪镇举办。来自江浙沪的 12 支宣卷队伍同场竞技，展示各自的宣卷唱本和演唱特色。会上，江浙沪三地的宣卷艺人还就宣卷保护和传承进行研讨，并挂牌成立了江浙沪宣卷联谊会。

2013 年 12 月 10—11 日，锦溪镇举办第三届江浙沪宣卷演唱交流会。参演团队扩大至 20 支。该届交流会对传唱交流形式进行了创新，各地集中推出了一批具有浓郁生活气息的新编宣卷节目，如《都市里的女村官》《社区温馨家》《老勿信看房》及锦溪文体中心选送的《“四知”先生》《一粒米》《宣卷传万代》等。会上，江浙沪非遗保护部门还举行了传承弘扬宣卷的理论研讨会，编辑出版了理论研讨文集《江浙沪宣卷的保护和实践》。

2016 年 10 月 15—16 日，第四届江浙沪宣卷交流邀请赛在锦溪镇举行。江浙沪 14 支代表队参加了比赛。连续三届的江浙沪宣卷演唱交流活动的举办，对“锦溪宣卷”产生了很大影响。16 日的研讨会上，来自江浙沪三地的有关专家、学者及各演出队伍中的非遗传承人等 40 多人，围绕宣卷的保护传承和创新发展开展讨论，希望在各级政府的关心、扶持下，加大对传承人的培养、培训，鼓励宣卷发展创新，通过走市场化的道路，将宣卷更好地保护传承下去。

民间演出 解放初期，锦溪北管泾、葛墓、张家厍等村的民间宣卷班十分活跃。村

“锦溪宣卷”田间表演

里庙会、老人做寿、小孩生日或者一些祛邪治病、消灾祈福的场合，一般都会请宣卷班做法演唱。由于带有浓厚的宗教色彩和宣扬乡俗礼仪，“文化大革命”期间，宣卷曾一度被禁停。80年代，各村的宣卷班又重新活跃起来。当时，昆山市举办全市群众文艺会演，陈墓、大市等乡的文体站纷纷将宣卷搬上了舞台，宣卷细腔慢调的旋律，唱伴结合的形式，绘声绘色的叙述，令人耳目一新，引来满堂喝彩。1984 年 4 月，陈墓乡文体站选送的宣卷坐唱《天堂哪有人间好》，随苏州市农村集镇文化中心进京演出，获得了首都观众的热烈欢迎。4 月 26 日，被推荐至中南海怀仁堂进行汇报表演。锦溪农村民间宣卷表演也因此达到顶峰。

2017 年，锦溪镇尚有张家厍、葛墓、盛塘、三联、光辉、顾家浜、周家浜、计家墩等村民间宣卷演出团队十余支，其中在昆山市文广新局进行登记注册的经常性演出团队 5 支。从事宣卷表演的艺人达近百人，年演出场次千余场，成为方圆百里农村群众喜爱的曲艺奇葩。

“锦溪宣卷”所获荣誉一览表

表 14

年份	名称	所获荣誉	备注
2006 年	“锦溪宣卷”	入选第二批苏州市非物质文化遗产保护名录	
2008 年	“锦溪宣卷”艺人王丽娟	首批苏州市非物质文化遗产项目代表性传承人	
2008 年	宣卷坐唱《天堂哪有人间好》	纪念改革开放 30 周年——首届中国农民文艺会演，荣获“丰收杯”金奖	
2009 年	“锦溪宣卷”	第一批江苏省非物质文化遗产保护名录	作为宝卷的组成部分
2010 年	锦溪镇	苏州市民间文化艺术之乡（宣卷之乡）	
2010 年	宣卷表演唱《老两口搬家》	入选并参加第八届中国国际民间艺术节巡演	
2014 年	“锦溪宣卷”	入选国家级非物质文化遗产代表性项目名录扩展项目名录	作为宝卷（吴地宝卷）的组成部分
2014 年	“锦溪宣卷”	作为试点单位，被列入江苏省非物质文化遗产数字化保护记忆工程	
2014 年	王丽娟	江苏省非物质文化遗产项目代表性传承人	

风土民情

古镇锦溪，湖荡密布，河流纵横，有着“十里不同俗，隔村不同音”的风俗特点。但整体“士风醇、民俗朴，士以及讼庭、登酒罏为耻，民以务孝养、勤本业为事”。百姓“勤劳朴实，敦厚守礼，敬贤重道，闲暇则参与文社、诗会社、庙会、宣卷等祈福或娱乐活动，甚是惬意”[①]。锦溪民俗文化内容丰富，服饰、饮食、居室、婚丧、节日娱乐等多姿多彩，渗透于社会生活的各个方面，形成了独具水乡特色的地域风情和审美情趣。

① 《(乾隆)陈墓镇志》卷三“风俗”。

传统服饰

长期以来，锦溪农村妇女流行一种独具水乡特色的传统服饰，这种传统服饰与甪直、胜浦、唯亭等吴东地区农村妇女服饰相近，历史悠久、内涵丰富、特色鲜明。她们头戴包头，身穿大襟拼接衫，腰围布裙、襡腰、穿腰等，脚穿绣花鞋。在款式、用料、裁剪、装饰、色彩等方面构思巧妙，制作过程考究。在拼接、贴边、缝纫、绣花等方面做工精细、独树一帜，呈现出既“巧”又“俏”的特点。2013 年，锦溪水乡妇女服饰被列为昆山市非物质文化遗产。

发饰 锦溪妇女很重视发髻的梳理和装饰。一般农村妇女习惯将长发盘头，于后脑梳成椭圆发髻，又称盘盘头。发髻上插有银簪、玉簪、银挖耳勺、银佛手花钎、时令鲜花等饰品。发髻梳饰完毕，再在头上戴绣花绲边的包头布，起到护发防晒、美观保暖等多重作用。

包头 由包头布和包头带组成。包头布一般由双色布拼接而成，中间主体部分通常根据年龄的不同，选取青、深蓝、黑等颜色的长方形布料，两端用月白、浅蓝、翠蓝等颜色或素花的三角形布料拼接，拼接部分边缘用异色布绲边或彩色线锁边，整体呈上宽下窄的梯形状。整块布从头部两侧围兜至后脑发髻的下端扎牢，两端两个角交叠垂搭在后背，如鸟类收合的翅膀。包头带长约 33 厘米，宽约 4 厘米，一般为绿色

妇女包头

底、红色嵌条，并绣有蝴蝶、花朵等图案，有的还缀有桃红色流苏或绒球。包头带挽住发髻，起固定和装饰作用。

大襟衫 有“罩衫”和“衬衫”两种，衬衫在内，罩衫在外，式样为大襟右衽，即左前襟掩向右腋后系纽襻，将右襟掩覆于内。农村妇女习惯将这种大襟衣的前胸、后背、袖口、肩膀、肘部等部位，用两三种不同颜色和花纹的布作不规则的拼接，因此也称为拼接衫。拼接衫的布料多为青色、花色、白色等土布或士林布。拼接衫不仅色泽明快，清新别致，还可在破损后局部更换，既实用又美观。一般年轻妇女用花布拼接，亮丽花俏；中年妇女用士林布和白布拼接，端庄大方；老年妇女用深、浅士林布拼接，俭朴素雅。

布裙 也称褐裙，有长、短之分，但均不过膝，类似现代的短裙，起到增加腰部力度、御寒、遮盖等作用。布裙用两幅布各一半重叠缝制而成，腰部缝制折裥，裥式多样，花纹精细，色彩斑斓，裙底四周用颜色差异较大的布料绲边。一般年长者以黑布长裙为主，年轻者以深、浅士林布短裙为主。

传统服饰

褐腰 也称褐腰头，系在布裙外面的小围裙，起到护腰、保洁和装饰等作用。褐腰呈长方形状，两边用异色布拼接，上方接约7厘米宽的裙腰。裙腰两端各缝长20厘米、宽约7厘米的宽带，带上绣有色彩艳丽、花纹精致的图案，也称为穿腰、褐腰板。穿腰两边再缝制两条用绒线编织的彩带，彩带末梢缀彩色流苏。一般褐腰分为内外两层，内层裙面较宽大，外层裙面略为窄小，类似一个口袋，袋内可装常用之物，上面盖一块大于口袋的布。褐腰的设计考究别致，用途广泛。

裤子 宽腰窄腿，裆部宽大且采用拼接。多用蓝底白印花布或白底蓝印花布做裤腰和裤腿，裆部用蓝或黑色士林布拼接，整体宽松舒适。

肚兜 用一块长方形花布对折制成，将上端一角剪成弧形领窝，用异色布沿领窝贴边，贴边四周再绣上花纹。领窝的两端缝上纽襻，以连接绒线带或银质链条，套系在头颈上。中间两角再缝制两条绒线带，绕至背部打结系牢。肚兜平时常穿在衬衫里面，待暑热之时可脱去衬衫，穿肚兜纳凉。

绣花鞋 鞋形似小船，不分左右，鞋帮由两块合成，布料多为黑、青、蓝等深色土布。鞋头和鞋帮两侧所绣图案有凤凰、孔雀、老虎、喜鹊等动物类，梅、兰、竹、菊等花草类，还有“八仙过海”“凤穿牡丹”“芙蓉仙桃”“上山祝寿”等寓意类，色泽鲜艳，花样繁多，做工精细，体现了水乡妇女的心灵手巧以及美好的生活愿望。

传统节日

岁时节日

春节 农历正月初一，又称年节、年初一，古时亦有元旦、元日等多种叫法。春节虽定于农历正月初一，但节日庆祝活动却不止这一天，一般从腊月二十三的小年节开始直到正月十五都属于春节范畴。年初一这天，早晨要放“开门爆竹”，有大吉大利之意；全家要衣冠整齐至厅堂焚香，依次祭拜天神、地神、祖祠等，然后按辈分依次拜长辈，祝安康。初一至初三，商贾停市，农民息作，以庆新年。旧时，除夕要预先烧好次日饭食，称“隔年饭”，年初一则禁止动灶打火、拂尘扫除、汲水洗涮、针剪缝纫等。

二月二 农历二月初二，食撑腰糕，民间传此日吃糕可免腰痛，四肢轻健。此节过后，农户便要准备插秧，进入农忙时节。

花朝节 农历二月十二，简称花朝，俗称花神节，传说是日为花神的生日。此时令正值春暖花开、万物复苏，人们结伴到郊外游玩赏花，也称为踏青。未出嫁女子剪五色彩纸用红绳系在花枝上，谓之“赏红”，还要到庙里烧香，求花神降福，保佑花木茂盛。

立夏 二十四节气之一，是夏季的第一个节气。有饮酒尝新的习俗，即除饮食白酒外，还要吃樱桃、青梅和麦蚕，俗称“立夏见三新”。

清明 既是二十四节气之一，也是传统节日。有祭祀扫墓、入庙进香和郊游踏青等习俗。

中秋节 农历八月十五，阖家团圆、吃月饼，夜晚有烧香赏月的习俗。旧时在庭院设桌供香斗，直至次日天亮。

冬至 俗称冬节，二十四节气之一，是一年中白天时间最短的一天，标志着冬天的开始，也是祭祖的重要节日。该日各家要备香烛、菜肴、锡箔，祭祀神灵祖先，还要吃馄饨或饺子以驱寒。

民俗节日

破五 农历正月初五，民间传说，此日前诸多禁忌过此日后皆可破除。俗传此日为财神诞辰，因此要迎祭财神。财神即民间传说中的五路神，所谓“五路”，指东、西、南、北、中，意为出门五路皆可得财。是日，家家户户在厅堂备好鱼肉、糕果、香烛等祭品，焚香礼拜，鸣放爆竹，喜迎财神。接财神要越早越好，人们认为最早接到的才是真神，因此也叫“抢路头”。为博得好彩头，很多人家在年初四子夜就开始奉礼祭拜，燃放爆竹，争抢财神到家，希望日后能财源滚滚。

元宵节 农历正月十五，旧时称上元节。这天有很多娱乐、民事以及祭祀等活动，很是热闹。当日，各家各户要吃汤圆或年糕，供祭品、放爆竹以接灶神。农户则有燃长炬于田间的农事习俗，也称点田蚕或烧田财，即将百余个炮仗（鞭炮）插入柴草中，一并绑在长木上，举高点燃于空中，通过看火的颜色红淡占卜来年水旱，火色红代表干旱，火色白代表多水。这种民俗活动向来为孩童们所热衷，不仅有祈求丰稔之意，更有相互逗趣之乐。这一天，孩童还会戴面具作舞，但只舞不唱，以示庆祝，俗称“跳大头”。夜晚，妇女要“走三桥”，传说能免百病；当晚人们还要迎请紫姑。紫姑为司厕之神，但世人传其能先知，因此多愿迎至家中，希其占卜诸事，保吉祥、护安康。

神仙生日　农历四月十四，俗称神仙生日，即八仙之一吕纯阳的生日。传说，吕纯阳会在此日化身为乞丐或小贩混在人群之中济世、点化世人。人们在这一天会剪葍草（万年青）叶撒在街上，迎接神仙下凡。除此之外还要逛庙会、“轧神仙”，“轧”是苏州地区方言，即“挤来挤去”之意。男女老少走上街头，越是拥挤越好，希望能“轧”到神仙，沾上仙气，消灾免祸，交得好运。

端午节　农历五月初五，家家吃粽子，饮菖蒲酒、雄黄酒；在孩童额上抹雄黄，免灾祛病；屋内洒雄黄酒以驱蛇虫；门上贴矢符，门楣悬挂蒲艾、大蒜等，驱邪避凶；烧苍术、白芷、芸香等物烟熏居室，驱除湿气；头戴石榴花、艾叶，避邪气。端午前后草药茎叶成熟，药性最佳，药效称奇，因此端午也有“竞采杂药，可治百病”之说，俗称“采百草”。

天贶节　农历六月初六，也称翻经节。天贶，意为赐、赠，起源于宋真宗赵恒，他声称上天于此日赐给他天书，遂定是日为天贶节。这一天要晾晒衣物、书画；为猫狗洗浴，除去虱蚤，有“除尘去垢”之意。

七夕　农历七月初七，又名乞巧节、七巧节。最早来源于人们对自然的崇拜，后来将牛郎织女的爱情故事也融入节日中。因织女心灵手巧，为凡间女子所向往，故而女子会在牛郎织女鹊桥相会的这天夜晚，将凤仙花捣烂染于指甲，手拿针线站在庭院穿引，向织女乞求智慧和手艺，俗称“乞巧”。

中元节　农历七月十五，俗称鬼节、七月半。传说该日地府会放出全部鬼魂，已故祖先、亲人可回家团圆，因此家家都要上坟扫墓、祭拜祖先、焚烧纸锭，还要放河灯为亡魂指引回家之路。

重阳节　农历九月初九，有出游“踏秋”、登高望远、观赏菊花、吃重阳糕、饮菊花酒等习俗，相传可以借此躲灾避邪。同时还有祭祀祖先和灶神等活动。

送灶　农历十二月二十四，民间传说灶神不仅掌管人间饮食，还代天监察人间善恶，予人祸福。旧时人们自正月十五迎灶神后，便会勤于祭拜，以留灶神在家护佑。农历六月初四、十四、二十四，农历九月初九等都是祭祀灶神的盛日，直到农历十二月二十四方送灶神回天。人们以竹笼为轿，用扁豆藤蔓绑扎，将纸制灶君神像放入其中，点燃焚化，意为送灶君回天庭过年。送灶当日要清扫房屋灰尘，供奉佳肴、果品，尤其要摆上很多糖果，目的是把灶神的嘴巴粘住不能讲话，即便讲话也口齿不清，使灶神不能在玉帝面前说人们的坏话。

除夕 农历十二月最后一天，俗称大年夜、年三十。自古有通宵不眠、贴门神、贴春联、贴年画、挂灯笼、吃馄饨等习俗，流传至今，经久不息。是夜，全家聚宴，称“吃年夜饭”；长辈给孩童压岁钱；夜晚灯烛不熄，坐至天亮，称“守岁”；零点鸣放爆竹，除旧迎新；设供桌祭拜祖先。

民间手工艺

锦溪的民间手工艺历史悠久、种类繁多，多数手工艺靠师徒相授、父子相传的方式代代相传，有的延续至今。

古砖瓦制作技艺

锦溪窑业约始于元代。至清代，已发展到鼎盛阶段。今祝甸古窑群遗址依然保存着明清时期古窑 19 座，其中 12 座至 2017 年年初还在生产。80 年代，祝甸 80% 的村民从事窑业生产，其中不乏盘窑、烧窑的能手，被周边村落作为“大师傅”请去指导。锦溪四面环水，土质细密坚实，微酸性至中性，燃料为油菜秸秆和砻糠相替，火文而均匀，因此烧制的砖瓦细结坚实，坚固耐用。所产砖瓦种类主要有方砖、八结黄道砖、蝴蝶砖、花窗砖、长寿砖、鸱吻、筒瓦、龙凤瓦、跷节瓦等。产品远销上海、浙江及苏州等地，负有盛名。制作工艺流程包括选泥、晒泥、粉碎、筛泥、练泥、搁堆、做坯、晾晒、装窑、烧制、成品等，每道工艺又有十分严密的要求。2015 年，传统砖瓦制作技艺被列入江苏省非物质文化遗产。

制砖坯 有选土、练泥（踏泥、舂泥）、制坯、阴干等工序。一个强劳力一天大约能做 2 寸（6.67 厘米）砖坯 800 块左右。

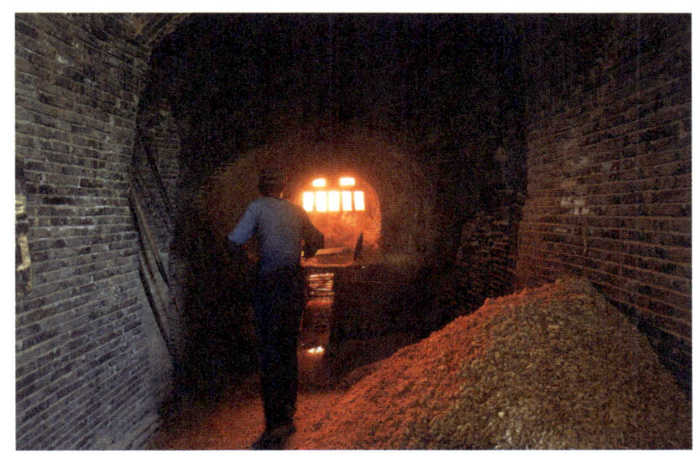

烧窑

装窑 先把做好的砖坯搬入窑棚内，之后再进行装窑。15 万块 2 寸砖装入大窑，34 人大约需要一天半时间。装窑分男工与女工，男工在窑内接坯装窑，女工在外搬运砖坯。装窑的程序为：窑内砖坯从下一节一节往上装，至窑顶大约分为七节，每节高一米左右。先把下面一层装好，高度为 2 米，再装中层，高度也为 2 米左右，最后装上面一层。

烧窑 烧窑关键是掌握火候和燃料的选择。火候是先慢火烧 3 ～ 4 天，再紧火（旺火）烧 3 天，最后稳火烧 3 ～ 4 天。燃料有稻草、砻糠、木屑、油菜萁、麦秸、煤等。大窑由 4 人轮流看管，每人白天烧三小时，晚上烧三小时，日夜不停烧 10 ～ 12 天。

焖窑 砖烧好后，开始焖窑。当窑门封砌之后，在窑顶上盘砌一个渗水池，池底及周边先垫砻糠灰，再糊上黄泥，之后挑水放入池内。水通过池底所戳的几个孔，慢慢往下渗，水不能下去太快，否则砖会爆裂。根据叠放在池内与池口差不多高的砖所露出水面的情况加水，水面大致露出两块砖以后，再加水至将两块砖淹没。一窑砖大约焖三天三夜，用水 1200 多担。现在用抽水机抽水灌水，有的窑砌有专用的蓄水坑。

出窑 焖窑完成后，停三天以后开始出窑。出窑一般需用工 30 ～ 40 人，其中 4 人堆放砖，14 人搬砖，其余人在窑内卸砖。出一窑砖大约需要一天时间。

水乡木船制作技艺 水乡木船大至 2 米多宽、6 米多长，小至宽不足 1 米，长不过二三米，或古朴典雅、稳重大方，或轻便灵敏、精致小巧。在民间，造船被称作“打船”，造船师傅是木匠中的高手。每年冬闲时节，便是修船打船的时节。木船制作从选料、备料到断料、配料、破板、分板、拼板、投船、打麻、油船等有十多道工序。材料多以老龄杉木为宜，此种杉木材质结实、有韧性，辅以铁钉、麻丝、石灰、桐油等，所造之船吃水浅、浮力大、能载重。制作时先按要求尺寸，制作好各部位的木板，然后再把木板拼装成木船。其制作均为手工操作，工序多，工艺复杂。仅制作工具就需要锯类，包括筛锯、绕锯、断锯；尺类，包括大尺、丈杆、兜方、曲尺；凿类，包括扎凿、斜凿、板凿、园凿、寸凿；刨类，包括躺刨、短刨；还有斧头、榔头、墨斗、作凳（木工用的长凳）、牵钻、磨砖、锉刀等木工常用工具。锦溪木船制造技艺通过手艺人父传子、师傅传徒弟，一代代地传承下来。2013 年，水乡木船制作技艺被列为昆山市非物质文化遗产。

纺织

织布 中国耕织社会传统生产项目。旧时，一般百姓家里均有用纺车、织机纺纱织布的习俗。农闲时节，农家妇女将棉花在手摇纺车上纺成棉线，之后将棉线置于织布机上，双脚踩动踏板，双手轮换着拉紧线闸和传递梭子，织成土布。土布织成后可染色加工，进行各种服饰的缝制。锦溪直至 80 年代初，部分农家仍有纺纱织布的习惯。

弹棉花 又称弹棉絮，是一种古老的民间手工艺，历史悠久。弹棉花工具有以牛筋为弦的大木弓，还有木锤、铲头（绑在腰间，吊住木弓的弯木）、磨盘等。弹棉花时，先将去籽棉花置于弓弦下方的木板上，铺平后用木锤击打弓弦，随着弓弦弹动，板上的棉花渐趋疏松，待松软度适宜后，由两人将棉絮的两面用纱网纵横固定，再用木制圆盘压磨平整、坚实、牢固。整个弹棉花过程从弹、拼到拉线、磨平，看似简单，实则每道工序都不容小觑。随着社会的发展，手工弹棉花逐渐被机械所取代，但锦溪下塘街的手工弹棉花至今仍是当地弹棉花的首选。

做蒲鞋 蒲鞋是用蒲草编织的鞋，有夏冬之分。夏季蒲鞋清凉、爽快。冬季蒲鞋是将芦花晒干后搓成花绳嵌于鞋底，防寒保暖。做蒲鞋的工具有蒲鞋凳、鞋耙、鞋腰、鞋拗（引绳工具）、蒲鞋刀等。做蒲鞋的一般工序为：搓绳、做鞋底、做鞋面、扎口、修边等。70 年代前，乡镇农民多有穿蒲鞋的习惯，如今蒲鞋多作为工艺品。

小手工业

箍桶 指用箍将做桶的板捆在一起，或将断了铁箍、散了框架的桶重新箍起来，使其成为所需的形状，确保板材之间接缝严实。桶箍有材质好差之分，铜箍为上等，铁箍次之，竹箍最差。故而使用何种材质的桶箍能反映出该户人家的生活水平。箍桶手艺包括方凿和圆凿，澡桶、水桶、脚桶、马桶等圆形的木质生活用品即属于圆凿的工艺制作。旧时，塑料工业还不发达，人们生活用品多以木制品为主，木桶坚固耐用、物美价廉，是寻常百姓家中的必备品，因此，制作和修理各式木桶的箍桶匠人也颇受百姓欢迎。

补锅　民间传统的手工艺。补锅匠人有的走街串巷，有的于市井开办作坊。锅的品种和材质不同，修补的工序和技术也有很大区别，如补铁锅、补搪瓷器皿、补铝锅和水壶等，其技术、火候亦各不相同。补锅匠人通常随身带着有风箱的小炉子，炉内燃上煤块，炉上架起坩埚，坩埚内放几块碎铁片，拉几下风箱，等待铁片融成铁水，再将铁水顺着裂缝或破损处慢慢浇注上去。铁水浇注完毕，先用粗砂轮将修补的补疤加以打磨，再用细砂纸打磨，最后抹上黄泥浆，方结束全部工序。该工艺至今在锦溪老街仍常见。

竹编　是将毛竹剖劈成篾片或篾丝，编织成各种生活用品、农业用具或工艺品。古时多以作坊形式存在。锦溪的竹编工艺以生活用品和农业用具为主，主要包括篾席、竹篮、竹筐、竹匾、竹筛等种类的编制。竹编工艺包括材料处理、编织和收尾3个阶段，编制手法有砍、锯、切、

敲白铁皮

补铁锅

竹编

磨剪子

剖、拉、撬、编、织、削、磨等。篾席的编织工艺比较复杂，要用篾青或头层篾黄作料；竹篮、竹筐之类的编制工艺较为简单。竹编不仅有很大的实用价值，更具有深厚的历史文化底蕴，是江南地区较有代表性的民间工艺。

纸扎 指用竹篾、芦苇、高粱秸等扎成各种家具、器皿、人物、工艺品等，糊以色纸，饰以剪纸。纸扎有广义和狭义之分，广义的纸扎包括灵棚、戏台、匾额、人物、纸马、风筝、灯彩、彩龙、彩船等；狭义的纸扎主要指用于祭祀或丧俗活动中的纸人、纸马、金银、宅院、家禽等。锦溪的灯彩、彩龙、彩船等纸扎工艺品在90年代后的民俗活动中发挥了重要的作用。

爆炒米 即爆米花。将适量玉米或大米放入爆米锅内，配以糖料，然后封好顶盖，把爆米锅放在灶炉上不断转动使其均匀受热，十分钟左右便可爆出可口的爆米花。爆好的米花还可做长方体的炒米糕。无论是爆米花还是炒米糕，一直以来都是镇村妇女孩童所钟爱的零食。锦溪镇村至今仍常有售卖爆米花的流动摊点。

传统习俗

旧时，锦溪礼节繁多，涵盖社会生活的各个方面。新中国成立以后，随着经济发展和人们生活观念的改变，许多风俗、礼仪逐渐淡化而消失，一些迷信的东西被淘汰。延续至今的礼仪习俗，主要集中在婚丧嫁娶、盖房造屋、生养小孩等红白喜事当中。

生养习俗

催生 孕妇分娩前，娘家人备好面条、红糖等食物，将新生儿衣服、鞋袜、帽子、抱被等衣物以及项圈、手镯等饰物送到婆家，谓之“催生”。

踩生 婴儿出生时，有些人家专门请聪明伶俐的男孩或是品学俱佳之士走进产房探视婴儿，称之为“踩生”。一般来说，婴儿出生后，第一个进入产房的家庭成员之外的人，被唤作“踩生人”。古时很多人认为踩生人有何种性情，婴儿长大以后也会有何种性情。

三朝 婴儿出生后第三日，亲朋好友携带婴儿的衣、帽、鞋、袜等物品及酒肉、红包等礼品登门道贺，主人则设席宴请宾客，并将红蛋分赠给邻居亲友。娘家一方送童车、婴儿床、衣物及婴儿佩戴的“护身符”“长命锁”等物，表示吉祥和祝愿之意。

满月 婴儿出生满一个月时，娘家送“满肚饭”（婴儿满月那天，产妇需吃娘家送来的饭，称为“满肚饭”）给产妇吃，主人家向亲朋、乡邻赠送红蛋、挂面，邀亲朋好友大摆筵席，称为“满月酒”。婴儿满月要剃胎发，将胎发搓成团穿连金锁片或用彩线缠好，挂在床头用来祛病避邪。

百日 婴儿出生后第一百天，家人邀请亲朋举行庆祝仪式，预祝婴儿无病无灾、长命百岁，并用鱼、肉等食物为婴儿开荤。较富裕的家庭，还会拍摄百日照。

周岁 婴儿一周岁，俗称“搭己”，家人除宴请亲朋庆祝外，还要为其举办“抓周”仪式，将各种玩具、生活用品、各行业用品等摆放于孩童面前，督其抓取，以此占卜其将来的前途、志向和兴趣。

生日 凡逢家中成员生日，家人都要备上丰盛菜肴为其庆贺，全家一起吃面，称为“长寿面”，代表长寿、长久之意。

寿头发 旧时女孩十三岁是一个标志性的成长阶段，代表即将长大。家人要为其举办隆重的庆祝仪式，女孩要束发、打耳洞，亲朋送上祝贺礼，俗称“寿头发”。

做十岁 旧时男孩十岁生日比较隆重，与女孩十三岁一样，也是一个成长的重要阶段。家人为其举办庆祝活动，操办形式与女孩“寿头发”相似，俗称“做十岁”。

庆寿 旧俗成年人三十岁开始，逢十便要隆重庆生，特别是四十、六十、八十岁等双十寿辰尤为隆重。俗语云：“三十不斋，四十不发。”庆生仪式中点燃红烛、烹制佳肴、宴请亲友，家人共食长寿面。庆寿俗称“做寿”，年高的寿翁穿上新衣，接受亲友及家人的祝贺，一些富户还会设置寿堂，挂寿星轴，供寿烛寿香。

借寿 借寿亦称“保福”。古人认为人之寿命长短皆由天定，但在自愿的前提下，寿短者可向寿长者借寿延年。旧时家中有亲人病危，家中子女或其他亲人希望其能延长寿命，于是斋戒沐浴，带上香烛和祭品赴城隍庙虔诚祷告，愿减自己寿命以延续病者之年，孝心可见。

生活习俗

造屋 百姓自家建造房屋，首先要选宅基、看风水。开工后，亲友纷纷来道贺，送上大米、馒头、糕点、糖果、礼金等，祝愿屋主吉顺发达。房屋上正梁要放鞭炮，并将铜板和亲友送来的糖果、糕点等从屋顶向下抛散，称为“抛梁”。主人要宴请工匠和亲友，称吃“上梁酒”。

乔迁 新屋造好后迁居，房主要宴请亲友，称吃“进屋酒”。亲友要送锅、盆、桶、热水瓶等家用器具，称“烧路头”。乔迁时，屋主隔夜要将马桶放入新居，第二天早晨到新房燃放鞭炮，取吉祥如意之彩头。

拜师 年轻人若想习得一门手艺，则需要拜师学艺。拜师要经担保人引荐，携礼物和礼金敬拜，请“拜师酒”。手艺学成后，学徒需设“谢师酒”。徒弟尊师若父母，逢年过节要上门奉礼敬谢。

望田亲 新婚夫妻在当年水稻移栽结束后，男方会购买一些水果、香烟，再带上几样自制糕点，陪同妻子回娘家探亲，称“望田亲”。

祛凶邪 祛凶邪，即“避邪”“压邪”。民间避邪历来根据不同内容采取不同方式。造屋、购房要看风水，避免直对桥和路口。造在路口的房子，在墙壁上要砌一块磨盘石或嵌上一块镜子。邻居造房或办大事，要在屋檐挂上匾、筛之类。观看新娘上岸，站位不能正对船头。临近清明节，无事不到亲戚朋友家吃饭。农历腊月二十后晚上少出门。婴幼儿身上挂片渔网或挂个甲鱼头，以辟凶邪。

吃“阿婆茶” 农村老年妇女于农闲时喜欢互邀喝茶聊天，俗称吃“阿婆茶”。午饭过后，灶间煮一壶开水，泡一杯清茶，几位阿婆围坐在一起，品香茶、拉家常，再根据不同时节配上些许咸菜、青豆、酱瓜、麦芽塌饼等茶点，无比惬意自得。

攀“过房亲” “过房亲”又叫作“认干亲”，即认义父、义母，北方人称之为认干爹、干妈，南方人称为认寄爷、寄娘或过房爷、房娘。攀“过房亲”与正式过继有所不同，双方没有抚养与赡养义务。“过房亲”一般有三种情况：一种是孩子体弱多病，家人担心不好抚养，于是找一家人丁兴旺或者小孩强健的人家认“过房亲”，希望孩子能健康成长；第二种是依照旧时迷信习俗，认为孩子的八字与父母相冲，家人担心将来会有灾祸，便让孩子与八字相合的人家认干亲；第三种是两家关系要好，为进一步增进友谊，让子女与对方结成“过房亲”。

婚礼习俗

讨媒 即古婚仪“六礼”之“纳彩”。男方家请媒人去女方家提亲，女方家答应议婚后，男方家备礼前去求婚。

接新娘

迎亲船队

过小帖　即古婚仪“六礼”之“问名”，亦称“合八字”。男方家请媒人询问女方的名字、生辰八字，然后将双方庚帖拿去占卜，测算男女双方命相吉凶，是否合婚。

过定　即古婚仪“六礼”之“纳吉”。男方问明卜得吉兆后，备礼告知女方家，议定结成婚姻。

行大盘　即古婚仪“六礼”之“纳征”，俗称“行大盘”。男方将聘礼送予女方家，男女双方婚约正式订立。

道日　即古婚仪“六礼”之“请期”。男方家择定婚期，由媒人携礼告知女方，同女方家商量迎娶事宜。

迎娶　即古婚仪“六礼”之“亲迎”。新郎率迎亲队伍亲往女方家迎娶新娘。新娘上轿前要在轿前徘徊三圈，谓之留恋故土和娘家之意，称为“三转盘”，之后新娘踏甑[①]后方可上花轿。

催妆礼　一般婚礼前两三日，男方家要下催妆礼，即男方家备好凤冠霞帔、喜服、镜子、化妆粉等物送到女方家，含有女方出嫁须得男方多次催促才梳妆启行之意。

① 甑：当地家庭做饭的蒸具，踏甑取“米粮富足，蒸蒸日上”之意。

迎龙 夫家见喜轿迎归，让童男童女手执红烛（照明工具）到轿前迎接，称为“迎龙”。

做花烛 即“合卺[①]”。传统婚礼仪式的重要环节。新婚夫妇在新房内共饮合欢酒（交杯酒），表示从此成为夫妻。

传彩席 俗称“传袋代”，传统婚俗之一。新娘临门，男方家以麻袋或席子等铺地，让新娘踩之进门。新娘走过的袋子或席子，又迅速传到前面铺在地上，因此叫“传袋代”或“传席”。

坐富贵 俗称“坐床”。新人入洞房后双方比谁先坐在床上，俗传谁先坐下谁就会在日后生活中受到对方压制。一般江南地区，大多新郎会故意先坐，表示心甘情愿听新娘的话。

撒帐 俗称“铺床”。婚礼前一日，由专人为新房布置，不仅为新人铺上被褥，还要在婚床上撒上花生、桂圆、莲子、栗子、枣等干果，取意早立子、莲生子、花生子（儿女双全）等美好祝愿。铺床人一般由女方家邀请，必须是儿女双全、健康长寿、家庭幸福的婆婆（泛指老年妇女），也称“全活人”，以便她们将好运气传给新人。铺床过程中还要说吉祥话、顺口溜，为新人求福求嗣。

挑方巾 指新人入洞房后，新娘端坐床头，由家庭和睦、儿女绕膝的女性长辈将秤杆或甘蔗搭在新郎左肩，一端搁在新娘右肩，新郎背立挑去新娘方巾，取称心如意的好兆头。后来很多地方挑方巾通常由婆婆（指男方的母亲）来完成。

上花幡 即新人礼毕，男方舅姑引新娘拜谒祖祠。

回门 新婚第二日，女方家备礼到婿家，称“望朝”。新婚第三日，新郎要备厚礼陪同新娘回娘家拜见父母，称“三朝回门”。

丧礼习俗

报丧 逝者家属或亲往，或拜托交好的邻里前往亲友家告知逝者亡讯，远方的亲友，要告诉其开吊下葬的日期，称为“报丧”。报丧人不能中途停顿，也不能走错人家，避免给旁人带来晦气。偶有走错者，需由丧家出面放鞭炮致歉，以驱散晦气。

设灵堂 家属为逝者擦洗遗体换上寿衣，然后将遗体移至堂屋停放，以白布覆盖其身，遗体前悬白幔、挂遗像、设供桌、供祭品，并点一盏素油灯，昼夜不熄。逝者直系

---

① 卺：一种瓠瓜，一剖为二后可用来做瓢，也可作盛酒器。

亲属身穿白孝衣，腰扎白孝带。亲友吊唁祭拜时，逝者子女需伏于两侧回拜答谢，并赠吊唁者白孝带。

司丧 亲友前来吊孝逝者，俗称“吃豆腐”。开吊前两三日，丧家摆筵席称“请司丧”；丧事结束后，丧家摆筵席称“谢司丧”。吊孝者送礼，称“折白”，丧家除至亲好友所送丧礼留受外，其余丧礼一般会如数返还。因此有一些祭吊者所送丧礼是向店里临时租借，有个别过路之人，以假吊为名获取酒食，被称为“丧鬼”（这样的人在寿宴中被称为“寿狗”，在喜宴中被称为“喜虫”）。

搁三朝 农村地区人死后有“搁三朝”的习俗。即从死者刚咽气直到出殡，要在家里搁置三天，表示对逝者的尊重和悼念。

送床荐 丧家将逝者生前使用的衣、被、床帐等日用品在场角烧毁，供逝者在“阴间”享用。

送葬 即遗体入棺出殡。鼓手吹奏哀乐，逝者长子身穿孝服、手捧灵位，其余小辈穿孝服哭送，亲朋列后哀送。送葬者回家要跨火堆，以去除晦气，然后吃“回丧饭”。

落葬 旧时多采用土葬，棺木一般安葬在田头宅旁。入葬时，亲人集体护灵至墓地。葬无定期，停柩数年至数十年不下葬者亦有之。有的贫穷人家因无力买棺椁便选择火化。古人讲究入土为安，据《（乾隆）陈墓镇志》载，镇上有善人集资设崇善堂，专门用来帮助贫困丧家为逝者购置棺材葬埋。

戴孝 逝者配偶、子女须身穿白衣，头戴白帽服重孝。戴重孝者，缠在头上的白带上须缝一块麻布，故有“披麻戴孝”之说。前来吊孝者腰系白带、臂戴黑套袖。亲人在逝者“做七”期间也要戴孝，男子一般戴黑套袖，女子一般头发上系一团黄色的绒线头绳。

“做七” 民间传说人死后七天才知道自己已经离世，所以要举行“做七”，每逢七天一祭，共“七七”四十九天才结束。旧丧俗中的第五个七天，必须由女儿操办，烧祭饭，焚化“纸扎”等，以慰死者。如果逝者没有女儿，就由其侄女或侄孙女来操办。人死后的第一个七天、第三个七天和第七个七天，叫作“大七”，第七个“七”称为“断七”。“做七”期间，不能举办喜庆活动，儿孙小辈不能理发。一般服孝者要“服孝”三年，孝期结束，将逝者灵牌放入客堂墙壁上方的木龛“家堂”内，所设灵台撤除烧化。

烧路头 路头是旧时“五路邪神”的总称，专司民间婚、丧、喜、庆、起房造屋、破土奠基等事宜，若在上述诸事中得罪了五路邪神，就会逢灾临祸。由于办丧事的人家大都要哭哭啼啼，破土开坑，极有可能触犯司管丧事的邪神，带来晦气和灾难，因此丧家待逝者入土下葬后要在家门口焚香烧纸、供奉祭品、燃放爆竹等，恭送邪神、消灾免祸，这一仪式称为“烧路头”或“送神”。

做道场 逝者逝去当日、“做七”或隔年忌日，丧家均要请道士或和尚到家里做道场，通过唱曲、念经，为亡者超度。

送寿碗 八旬以上老人过世，丧家会购买许多碗，称为“寿碗”，请邻里乡亲吃“老人饭”。民间传说用寿碗吃饭能祛邪消灾，延年益寿。

烧纸扎 纸扎品是民间用于殡葬活动的纸质器物，逝者亲属会在逝者入葬、“做七”之时以及清明、冬至等时节焚烧，传说能够让逝者在“阴间”享用。除纸扎外，丧家还会将锡箔折成元宝等形状作为“阴间”钱财焚烧给逝者。

民俗活动

舞龙 俗称舞龙灯，是传统民俗文化活动之一。在节庆、祭神、庙会等活动场合，镇村常有舞龙表演，含祈求风调雨顺、庄稼丰收、国泰民安等寓意。龙为彩龙，一般为

舞龙

舞狮

11 节或 13 节。舞时以锣鼓伴奏，由一人持竿领头，竿顶竖一大球，作为引导，大球前后左右摇摆，龙首作抢球状，引导龙身游走，作出扭、摇、摆、仰、俯、跳等多种姿势，通过舞龙者的动作和姿势变化完成龙的游、腾、跃、翻、滚、卧等各式造型，展示龙的气、神、韵等，以达到娱乐、健身、庆祝等多重效果。今已发展为民间娱乐活动。

舞狮 传统民俗文化活动。因狮子体型威武，被誉为百兽之王，民间把它当成威勇与吉祥的象征，希望用狮子威猛的形象驱魔避邪，故而旧时镇村每逢喜贺节庆之日，常有锣鼓舞狮之习俗。狮用竹圈或铁丝作架，彩布为身，项系铃铛。每头狮子由两人合作表演，一人舞头，一人舞尾。表演者伴随锣鼓等音乐，作出狮子的各种形态动作。今已发展为民间娱乐活动。

摇快船 又称“开跳”，传统民俗文化活动，始于清末。旧时凡年节、庙会，镇村都要举行快船比赛，用于庆祝和祈福。船尾设 3 支橹，靠近船艄右侧的 2 支大橹，称为“头橹”；左侧为中橹和小橹各一支，统称“二橹”。每条船上约有 20 名青壮年橹手。两边橹前船舷处均有跳板。橹手分为出跳、扯绷、把橹等角色，相互有序配合。比赛时，扯绷者脚踏船板，大声吆喝，推拉绷绳，轮流替换；出跳者站立在跳板上用力击水拉绷，水花四溅；把橹者推扳船艄（把握船的方向）；撑篙者调转方向。船上锣鼓阵阵，岸上呐喊声声，场面甚为壮观。之后，每逢良辰佳节、喜庆丰收、婚嫁迎娶，农民会自备船只、锣鼓、服装等，组织摇快船活动，以示庆贺。专门用于娶亲的快船叫“花快船”，头棚上悬挂彩灯、插上彩旗，展现了浓郁的江南水乡风情。今已发展为民间娱乐活动。

挑花篮 一种民间舞蹈。数位农家女子身穿传统服饰，肩挑花篮，变换各种队形，边唱边舞。扁担用薄而轻的竹片做成，花篮用竹篾编成，花篮中插满花朵。表演时，一

挑花篮

荡湖船

位女子敲打木鱼领唱，余者按木鱼节奏舞动。曲调有《四季春》《茶花调》等，歌词可根据表演场合改编。今作为传统文艺常在各种文娱活动中表演。

荡湖船 又称采莲船，原是一种民间舞蹈。数位农家女子身穿传统服饰，将竹制骨架、花布糊成的彩色小船系在腰间，作船行晃荡之状。另有男子扮作艄公，手持木桨作划桨动作。表演中不断变换队形，男女一唱一和、一问一答，诙谐有趣。"荡"是舞蹈表演的主要特点，表演者的一举一动始终表现出船的晃动感，体现驾舟吟唱、祈福庆贺的喜悦情景。今作为传统文艺在各类文娱活动中表演。

打莲湘 也称金钱棍，是一种古老的民间舞蹈，常在节庆、庙会等场合表演。表演者大多为农家女子，身穿传统服饰，双手各持一根莲湘，边舞边唱。莲湘由长 70 厘米左右的细竹或细木制成，中间逐节有 4 ~ 6 处长方形孔，每个孔内穿两枚铜钱或纽扣状

打莲湘

铁片，竹棍或木棍上缀数对布花。领舞者用木鱼、铃铛敲打节奏，引领表演。其余女子跟随节奏，上下左右舞动莲湘。除两根莲湘相互敲打外，还轻轻拍打胸、背、腹、肩、四肢等身体部位，使莲湘发出金属与竹器混合的声响。表演者所唱歌曲多为当地民间小调。今作为传统民俗文化在各类文娱活动中表演。

划龙船 传统民俗文化活动，常在节庆、庙会等场合表演。龙船一般由农船改装而成，请木匠和纸扎艺人把船装扮成龙的模样。尤其要突出龙首、龙尾，龙船四角用彩旗装饰，旗上一般写有吉祥、祈福等字样。一般配有船桨12支，两边各6支，划船者都是体魄康健的青壮年，身穿马甲，腰系丝巾，分列左右；另有撑篙者一人立于船头；舱内有锣鼓手。比赛时划船者按锣鼓节奏滑动船桨。河岸上男女老少盛装观看，为参赛者喝彩加油。划龙船今已消失。

锦溪镇非物质文化遗产项目一览表（截至2017年）

表15

项目名称	等级	列入年份
“锦溪宣卷”	国家级	2014年被国务院公布为第四批国家级非物质文化遗产代表性项目扩展项目
古砖瓦制作技艺	江苏省级	2016年被列入第四批江苏省非物质文化遗产代表性项目扩展项目目录
袜底酥制作技艺	昆山市级	2013年被列入第四批昆山市非物质文化遗产代表作名录
水乡木船制造技艺	昆山市级	2013年被列入第四批昆山市非物质文化遗产代表作名录
水乡妇女服饰	昆山市级	2013年被列入第四批昆山市非物质文化遗产代表作名录

方言俗语

方言的地域性差异很大，因此即便同属于吴方言，锦溪话与苏州话甚至是周边乡镇的方言都不尽相同。锦溪话经过长期的发展和历史变迁形成了独具魅力的特点，既有吴方言软糯轻柔之共性，又有自身婉转柔腻之个性，尤其在锦溪话基础上形成的谚语、惯用语、歇后语等俗语俚语，更是具有显著的地方特色。

方言

人称方言

奴——我

伊、伊得——他、他们

倷、姆得——你、你们

伲——我们

拜姆俩——妯娌

囡姆——女儿

伲子——儿子

阿爹——爷爷

大老倌——兄长

姆妈——母亲

阿爸——父亲

爷叔——叔叔

夫夫——姑夫

好娘、寄娘——干妈

姆娘——姑妈

健姆——舅妈

好爹、寄爸——干爹

娘舅——舅舅

家主婆、屋里向——妻子

小娘头——小女孩

慢爷、慢娘——后爸、后妈

忙忙——伯母

老姨夫、老娘姨——攀过房亲后长辈间的称呼

气象方言

热头——太阳

忽显、金线路——闪电

雷响、响雷——打雷、霹雳

麻花雨、眯花雨——毛毛雨

作冷头——寒冷来临

嗨——虹

旺热头——晴天

迷露——起雾

开烊——冰雪融化

慢开天——太阳出来较迟

云上天——阴天

时间方言

节肯——阴历节日

热天性、热天宫——夏天

大伏里——夏季

腊里——寒冬

昨热、昨尼——昨天

后热——后天

夜头、夜里厢——晚上

上昼——上午

中郎——中午

下昼——下午

等歇、爱显点——等会儿

啥辰光—— 什么时候

姜开——不一会儿

阿末——最后

开年——明年

贵年子——去年的去年

长远——时间久

该枪——近阶段

齐巧——正好

夜快、垂夜快——黄昏、傍晚

该趟——现在

日常方言

白相——玩

圆团——团子

下作——下流

作兴——可能

小菜——菜肴

几花——多少

默事——东西

回转去——回家

挺括——漂亮

孵热旺——晒太阳

触眉头、勿色头——倒霉

把细——小心谨慎

来三——能干

结棍——厉害（指程度）

分——没有

困爱朝——睡懒觉

噢老——后悔

打磕充——假寐

呒不——没有

讲张——说话

揩面——洗脸

阿是、阿实——是不是

磨夜作——熬夜

一作墩——一起

做新妇——出嫁

听壁说——偷听

谚语

农谚

清明断雪，谷雨断霜。

干净冬至邋遢年，邋遢冬至干净年。

三朝迷露发西风。

霉里西风时里雨，时里西南（风）顿时雨。

东北风，雨太公。

朝看东南，夜看西北。

日枷（晕）风，夜枷雨。

乌云接日头，半夜雨绸绸。

青蛙乱叫，大雨要到。

雨天知了叫，晴天马上到。

头九二九暖，三九河水断。

头时雷，没灰堆；二时雷，腰鼓饱。

六月里盖被，十二月里无米；三时三送（雷），低田白种。

稻老要养，麦熟要抢。

尺麦怕寸水。

白露白迷迷，秋分稻（穗）秀齐。

寒露无酱稻，霜降一齐倒。

二月清明秧如宝，三月清明秧如草。

九月十三晴，钉鞋挂断绳。

腊雪一条被，春雪一把刀。

九月九，蚊子叮石臼。

生活谚语

爷有娘有，勿及自有。

一只碗勿响，两只碗叮当。

外面金窠银窠，勿及家里狗窠。

看伊烂勿像，倒是个雕花匠。

行得春风有夏雨。

急抽风碰着慢郎中。

砻糠搓绳起头难。

债多勿愁，虱多勿痒。

看人挑担勿吃力。

心急吃勿了热粥。

牛吃稻柴鸭吃谷，各人头浪（上）福。

一方曲蟮吃一方泥。

树老根出，船老钉出，人老筋出。

棒头浪出孝子，筷头浪出忤孽。

见着风，就扯篷。

出头椽子先烂。

锣鼓听声，闲话听音。

荒年饿勿煞手艺人。

好记性勿及烂笔头。

船到桥，直瞄瞄。

一分洋钿一分货。

七石缸独怕沙眼漏。

敲啥木鱼念啥经。

炒熟黄豆勿做种。

歇后语

瞎子吃馄饨——肚里有数

歪嘴吹喇叭——一股邪气

黄鼠狼躲勒鸡棚浪——不吃也是吃

石头郎掼乌鸡（龟）——硬碰硬

顶石臼做戏——吃力不讨好

瘌痢头撑伞——无法（发）无天

蒲鞋穿勒袜里——弄错

牯牛身浪拔根毛——无伤大体

月亮里点灯——空好看

冬瓜缠在茄门里——搭不牢

阿巧爷碰着阿巧娘——真格巧

驼子跌跟斗——两头不着落

造屋请着箍桶匠——不对路数

老鼠钻勒（在）风箱里——两头受气

斧头吃榔头，榔头吃凿子——一码吃一码

弄堂里拔木头——直来直去

鸭吃砻糠——空欢喜

螺蛳壳里做道场——兜不转

六月里格债——还得快

木匠打家婆—— 一斧头（比喻一次性）

裙带鱼（带鱼）尾巴——苦稍（比喻苦味在后面）

暗头里穿引线（缝衣针）——难过

脚炉盖当镜子——看穿

锦溪山歌

山歌类型 锦溪山歌歌词诙谐幽默、通俗易懂，曲调在吴地紫竹调、山歌调等曲调的基础上自行发挥，节奏欢快，情感细腻，质朴委婉，十分动听。山歌类型主要包括小曲与盘歌两大类。小曲包括劳动山歌，如《插秧歌》《耘稻歌》《脱粒歌》等；岁时山歌，如《六月里来百花香》《天上星多亮晶晶》等；传说故事，如《栀子花开来心里清》等；即兴山歌，如《山歌越唱越好听》等；情歌，如《郎姐情歌》《竹园里乘凉野鸟多》等。盘歌，也叫盘搭头，通常采用问答方式，有男女对唱、分组对唱、一对多对唱等，形似歌会，具有一定的娱乐性和趣味性，场面气氛活跃。流传至今的锦溪山歌尚有百余首，其中多首入选《中国民间文学集成·昆山市资料本》和《苏州歌谣谚语》。

土特产

锦溪大米 锦溪五湖三荡，加之土壤为黏土，适宜水稻生长。2011 年，锦溪镇成立金波优质粮油专业合作社，通过改良土地，采用旧时不施农药化肥的自然农耕栽种方法，生产纯生态绿色有机大米，米粒饱满，口感香糯。曾多次获得江苏省农民合作社产品展销会“畅销产品奖”，“绿色风”苏州市地产优质大米市民评比“金奖”。

澄湖茭白 锦溪茭白多为野生茭白，遍布于各村的湖泊浅滩和沟塘之中，镇西澄湖

锦溪大米

澄湖茭白

一带较为集中。澄湖茭白个大、肉质饱满、色泽鲜嫩，全为自然生长。每年入夏时节，家家户户均可去水塘边掰上几个，然后与毛豆、鲜肉及鱼肉等一起做成茭白毛豆、茭白肉丝等时令菜肴，又鲜又甜又嫩，吃口糯、味道清。到第二年初夏，茭白又自然生长出来，年复一年，是普通百姓取材最为便捷、价格低廉又普遍喜爱的家常菜之一。

袁甸慈姑 慈姑，又写作茨菰等，锦溪慈姑多生长在低洼田及田头水沟之中，为野生草本植物，通常为第一年栽插，以后每年挖取的时候，留下部分作为下一年的种子。锦溪慈姑以海市洼、大洋泾周边的甸肚里、袁家浜较为有名。袁甸慈姑须根粗壮，个头较大，肉质微苦但酥稠清香，因其形如圆卵，有圆满、团圆之意，因此每至除夕团圆，或宾朋亲戚团聚，人们常会做糖烧慈姑以表达心意。慈姑一端带有尖茎，形如尖柄，可手抓食用，深得孩童喜欢。

袁甸慈姑

陈墓芋艿 芋艿，也称芋头，在锦溪农村几乎家家都有栽种，原镇东陈墓地区更为普遍。其叶柄长而肥大，芋艿长于其地下根茎部，大小繁多，褐色，带有纤毛。锦溪至今仍有中秋吃芋艿的习俗。中秋夜，除了月饼、百果之外，家家户户都会煮上一大锅糖烧芋艿当作晚饭。

陈墓芋艿

相传明朝时期，倭寇侵犯中国东南沿海，百姓深受其苦。戚继光受命抗倭。中秋节这一天，戚家军在营地里欢度节日。半夜倭寇偷袭，将戚家军围困在山上，断其粮草。数天后，士兵们挖到野芋艿，煮后充饥，味道很好，但不知其名。为了纪念遇难的士兵，戚继光取名为“遇难”。戚家军饱食“遇难”后奋勇突围，全胜倭寇。此后，东南沿海百姓在过中秋节时，都要吃糖烧芋艿，时间一长，“遇难”便渐渐变为了“芋艿”。

蟹、鲃、鳗 时至深秋，锦溪有吃蟹、鲃、鳗的习俗。秋收过后，亲朋好友三五相聚，庆贺丰收。蟹指湖蟹，鲃为鲃鱼，鳗即鳗鲡，均为秋季湖泊中盛产的水产。锦溪湖泊众多，又湖湖相连，其连接处往往为较为狭窄的隘口，渔民们在隘口处设置竹簖，河中间用竹片编插，既可拦住鱼的游动，又不影响行船的通过。靠河岸的两边用毛竹做成鱼笼。深秋时节是蟹、鲃、鳗成熟后活动旺盛的季节，鱼笼中每天都能捕到数量不菲的蟹、鲃、鳗。产量比较大的有汪洋荡与长白荡之间的彭家簖、澄湖与矾清湖之间的大洋泾簖、淀山湖与汪洋荡之间的朱砂港簖等。锦溪的蟹、鲃、鳗产量高，体态壮实、匀称，深受老百姓喜爱。

蟹

鳗

特色美食

传统糕点

袜底酥　一种形如袜底的酥饼。相传为宋孝宗驻跸锦溪时，百姓仿制的宫廷茶食。

其薄如蝉翼，清香松脆，味道甜中带咸。用料以面粉和猪油为主，配以糖、椒盐、花生、芝麻和香葱等辅料。制作过程由制面皮、制油酥、制馅、制坯和烘焙五道工序组成。馅芯由芝麻、盐、白糖、小葱、植物油和少许面粉拌匀而成。做椒盐酥所用的盐，要在锅里煨熟，用擀面杖擀细；小葱要捣成碎末。先用火炉烘烤，烘烤的技术性强，师傅须一步不离守在炉边，待酥饼呈现鲜亮的光泽、散发出清香时才出炉。2012 年，袜底酥制作技艺被列为昆山市非物质文化遗产。为扩大生产，现部分商家已改用烤箱烘烤。

袜底酥

定胜糕

定胜糕 有元宝、线板、梅花、桃等形状。外层是精制的香米和糯米粉，里面是豆沙馅，中间混有少量白糖、玫瑰酱、松子仁和桂花。糕呈玫瑰红，形态悦目，味道香糯可口，甜而不腻。定胜糕古称“定榫糕”，为建房上完正梁榫头后，由负责建房的大师傅向众人抛洒，以示庆贺。因吴语中“定榫”与“定胜”同音，相传南宋时，韩蕲王于镇西明卿荡操练水兵，百姓纷纷将“定榫糕”送与军士，鼓舞出征将士击退金兵，夺取胜利。后亦称定升糕，意为“步步升高”。

铺糖糕 也叫红糖糕。其制作过程，锦溪人称之为“糍糕”，是亲戚子女结婚、建房上梁及过年等重大喜庆不可缺少的礼节之一。糍糕过程隆重而又复杂，一般在喜事前一周就要开始准备。首先要磨粉。先将隔夜浸透的七分粳米、三分糯米拌在一起，一蒸糕大约 3 千克米，一般糍一次糕需 3 ~ 4 蒸，待米晾干后，就开始磨粉。米磨成粉后，还要用纱布做成的绷筛进行细筛，筛出的粗粒再磨成细粉。其次是揉粉。将磨细的米粉倒入大竹匾里，再倒上调和好的红（白）糖水反复搓揉，使之匀和。再次是铺粉。将拌好糖水的米粉一层一层地铺到蒸糕的木蒸夹里，蒸夹呈圆形，与“尺六”小镬子直径相同，铺至一半的时候，再铺一层红糖，之后继续铺米粉，直至与蒸夹平齐，然后用秤杆当尺，用刀纵横各深切 5 下。之后是蒸煮。将放满米粉的蒸夹移至盛满水的灶镬上，盖上斗笠，蒸夹与镬子缝隙处，用湿布条堵住。妥帖后，就可以点火蒸煮了，柴火需用树

糍糕　　许嘉炯　摄

枝、木头等硬柴，中间需不停地添加，使之越烧越旺。半个小时以后，伴着香味的热气充斥整个屋子，糕便蒸熟了。然后掀开斗笠，用锅盖盖住蒸夹，双手握住蒸夹的耳柄，用力将蒸夹翻转过来，再取一小匾，铺上一些稻柴，将锅盖里的蒸糕倒入小匾中。最后是盖印。用红纸浸渍的红水镶边，如果是结婚，则在每一方块上盖双喜红印；建房上梁则盖福、禄等字印。刚出笼的蒸糕糯性十足，其香味左邻右舍都能闻到，因此，常引来满屋的小孩子叫嚷着分吃。

麦芽塌饼　以麦芽和大蓟（将军草）做原料。将大麦浸泡，使其发芽，晒干后打成麦芽粉。和粉时加入洗净、去汁、捣成泥状的将军草，然后做成扁形圆饼（中间可夹豆沙），放入锅内用菜油煎烤。出镬的饼青绿油亮，清香甜糯。

熏青豆　夏秋季节新鲜毛豆上市时，将豆子从荚中剥出，放入白糖、辣椒等调料，在锅内烧煮。熟后用微火烘熏至八九成干，再放在竹匾内晾干。碧绿生青，滋味鲜美，又带有清香。

熏青豆

酒酿饼　锦溪春天时令的代表食品，以锦溪当地的冬小麦和酒酿为主要原料。酒酿性善窜透，用以作药，可活血行经，散结消肿。相传始于元朝末年，当时有位名叫张士诚的人，因为误伤人命，便带老母逃命，其时正逢寒食节，又无处乞讨，几天没有进食。他的老母饿得晕了过去。张士诚见老母就要饿死而泣不成声。一位老伯见张士诚很孝顺，母子十分可怜，用家中仅有的几个酒糟做了饼给他们吃。最后张士诚的老母得救。几年后，张士诚造反称王，想起当时的救命恩人，为了纪念此事，张士诚下令寒食节吃酒糟饼，名叫“救娘饼”。后来张士诚被朱元璋抓住，在押往应天府的路上自尽。当时没有人再敢叫“救娘饼”，但人们没有忘记张士诚的恩举，悄悄把“救娘饼”改叫“酒酿饼”。至今，锦溪人还有每逢春天吃“酒酿饼”的习俗。

酒酿饼

大雪酥　也叫如意酥，呈椭圆形。制作时先做芯，再擀面饼。芯由面粉、黑芝麻、糖（多为饴糖）、油等做成；芯放在面皮上，擀均、切平后，卷成如意状，再装入圆框内，涂上蛋浆烘烤。熟后外露的雪白馅芯与金黄色饼皮形成美丽的花纹。吃时香甜松酥。

大雪酥

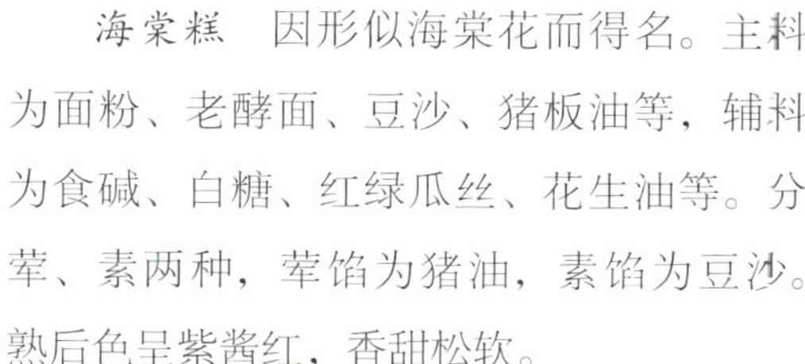

海棠糕　因形似海棠花而得名。主料为面粉、老酵面、豆沙、猪板油等，辅料为食碱、白糖、红绿瓜丝、花生油等。分荤、素两种，荤馅为猪油，素馅为豆沙。熟后色呈紫酱红，香甜松软。

海棠糕

长隆月饼　该品牌创始于清光绪二十四年（1898），以孙长隆南货店得名。1936年，该产品参加在江苏省举办的食品博览会，受到各地食客称赞。1952年，作为抗美援朝慰问品，跨过鸭绿江，慰问中国人民志愿军。它具有苏式月饼风格，但制作工艺有很大改进。不添加疏松剂，而是采用油酥和面的方式，使其皮层松酥，色泽光亮，馅料肥而不腻，口感清脆。由于馅料中不加水，成品的保质期比较长。长隆月饼以素馅为主，有豆沙、椒盐、百果、玫瑰、鞭蓉（荷花）等，在江浙一带受人欢迎。

特色菜肴

醉虾 以当地身长、外披甲壳、薄而透明的水晶虾作为原料，尤以夏令时节的“籽虾”为最佳。将活虾放入调好的酒料中，因虾的头部有长短角各1对，还有密排的细足，虾投入盆中会向台面四处跳跃，故而又称“满台飞”。

面筋 在面粉中加入适量水、少许食盐，搅匀上劲，形成面团，稍后用清水反复搓汏（洗），称汏面筋，将面团中的活粉和杂质洗掉，剩下的即是面筋。可作素面筋，将面筋放入鸡、鸭等汤中烧煮。也可作面筋包肉，将鲜肉剁烂后包入面筋，单独或与其他菜肴混煮。

清蒸大闸蟹 将大闸蟹洗净后用柴草扎住蟹脚，用水清蒸。吃时剥掉蟹壳，即可食用；蘸些酱油或香醋，味道更佳。金秋十月是品蟹的最佳时节。

面拖蟹 一般选用小蟹。洗净蟹，将面粉加水拌糊待用；加热油锅，把蟹切成两半，逐一蘸面糊煎，再加入酒、盐、酱油（少许）、葱、姜等调料。吃时，面糊也有蟹的鲜味。

酱汁肉 原是锦溪鸿兴馆的名菜，后被民间普遍食用。选择肥瘦相间的五花肉，切成4～5寸（13～15厘米）的方块。先用白糖熬炒而成的酱浸渍，然后用旺火煮沸，再用文火烧3～4个小时，使肉酥皮软。煮熟后肉色光亮，入口即化。

锦鲤 为当地湖泊中出产的鲤鱼，又称礼鱼，为娶亲必备之礼，意为吉祥，有“鲤鱼跳龙门”之说。因鱼的鳍上带有红色，有的背部也呈现红色，故而称之。一般为红烧。先用素油煎，待皮微黄后放入酱（或酱油）、红糖烧煮。出锅前撒上葱末即成。

黑蚬汤 黑蚬生长于淀山湖等湖泊中，为贝类动物，因蚬壳灰褐近黑，故而称之。通常以蚬肉煮成乳白色的汤。味道纯美，营养丰富。

醉虾

面筋

清炖鲹鲦

油炸（清炖）鲹鲦 鳘鲦，俗称鲹鲦，是一种生长在河浜里的条形小鱼，长约数寸（10 ~ 15 厘米），宽寸许（3 ~ 5 厘米），均为野生。可油炸：将鱼洗净，从背部剖开，取出内脏；洗净后放入酱油、料酒中浸数小时，之后放在菜筛中晾（或擦）干水迹，然后放入沸油中炸酥。可炖、烧：将鱼用盐腌制数日，捞起晒干，放入锅中炖，待熟后放入少许葱、蒜。也可放入萝卜、咸菜等红烧。

清蒸白丝 白丝鱼，也称白条，对水质要求极高，自然生长，无人工养殖。在杀净鱼身后加少量盐腌制 2 小时以上，取出洗净，加上佐料后放入蒸笼，待五成熟时再加料酒，到香味扑鼻时出锅。清蒸重在保持鱼的原汁原味，入口鲜嫩，味浓醇厚。

田螺塞肉 田螺洗净后取出螺肉，将猪肉和螺肉剁成肉末，加入盐、味精、胡椒粉、黄酒拌匀后塞进螺壳，之后加入酱油等调料烧。肥而不腻，鲜美有加。

锦溪鲃鱼 鲃鱼，又称青鱼，主要产于长江流域，为近海和河川的肉食性、中下层洄游性鱼类，溯河性强。体型较大，呈匽筒形，头顶圆宽，腹部圆而无棱，尾部扁平，上颌稍长于下颌，侧线弧形，体背大圆鳞，鳍齐全且典型，均为灰黑色，背部青黑色，腹部为白色，摩擦后会鼓起白色气泡。锦溪湖泊众多，水质清澈，盛产的鲃鱼个头略小，但肉质鲜嫩，居民根据不同的口味，可烹制出不同的鱼品珍馐。如鲃鱼塞肉，用事先准备好的猪肉糜嵌入鲃鱼腹内，然后用油煎或红烧，或上笼清蒸，佐以酒酿和葱、姜调料，香气扑鼻，鲜美可口。鸡烧鲃鱼，用生长期不超过五个月的土鸡与鲃鱼同煨，汤汁清滑不腻，绵甜爽口。鲃鱼可两吃，鲃鱼与青豆、猪肉一起红烧，鲃肺则用姜汁浸泡后切片慢熬煲汤，食之极佳。鲃肺汤，以鲃鱼肝为主要原料，辅以火腿、香菇、笋片等制作而成，汤清味鲜。鱼肝在民间俗称“鱼肺”，故而得名。每年夏秋季节，为锦溪鲃鱼的应市时节。

清蒸白丝

田螺塞肉

红烧鲃鱼

香酥蹄

香酥蹄 蹄髈是江南地区的称法，北方称肘子。在锦溪用于新婚庆宴和招待贵客之用，且在上菜讲究可以说是一种文化。五花大绑的蹄髈上桌后，还不能动，以示主人的热情招待之意，其他客人一直等到主人将蹄髈切好后方可举筷食用，客随主便在这里显得更加突出。制作上需由一位具备十余年经验的主厨负责流程，用大号铁锅，先将蹄髈洗净清煮，再烧煮且必须用木材烧，以文火煨煮，常使周边数户人家都能闻到味美鲜香的蹄髈味。

锦溪三宝 以蟹、鲃鱼、鳗鱼为原料，放入汤水，三者混煮，汤中加螺蛳、香菇等佐料。出锅时将螺蛳、香菇等去除，只留蟹、鲃鱼、鳗鱼及汤料。因三者均为水产佳品，故味美无穷。

雪里蕻酸菜 俗称咸菜，是锦溪最普通的自制家常菜之一，可单吃，也可切丝后拌鲹鲦鱼、鸡鸭鹅肉等做成咸菜鱼、咸菜肉，味道鲜美，方便价廉。做法：取雪里蕻，去掉老叶、大根，洗净后散开放阴凉处晾一两天，待其蔫时，按照 10∶1 的比例伴盐（一层雪菜一层盐），放置于清洗干净的小缸内，边放边用手使劲压实，最后用柴草将其封盖住，再压上青石。一星期后将其上下翻一遍，此时，缸底会出现盐水，翻时尽量让雪里蕻都能沾上盐水。一个月后，酸酸的雪里蕻咸菜就制作完成。

霉干菜 霉干菜（又写作梅干菜，下同）是享誉海内外的一种乡土菜。秋末冬初，菜园里的芥菜抽了苔，拇指粗细，顶带花蕾，形如秋天的葡萄，脆嫩味甘。这时，村妇摘下菜心（长 17 ~ 20 厘米），晾挂几天。待叶子变软时，放进盆里，撒上盐，用手揉搓，待渗出汁液时，装入陶瓮，码放一层撒一层盐，装满后用芥菜叶或竹笋壳把瓮口封严。15 ~ 20 天后取出晒干，便成了色泽金黄、咸酸味甘的梅干菜。梅干菜有芥菜干、油菜干、白菜干之别，多系居家自制，菜叶晾干、堆黄，然后加盐腌制，最后晒干装

梅干菜

爆螺蛳

坛。油光黄黑，香味扑鼻，可解暑热、洁肚腑、消积食、治咳嗽，生津开胃，故当地居民每至炎夏必以梅干菜烧汤。而梅干菜切肉更为特色菜肴，已入《中国菜谱》(中国财政经济出版社，1981 年)。

时令小吃 锦溪时令小吃比较丰富，如水红菱，生长于河塘水池之中。清明播种，立秋开始收嫩菱，处暑、霜降采摘。果实有 4 个角。肉纯色白，脆嫩、多汁、味甜。生吃甜嫩，熟食香醇。藕，又称莲藕，即莲的根茎。肥大，有节，中间有管状小孔，折断后有丝相连。微甜而脆。可生食，也可做菜。民间常将糯米塞入孔内，称“糯米塞藕”，香甜可口。虾糟，将小虾挑尽杂质，把米饭盛到盆里，再倒入鲜活的虾。将虾、饭充分搅拌，淋上白酒，装入瓶子或瓮中封存，10 ~ 15 天后即可食用。吃法多种，可清炖，撒入小葱，清香扑鼻；可与豆腐、小鱼等一起烧煮，鲜中略带酸味，口味独特。此外，还有粽子、米糕、油鸡、花生酥、芝麻切片、杏仁酥、芡实糕等糕点；汤面(焖肉、爆鱼、牛肉、爊鸭等)、馄饨、汤圆、干蒸团子、八宝饭、煨山芋、糖芋艿、面衣等面食；咸菜烧蚌肉、塘鳢鱼炖蛋、笋剥塘鲤、红烧蹄髈、小炒螺蛳、油氽臭豆腐干、酱瓜、菜薹、腌鸡等民间菜肴。

锦溪镇传统美食一览表

表 16

类别	名称
土特产	熏青豆、笋豆、虾米、咸菜苋、马兰头干、菜花头干、腌洋葱、菜花头饼、麦芽塌饼、甘草五香豆、水红菱、淀山湖清水大闸蟹、清水河鳗、清水鲃鱼、清水河虾、鳜鱼、白丝鱼、菜花鱼、鳑鲏鱼、鳊鱼、昂刺鱼、黑鱼、黑蚬

续表 16

类别	名称
点心类	大饼、面饼、油酥饼、煎烙饼、油斗、油条、梅花糕、方糕、黄松糕、定榫糕、蜂糕、桂花马蹄糕、粢饭糕、桶蒸糕、年糕、绿豆糕、赤豆糕、南瓜糕、猪油糕、雪饺、肉饺、汤团、寿桃团、刺毛团、双酿团、春卷、核酥、粽子、大馄饨、小馄饨、大馒头、烧卖、小笼包子、生煎馒头、锅贴、青团、老虎脚抓、绞连棒
南货茶点	袜底酥、大雪酥、杏仁酥、桃酥、花生酥、绿豆酥、葡萄酥、蛋黄酥、状元酥、云片糕、桔红糕、米花糕、桂花糕、顶头糕、芙蓉糕、硬香糕、八珍糕、方蛋糕、雪泥酥饼、圆蛋糕、长隆月饼、艾丝饼、酒酿饼、芝麻饼、老爷饼、花生片、桃片、蛋卷、枇杷梗、寸金糖、麻条、牛皮糖
菜肴	酱汁肉、四喜肉、粉蒸肉、回锅肉、香酥蹄、走油蹄、红烧狮子头、炸猪排、八宝鸡、八宝鸭、清蒸大闸蟹、蟹粉炒蛋、蟹粉炒豆腐、面拖蟹、红烧鲃鱼、鲃鱼塞肉、鲃肺汤、红烧鳗鱼、清蒸鳗鱼、盐水虾、满台飞（酒醉蟹）、蜜汁虾、清炒虾仁、鸡煮面筋、清蒸龙珠（黄鳝、面筋、咸肉片、笋片）、响油鳝糊、咸肉黄鳝冬瓜汤、红烧鳝片、白汤肚肺、田螺塞肉、银鱼炒蛋、塘鳢鱼炖蛋、葱烤鲫鱼、清蒸鳜鱼、糖醋鳜鱼、粉皮辣鲢头、红烧青鱼尾、串糟青鱼块、虾糟鲹条鱼、鲫鱼塞肉、五香爆鱼、五香牛肉、红烧甲鱼、清蒸甲鱼、雪菜炒蚌肉、胡椒蚬肉汤

名人与名镇

锦溪自古以来就有崇文尚墨、枯灯夜读的良好风尚。据《(民国)昆新两县续补合志》所载明陈墓进士朱旻《陆氏义塾记》碑刻记载[①]，明弘治二年（1489），陈墓乡里大族陆元质于今三贤祠旧址创办义塾，供贫寒子弟上学。富绅人家则聘塾师在家设馆。据《(乾隆)陈墓镇志》记载，明清两代，锦溪曾出过5名进士、11名举人、5名贡生。清末以后，新学兴起，锦溪子弟已不满足乡学教育，纷至苏州、上海、北京等地及海外深造，涌现出了众多享誉学界的杰出人物，其中包括一大批负笈海外、学成后归国的优秀人才。他们在政治、经济、文化、科技等各个领域，取得了卓越的业绩，古镇也因此赢得“教授之乡”“留学生之乡”的美誉。

① 见《(民国)昆新两县续补合志》“金石一”卷。

人物传略

顾华甫（生卒年不详） 锦溪镇人。《（乾隆）陈墓镇志》人物篇记载："元，顾华甫，海运万户。"元代万户相沿于金，为世袭军职，隶属于枢密院。海运万户于至元二十年（1283）在平江府（今苏州）设立，为元朝海运的最高管理者。至元三十年（1293），从刘家港至直沽港海运线路基本确立，江浙一带的粮食货物随之源源不断地从海上运往北方。据传，顾华甫在掌管朝廷漕粮运输的同时，也利用职务之便进行海外贸易活动，以致"贵富为江南望"。

陆完（1458—1526） 字全卿，号水林，陈墓镇人。明成化二十三年（1487）进士，授监察御史。曾任兵部右侍郎、右佥都御史、兵部尚书、吏部尚书等职。正德十六年（1521）谪福建靖海卫。今存《崇远庵[①]碑记》一文于世。

陆允中（1574—1644） 字禹功，号瞻源，陈墓镇人。陆允中十二岁父亡，后随母至舅舅家，靠舅舅资助读书，曾任浙江按察司照磨、北新关主政、杭州知府、台州知府等职。据《（乾隆）陈墓镇志》记载，西湖岳飞墓原无奸佞秦桧夫妇像，陆允中为了彰显法令，整顿府衙，亲自嘱人铸之，为千古之鉴。后因赡养母亲，辞去台州知府回乡。今锦溪中市黄公桥、周公桥均为其建。

陆世鎏（1596—1661） 字彦修，号止庵，陈墓镇人。陆世鎏天资聪颖，二十岁考入府学就读，屡试第一，明崇祯元年（1628）入国子监为拔贡。崇祯十二年（1639），中应天府乡试举人，出莆田余飏门下。明亡后，陆世鎏布袍棕履，遁迹于太湖之滨，以诗酒山水自放。六十六岁时去世，墓葬于太湖西山。陆世鎏一生著作颇多，有《岁寒余事草》《永观堂集》《尚论纪闻》《馂古绪余》《述训绪言》《澄心录》《招遗草》等。其在

---

① 崇远庵：位于锦溪镇狭港村南，今已消失。

《改岁》一诗中写道："再上公车梦未遥，十三年事作前朝。髩毛留得长安雪，几度春风不肯消。"清陈载锡挽诗中评曰："文章自命追司马，节义人言并鲁连。隔宦性情成梦影，半生心事寄诗篇。"

陆世钥（1598—1648） 字兆鱼，号汝涞，陈墓镇人。《(乾隆）陈墓镇志》记载："六岁而孤，十三游成均。倜傥负大略，遇不平事挺身为白，无少顾虑。崇祯末，当事征团练义勇保护乡里。"清顺治二年（1645）夏，清兵南下江南，陆世钥卖掉家中的财产作为粮饷，招揽义士，在镇西南长白荡、明卿荡口安营扎寨，日夜操练，立志抗清复明。至十二月，陆世钥率军乘夜攻打苏州城，终因势单力薄，最终落败。其从弟陆世镗战死苏州城，陆世钥则撤出苏州，沿太湖向浙江方向逃亡。清统一江南后，陆世钥离家隐居为僧，法号静修。有朋友前往邀请同游，都被他坚定地回绝了。官吏慕其才能，发文书邀他相见，也被他拒绝了。南明永历二年（1648）四月，陆世钥回到陈墓南湾，作《辞世偈》后去世。陆世钥出生时，其父曾梦跃鲤之祥，故字兆鱼。相传卒时，忽然响起惊雷，屋后深潭中跃起一巨鱼，陆世钥乘之而去。民国《昆山游览指南》记载：兆鱼为锦溪望族，有田九万七千顷，富甲天下，与崇祯帝为内亲。明末，兆鱼操练义军于澄湖中，与清廷对抗，为江南复明党领袖。事败，隐于西宅港，闭目不见清室。著有《梦余草》行世。

盛符升（1615—1700） 字珍示，号诚斋，又号赣石，陈墓镇虬泽村人。少补诸生。清顺治十七年（1660）举乡试，康熙三年（1664）中进士，授内阁中书，不久上书称病求退。改任礼部主事，纂修《康熙会典》，后被提升为广西道御史。因建议将《刑部现行则例》附入《大清律》内而被罢官回乡。康熙三十八年（1699），康熙帝南巡，盛符升献《两京赋》《三驾平朔赋》等，获赐御书"年登大耋"。少从张溥、夏允彝游，与陈子龙、宋征璧等云间诸子相切磋。夏允彝抗清就义，盛符升为之营葬，著声于时。继出王士禛之门，为其高足，佐编《渔洋山人精华录》，诗功益进。徐乾学评其所作"原本少陵，诗外别有事在"。严有禧《漱华随笔》称他"老而无耻，以私一人故害诸大僚"。著有《五经辑说》《周礼辑说》《南芝堂集》《诚斋集》等。

陈景琇（生卒年不详） 又名宋景琇，初名济，字尔星，号斗溪，陈墓镇人。幼孤，嫡叔蔼庵抚之如己出。清康熙二十三年（1684）举于乡，次年中乙丑科三甲第55名进士。任济南府德平县知县。康熙二十九年（1690）山东乡试，作为教官，因不媚上司而罢职。德平士民为其立生祠，有诗云："爱民如赤子，训士若严师。"工诗，且善兰竹。

任德平知县时曾赋“平昌八景”，并各赋七言诗一首。年五十五而卒。

彭龙光（生卒年不详） 号云门，锦溪镇虬泽村人。清同治贡生。同治元年（1862）任训导，年七十三卒，有《锄经堂杂作》一卷存世。《（光绪）昆新两县续修合志》记其“自幼颖异，年十六入昆学，好读两汉书，喜六朝文，书法赵文敏，尤工小楷，求书者罔弗应前后”。同治七年（1868），王定安任昆山知县时，曾出三十余题考察官吏，内容“自天算舆地以至诗词歌赋无所不备”，结果彭龙光居首，于是声名大振。彭龙光乐善好德，一生在地方颇有善举。同治八年（1869），率先募捐田亩，在虬泽村创办育德义塾，并亲自教授“孤寒子弟”。光绪五年（1879），昆山知县拨田二十六亩扩建育德义塾，并赞誉他的善举。同治十年（1871），又募捐田亩，于村北开设虬泽义渡，方便村民出行。

陈渭士（1872—1935） 陈墓镇人。清光绪二十三年（1897）贡生。光绪三十三年（1907）九月，赴日本考察学务，翌年回国。曾任南洋路矿学校、沪江大学国学教授。宣统三年（1911）加入中国同盟会。1928年，因参与江苏省通志编纂，寄迹镇江焦山，时与诸高僧讨论佛学。1930年，任江苏省立苏州图书馆馆长。1935年病故于任上。国民党元老林森、于右任、居正、叶楚伧等都曾为其哀启题词，以志敬仰。著作有《成唯识论显诠》三卷、《唯识二十颂今释》、《八识规矩颂显诠》等。

朱文焯（1875—1941） 字儒藻，别字根学，陈墓镇人。清光绪二十八年（1902）东吴大学肄业。光绪三十一年（1905）赴日本法政大学法政速成科就学。一年后考取法政大学法科本科，并在日本加入中国同盟会。宣统二年（1910）获法政大学学士学位。是年回国。先任职于法部宥恤司，为小京官（清代汉人自正六品至未入流的某些中央职官称为“小京官”），后迁主事，之后转入陆军部。宣统三年（1911）任河南粮台总理事，率全体人员炸毁铁路，带走大批粮秣投奔娘子关吴禄贞起义部队。1912年，出任中华民国临时政府内务部警政司科长兼代理司长、江苏高等法院推事，并在同盟会民国女子大学授课。同时又在同盟会民国大学及江宁法政学校教授刑法。1915年起，先

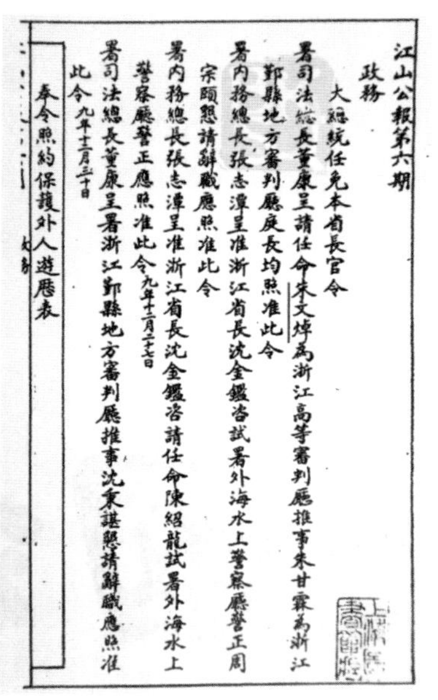

江山公報第六期

政務

大總統任免本省長官令

署司法總長董康呈請任命朱文焯為浙江高等審判廳推事朱甘霖為浙江鄞縣地方審判廳庭長均照准此令

署內務總長張志潭呈准浙江省長沈金鑑咨試署外海水上警察廳警正周宗頤懇請辭職應照准此令

署內務總長張志潭呈准浙江省長沈金鑑咨請任命陳紹龍試署外海水上警察廳警正應照准此令 九年十二月二十七日

署司法總長董康呈署浙江鄞縣地方審判廳推事沈秉諶懇請辭職應照准此令 九年十二月三十日

奉令照約保護外人遊歷表

朱文焯任职令

后任职杭州地方法院、浙江高等审判厅推事、浙江私立法政专门学校教授、江苏高等法院检察官、江苏省承审员考试典试委员会主任等职。著有《法学通论》《刑法通义》《国际私法》等著作。

朱文鑫（1883—1939） 字槃亭，号贡三，陈墓镇人。21 岁入江苏高等学堂，毕业后被派赴美国，考入威斯康星大学，攻读天文学。留美期间，著有《中国教育史》和《攀巴斯（Pappus）切园奇题解》两书。曾任留美中国学生会会长。清宣统二年（1910），获美国威斯康星大学理学学位。翌年归国，主持南洋路矿学校教务，兼任南洋大学堂（今上海交通大学）、复旦大学教授和上海《太平洋报》编辑。参加爱国学社，和蔡元培、章太炎、邹容等一起加入中国同盟会，参与孙中山发起的二次革命，讨伐袁世凯。在此期间，开始利用现代天文学理论研究中国古天文学，与任鸿隽等发起组织中国最早的科学团体——中国科学社，创办最早的科学期刊——《科学》杂志，著有《天文考古录》《史记天官书恒星图考》《历代日食考》《历法通志》《天文学小史》《十七史天文诸志之研究》等及译著《近世宇宙论》，另撰有《星团星云实测录》。20 年代，被中国天文学会、美国天文学会同时聘为会员。在南洋路矿学校主持教务期间，为国家培养了一批以秦铁欧为代表的土木建筑和采矿科技人才，曾得到孙中山“造路救国”的亲笔题词。1930—1934 年，任江苏省土地局局长，培养了一大批土地测量员，并率先将天文测量的现代科学技术应用于土地测量中。

朱文鑫

朱文鑫主持南洋路矿学校教务时，孙中山题“造路救国”匾额

朱文熊

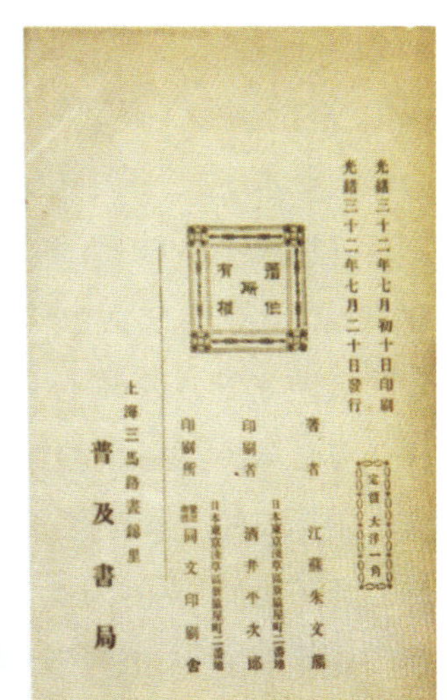
光緒三十二年七月初十日印刷
光緒三十二年七月二十日發行
定價大洋一角
著者 江蘇朱文熊
印刷者 酒井午次郎
印刷所 同文印刷會
上海三馬路惠福里
普及書局

朱文熊《江苏新字母》书页

朱文熊（1883—1961） 字造五，又字兆弧，陈墓镇人。清光绪三十年（1904），考取官费留学，赴日本学习，先后就读于弘文学院和东京高等师范学校。宣统二年（1910）回国，受聘于吉林大学。民国初，任教育部编审。1916 年，参加教育部主持的汉语注音字母制定工作。新中国成立后，其主持编写的用拉丁字母改革汉字的方案，即《江苏新字母》，于 1957 年印行出版，为第一届全国人民代表大会通过的《汉语拼音方案》奠定基础。著作有《江苏新字母》《三 S 平面几何学习题详解》等。

陈定谟（1889—1961） 字海安，陈墓镇人。光绪三十三年（1907）留学美国，先后于纽约大学、哥伦比亚大学、芝加哥大学修习法学、哲学等，获硕士学位。1916 年回国，历任北京大学、复旦大学、厦门大学、中山大学等校哲学、社会学教授。新中国成

陈定谟

1924 年 8 月，陈定谟与鲁迅等应邀赴西安讲学时赠陕西易社的匾额

立后，任广西南宁师范学院教务主任，广西大学西洋史学教授、图书馆馆长。著有《西洋伦理学史纲》《直觉与理智》《认识论之历史观》《因果和推论》《知识与分析》《普通心理：释本能》《怀疑和信仰》等。一生投入教育事业，桃李遍天下。

陈其鹿

陈其鹿（1895—1981） 字苹之，陈墓镇人。早年毕业于北京大学经济系。1919年赴美国留学，进入哈佛大学工商管理研究院学习，获硕士学位。回国后，从事高等教育，先后任江苏法政专门学校教员，中国公学大学部、厦门大学、中央大学等校经济学教授。1951年，任南开大学财经学院教授。1952年以后，被聘为上海市文史研究馆馆员，专门从事著述写作。著有《初级统计学》《统计原理与实习教材》《统计图示法》《计划统计与核算图示法》《统计学》《农业经济学》《资本主义发展史》《英国对华贸易》等。

陈子彝（1897—1967） 原名华鼎，号眉盦，别号智舆，陈墓镇人。早年就读于苏州草桥中学。1927年后，先后担任江苏省立苏州图书馆编纂主任、国立云南大学文法学院中国文学系讲师、上海南洋中学教师兼图书馆主任、东吴大学文理学院中国文学系教授等职。1945年，在家乡创办槃亭中学（锦溪中学前身），被聘为校董兼校长。1956年起，任上海师范学院图书馆副馆长、馆长兼历史系教授。他学识渊博，对甲骨文、钟鼎文颇有研究。在古典文学、史学、印度哲学、书画艺术、摄影和金石篆刻等方面的研究造诣颇深，成就显著。有《图书编目法》《汉字检字法》《历代帝王年号纂编》《中国纪元通检》等著述。1967年谢世于任上。

60年代初，陈子彝（右一）和弟、妹合影

丁人鲲（1898—1983） 陈墓镇人。1920年交通部上海工业专门学校土木系毕业后，公费留学美国。先后在康奈尔大学和威斯康星大学深造，分别获土木工程硕士、数学博士学位。1923年归国后，曾任交通部南洋大学体育系主任、江苏省土地局技正。后在唐山交通大学、浙江大学、武汉大学、中南土木建筑学院及湖南大学讲授铁路工程、道路桥梁工程、市政工程等课程，为培养土木工程人才做出了贡献。1983年病逝于苏州。

陈定秀（1900—1952） 女，陈墓镇人。1917年考入北京女子高等师范学校国文专修科（后改名北京女子高等师范学校国文部），1922年毕业，是中国第一批女大学生。求学期间，积极参加五四运动，与庐隐、王世瑛、程俊英并称“五四四公子”。为妇女解放而勇敢地走上街头，游行集会，开中国女子参政游行之先例。毕业后曾任江苏省立苏州第二女子师范学校国文教师、苏州实验小学校长、上海市工务局女中（上海市第一女中）国文教师等。1927年主持编辑的《中华影业年鉴》为中国历史上第一部电影年鉴。

陈定秀

陈华庚（1900—1989） 陈墓镇人。1921年，公费赴美国哈佛大学攻读心理学、教育学。1924年，获文学和教育硕士学位。曾在联合国善后救济总署任专门委员。1926年回国，先后在厦门大学、金陵大学、东北大学、浙江大学任外文教授。新中国成立后，历任上海圣约翰大学、沪江大学、复旦大学外文系教授。担任过对外文告和毛泽东著作的翻译工作，兼任《北京周报》顾问，编辑出版《新英汉字典》。

陈华庚

陈三才（1902—1940） 名定达，号偶卿，陈墓镇人。1916年毕业于苏州草桥中学。后被选送至北京清华学校中等科学习。1919年五四运动期间，陈三才与北京各大学学生一起走上街头，抗议北洋政府的卖国行为，要求释放被捕学生，反对中国代表在巴黎和会上签订丧权辱国的不平等条约。1920年毕业后，陈三才远赴重洋，在美国伍斯特理工学院专习电气工程，获硕士学位。1924年6月，进入美国西屋电气公司实习。1927年回到上海，在静安寺路创立美商北极冰箱公司。1932年“一·二八”事变后，陈三才响应宋庆龄号召，呼吁社会解囊支援抗战，并亲临前线，以技术协助中国军队构筑防御工事，参与在黄浦江轰炸袭击日军战舰“出云号”的行动。1937 年抗战全面爆发，身居沦陷区的陈三才无法忍受当亡国奴的痛苦，对那些认贼作父的汉奸败类深恶痛绝。当时上海极司菲尔路（今万航渡路）76 号是汉奸汪精卫与日军合流的特务机关所在地，陈三才曾试图将炸药埋在该地，实施对汪精卫的谋刺行动，几经周折，最终因同伴出卖，反遭汪伪政府特务机关的逮捕，在狱中受尽酷刑。1940 年 7 月 17 日，陈三才被押到南京，汪精卫曾亲自提审，并以高官厚禄收买其心，都遭到陈三才严词拒绝。审讯中，陈三才怒斥汪精卫："汝辈汉奸丧尽天良，出卖祖国，出卖民族，人人皆得而诛之，全国同胞皆吾同谋之人也！"同年 10 月 2 日，陈三才在南京雨花台从容就义，年仅 39 岁。陈三才牺牲后，全国各大报纸纷纷给予悼念，谴责汪伪政府的恶劣行径。黄炎培在《咏陈三才》一诗中写道："书生作贼贼计滋益凶，书生杀贼杀术或未工。金风剪剪鸣秋淞，白郎林袖藏龙钟。左手捉其腕，右手指其胸，一击不中隳全功，壮哉三才人中龙。负笈万里重洋通，百工有学君是宗。余泽既及千儿童，大义感奋冠发冲，谨厚亦复心理同……"对陈三才的义举高度赞扬。

陈三才

陈钧（1904—1967） 原名戴祖琳，陈墓镇人。20 年代起秘密参加革命工作。1925 年加入中国共产党，担任上海商务印书馆工会组织部部长，并参加陈云、李立三秘密领导的工人运动。1927 年 3 月 21 日，以上海工人纠察队沪东负责人之一的身份，参加上海工人第三次武装起义。"四一二"反革命政变后，在中共组织安排下撤离上海，参加"八一"南昌起义，任二十二军三师教导团指导员。后又随军南征，于 10 月底参加中共东江特委领导的海陆丰起义。1928 年春，起义失败，避居香港，不久奉命调回上海，担任中共浦东区委书记。1929 年春，担任吴县县委书记，化名王云福。是年冬，调任无锡县委书记兼军委书记，改名秦凌。1930 年在策反国民党第五师起义时，因叛徒出卖被捕，判死刑。后经多方营救，改判无期徒刑。国共第二次合作时获释。1937 年到达延安，入抗日军政大学学习，易名陈钧。1938 年起，担任八路军政治部编辑，《前线画报》总编辑，八路军总司令部总务处处长、供给处处长等职。1949 年后，历任天津市财经接管部办公室主任、湖南省工业厅副厅长、纺织工业部办公厅副主任、纺织工业部基本建设司副司长等职。"文化大革命"期间受迫害，于 1967 年 6 月 5 日去世，终年 64 岁。

陆钰（1904—1980） 字醒鸥，笔名绿菊，陈墓镇人。1924 年，赴上海《申报》学习排字。1926 年赴汕头，在共产党领导的《岭东日报》担任副刊责编。1927 年 1 月，加入中国共产党，任岭东印务总工会执行委员，组织工人罢工活动。1929 年返回上海，一边从事《新闻日报》编排工作，一边参加中共地下活动。新中国成立后，于上海《新闻日报》《解放日报》编辑部从事资料整编工作。1962 年退休后，致力于盆景艺术研究，曾任上海市盆景协会会长等职。

朱雷章（1905—1995） 陈墓镇人。1928 年毕业于国立交通大学电机工程科，曾任国民政府建设委员会无线电管理处工程师兼统计主任。1931 年，参加国民政府首届高等文官考试，获第一名，被任命为交通部技术厅总工程师、技正。1932 年 2 月，由监察院院长于右任提请国民党中央政治会议通过，任命朱雷章为监察院监察委员。1981 年，被江苏省人民政府聘为江苏省文史研究馆馆员。朱雷章自幼聪明颖悟，年轻时即写出了《辽史纲目》《金史纲鉴》及《西夏史纪要》等读书笔记。著述有《孔学丛谈》《解放前四十年见闻琐记》等。

陈文鹭（1907—1986） 亦名正飞，笔名振飞，陈墓镇人。1929 年考入上海复旦大学。不久加入中国社会科学家联盟，结识恽代英、王学文等中国共产党人，开始接受进步思想，在党社等进步组织的刊物上发表文章，参加学生爱国民主运动。1932 年，任上

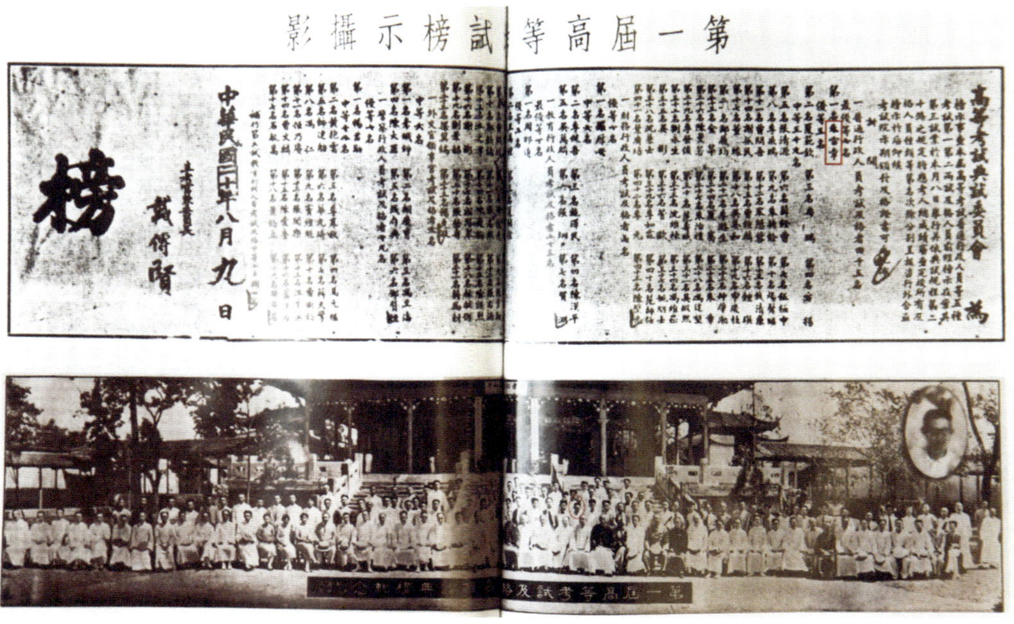

1931 年首届高等文官考试榜示

海《申报》编辑。翌年，任中山文化教育馆编辑。1935年，因掩护先后打入国民政府内政部和武昌行营内为第三国际和中国共产党搜集情报的著名人士刘思慕，而遭到全国通缉，在苏州的住宅被抄。1937年开始，一度受聘于冯玉祥幕下。未几，任国民党中央通讯社战地特派记者，曾两度访问延安，受到朱德等中共领导人的接见，写成以《晋东南抗战基地》为题的长篇通讯，在《苏门答腊民报》刊出。1945年，赴台湾任《新生报》总编辑。逾年返回大陆，先后任上海《新闻报》编辑、《侨声报》代总编辑、南京《益世晚报》总编辑、《新民报》副总编辑、《南京日报》总编辑等。1949年2月，赴广州任《当代日报》总编辑兼私立广东国民大学新闻系教授。是时，因利用两广地方势力与蒋介石的矛盾为中共工作而被捕，保释后避居香港。同年9月，受中共统战部邀请至北京。新中国成立后任中央人民政府新闻总署秘书兼辅仁大学历史系讲师、副教授。后历任北京师范大学、安徽师范学院、合肥师范大学、安徽师范大学等校历史系副教授、教授，曾任安徽省历史学会理事、中国第二次世界大战史研究会会长和名誉会长。对书画、篆刻、古文、诗词都有较深造诣。著有《宇宙之展开》、《二次世界大战史料》三册六卷。晚年，他以个人顽强的毅力，利用业余时间完成近百万字的巨著《二次世界大战史初探》。

陈文鹭

沈以行（1914—1994） 陈墓镇人。1931年江苏省立苏州中学毕业，次年入上海邮局为邮务佐。“九一八”事变后在上海邮局发起组织邮工救亡同志会，后参加上海职业界救亡协会，从事救亡宣传。1938年加入中国共产党，长期从事工人运动。新中国成立后，历任南京市总工会文教部部长，中华全国总工会华东办事处文教部副部长、办公厅主任、副秘书长，劳动报社副社长、总编辑，上海工人运动史料委员会副总干事等职。1958年11月，任上海革命历史纪念馆筹委会委员、筹备处主任，负责基本陈列计划的制订。同时主持中共一大会址辅助陈列的修改，领导完成“工人阶级的成长”“马列主义的传播”“五卅运动”“二战时期的文化革命运动”和“隐蔽精干、长期埋伏、积蓄力量、以待时机的方针”5个专题陈列研究，举办列宁生平事迹展览、五卅运动35周年图片展览和太平

沈以行

军进军上海一百周年纪念展览。1960 年，调任上海社科院历史研究所副所长。1978 年，历史研究所恢复，任副所长、党委副书记、研究员，上海市地方志编纂委员会顾问，上海工人运动史料委员会副主任等职。主要著作有《工运史鸣辩录》、《上海工人运动史》（主编）等。

陈华癸（1914—2002） 陈墓镇人。土壤微生物学教授、中国科学院院士。曾任国务院学位委员会委员，中国科学院学部委员，中国农学会副会长，中国微生物学会副理事长，中国农学会土壤肥料研究会理事长，华中农学院院长，华中农业大学学术委员会主任、教授、博士生导师。第三、五、六、七届全国人大代表。是中国土壤微生物学学科的主要奠基人之一。1935 年毕业于北京大学生物系。后赴英留学，1939 年获伦敦大学哲学博士学位。40 年代末，参与筹建北京大学农学院土壤系和武汉大学农学院农业化学系。50 年代初，参与编写农业院校化学系教学计划和课程设置，参与编写农业院校微生物学教学大纲，参与筹建和成立中科院武汉微生物研究室（现为武汉病毒研究所）；撰写的《土壤微生物学》是中国土壤微生物学领域的第一部专著。70 年代初，主持国家科委生物固氮重大问题的研究，首次阐明了根瘤组织的大小和持续时间与共生固氮有效性的关系，首次发现紫云英根瘤菌的寄生属性，为紫云英根瘤菌在农业中的利用奠定了基础；提出了水稻田绿肥耕作制及其对水稻田耕层土壤中优势生物的种类起主导作用的论点。此外，还发现了严格厌气亚硝酸细菌，这一发现对研究自然界氮的转化有重要意义，为中国长江流域及长江以南扩大双季稻和紫云英绿肥种植面积提供了科学基础和应用技术。1980 年，当选中国科学院生物学部委员（院士）。80 年代后，率先将根瘤菌的研究引入分子生物学领域，主持研究的根瘤菌在寄主细胞内的分化及存活性项目获得国家科技进步一等奖。先后出版《土壤学》《微生物学实验》《微生物学》等专著。

陈华癸

彭师章（1917—1943） 曾名钟步先，陈墓镇虬泽村人。彭师章家境贫困，三岁随父迁居大市尚明甸。1940 年参加革命，翌年加入中国共产党，任昆山县常备队副队长，率部执行剿匪和扩军任务，深得民众拥戴。1942 年，奉命往浙东地区以私塾教师身份从事中共的秘密工作。不久，至浙东教导队受训，结业后被派至新四军第三大队任支队长。1943 年 4 月，在浙江萧山与日军作战时英勇牺牲，遗体安葬在萧山脚下。

顾文华

顾文华（1917—1988） 陈墓镇人。1937 年参加中华民族解放先锋队，1938 年加入中国共产党。曾任中共中央华中局发行部副部长兼中共河南省委发行部部长，后从事新闻工作，先后任《老百姓报》社长,《七七报》编辑、记者,《农救报》社长,《七七日报》编辑部副主任等职。1947 年任邯郸新华广播电台编辑部副主任。1948 年，转入报刊部门，先后担任《豫西日报》副总编辑兼编辑部主任、《江汉日报》副总编辑兼采通部主任、《湖北日报》总编辑、中共中央中南局机关报《长江日报》副总编辑等职。1953 年，任中央广播事业局编委、政治广播部副主任、对内部主任。1959 年起，任中央广播事业局副局长、党组成员，兼中央人民广播电台台长。

金瑞仙（1917—1996） 女，曾用名黎平，陈墓镇人。1937 年上海市私立高级惠生助产职业学校毕业后，怀着强烈的抗日救亡愿望，冲破国民党重重封锁奔赴延安。1938 年 8 月到达延安后，被分配进入陕北公学（今延安大学）学习。1939 年，被分派到延安中央医院妇产科工作。1941 年被评为苏区模范工作者。1942 年加入中国共产党。因从事医务工作成绩卓著，曾受到中央领导高度评价。在延安期间，毛泽东为其题词“努力救人事业”，周恩来题词“为边区卫生工作创新纪元”，朱德题词“不但医人，还要医

金瑞仙

国”。新中国成立后，历任北京医院妇产科医师、宁夏回族自治区妇幼保健院副院长、银川市医院副院长、宁夏回族自治区卫生厅党委委员。1973 年起，任北京妇产医院副院长。

丁维栋（1919—1992） 陈墓镇人。1942 年毕业于国立中央大学经济系。1958 年秋，赴美国西北大学研究院研究新闻学和报业管理。历任重庆《大公报》记者，上海《申报》记者、采访部主任，泛亚通讯社香港特派员、台湾分社主任，台湾英文版《中国日报》采访部主任、副社长、社长，兼任中国文化学院夜间部新闻系主任，曾多次出席国际新闻会议。著有《美国社会与美国报业》等书。

陈华熏（1923—1945） 陈墓镇人。出身于书香门第，父亲陈定谟曾留美九年，历任北京大学、南开大学、复旦大学、厦门大学教授。母亲杨玉洁参加过五四运动，曾任北京妇女救亡会会长。1941 年，考入昆明中法大学物理系。1942 年，成为中国空军军官学校逐机班学员。1943 年 1 月，被选送到美国空军训练中心训练。1944 年 11 月，入编中美空军混合联队第三大队，任少尉飞行员，先后在四川新津、梁山等空军基地投入抗战，屡建战功。1945 年 1 月，在出击汉口及武昌日军机场的战斗中壮烈牺牲，年仅 23 岁。南京紫金山抗日航空烈士公墓设有其衣冠冢。

沈家范（1923—1947） 陈墓镇人。中学肄业后至苏州一绸缎庄当学徒，因热衷于阅读进步书籍，遭老板解雇，遂失业回家。后到阮家浜小学当教员。抗战爆发后，利用讲台，向学生宣传抗日救国真理，进行抗日活动。1943 年 2 月，赴苏北黄桥参加新四军，旋入抗日军政大学第五分校学习。毕业后，历任部队文化教员、连指导员、团副政委等职。1947 年 11 月 18 日，在河南鹿邑秋渠与国民党军队的战斗中英勇牺牲。

陈华熏

陈华熏美国受训时所持护照（左为护照封面，中为照片页，右为签章页）

陈中孚（1936—1995） 锦溪镇人。1957 年毕业于复旦大学生物学系。长期任复旦大学教授。专长于微生物遗传学及分子遗传学，从事微生物遗传研究。1988 年，因用于检测致癌、致畸、致突变物质的噬菌体诱导法和 SOS 显色法的建立，获国家教育委员会科学进步二等奖。主要论文有《21- 羟化酶 CYP21B 基因 I1e^{172} → Asn 错义突变》等 20 余篇。著作有《漫谈微生物遗传学》《微生物遗传学实验》《好热性细菌》等 7 部。

院士与将军

截至 2017 年年底，锦溪籍院士共 2 人，分别是陈华癸（参见本志“人物传略 · 陈华癸”）、秦国刚；锦溪籍将军共 2 人，分别是黄建伟、吴建初。他们为国家科学事业和军队建设做出了突出贡献，成为锦溪人民的骄傲。

秦国刚 1934 年生，物理学教授、中国科学院院士。锦溪镇人。1956 年毕业于北京大学物理系，1961 年物理系研究生毕业。是年到山东海洋学院任教，1962 年调任北京大学。1985 年任北京大学物理系教授；1986 年任固体物理专业博士生导师，兼任半导体物理教研室主任。1991 年起，享受国务院颁发的政府特殊津贴。2001 年，当选中国科学院院士。曾任半导体中缺陷国际会议顾问委员会委员。专长于固体物理和半导体物理。他领衔的“单晶硅中氢的行为和与氢有关的缺陷”研究成果，获 1978 年国家教委科学技术进步一等奖。2001 年，“氧化多孔硅和纳米硅与纳米锗镶嵌氧化硅发光”获中国物理学会“叶企孙物理奖”。2005 年，“纳米硅—纳米氧化硅材料体系发光及其物理机制”获北京市科学技术一等奖，2007 年又获国家自然科学二等奖。在国内外物理刊物上发表学术论文 240 余篇。

黄建伟 1953 年生，中国人民解放军副军职干部，炮兵专家，少将。锦溪镇人。1969 年 2 月入伍，1976 年就读于炮兵学校军事指挥专业，2002 年获南京理工大学兵器工程专业硕士学位，2003 年 2 月至 2004 年 1 月在国防大学高级指挥班进修。历任排长、连长，解放军炮兵学院南京分院副院长、院长。2003年7月，任解放军炮兵学院副院长。专业技术4级，教授、硕士生导师。2004年6月，被授予少将军衔。1987年以来，先后获国家科技进步二等奖1项，军队科技进步一等奖2项、二等奖4项、三等奖7项。

吴建初 1957年生，中国军事科学学会会员，少将。锦溪镇人。1976年2月参军，在济南军区某部服役，历任班长，排长，团司令部作训股参谋、作训股股长，师司令部作训科参谋，军和集团军司令部作训处参谋。1991年1月，调至济南军区司令部作战部，任参谋、副处长、处长、副部长。2003年6月，任济南军区司令部办公室主任。2008年8月，任河南省军区参谋长。2009年8月，任陆军某集团军副军长。2011年12月，任山东省军区副司令员。2010年7月，被授予少将军衔。曾先后参加1998年长江抗洪、2008年汶川抗震救灾、济南军区"前卫系列"战役集训和演习、全军"联合2000"军事演习、中俄"和平使命—2005"联合反恐军事演习及"跨越—2009"联合军事演习等重大活动，三次荣立三等功。

名人与锦溪

锦溪人才辈出的同时，也曾吸引过许多知名人士前往游历、寓居。据旧志记载，辅助汉光武帝刘秀战胜王莽的名将马援曾在此地驯马练兵。南宋将领韩蕲王曾练兵明卿荡，赢得黄天荡大捷。陆龟蒙、沈周、高启、文徵明、祝允明、归昌世等历代名人都曾长期往来寓居于锦溪，为锦溪古景留下了大量诗文。清顺治二年（1645），清兵大举南下，吴伟业在战事惶乱中，带领百口家眷来到锦溪矾清湖畔定居四世的族亲家中避难，留下五言长诗《矾清湖》，表达对水乡锦溪的怀恋神往之情。

陆龟蒙锦溪垂青史 陆龟蒙（？—约881），字鲁望，长洲县人。陆龟蒙出身江南名望大族，后家道中落。曾任湖州、苏州刺史幕僚，后买地置宅退隐于甫里（今苏州市吴中区甪直镇），因此世称"甫里先生"。在甫里，他有田数百亩、屋30楹、牛10

头，常亲自参加大田劳动，中耕锄草从不间断。平日稍有闲暇，便带着书籍、茶壶、文具、钓具等往来于锦溪澄湖、矾清湖、明卿荡、五保湖等地，时人又称他为“江湖散人”“天随子”。陈墓与甫里一湖之隔，民间有陆龟蒙为陈墓人一说。据《(乾隆)陈墓镇志》“通神道院”记载：“元天历间，有唐陆龟蒙先生之裔，梦感真人[①]指示白金瘗处，寤而果获，创兹道院，延道士陈思澄主之。”通神道院位于陈墓化字圩（今锦溪南大街西首），明正统十三年（1448）道士顾永和重修时，内有斗老殿、文昌阁、蓑衣真人祠、鲁望先生祠、三仙台等，其中鲁望先生祠为当年往来陈墓的文人墨客们的必经之所。今有明书画家沈周《谒陆鲁望先生祠即事》《谒鲁望先生祠》和明代诗人归昌世《过陈墓谒陆鲁望先生祠》等诗存世。清乾隆三十二年（1767），通神道院包括文昌阁、鲁望先生祠等被风所毁。嘉庆五年（1800）通神道院重建，鲁望先生祠由陆氏后裔迁建至镇北劝字圩（今天水桥北堍）陆氏祠堂内。陆龟蒙自适恬淡，满腹诗书，与锦溪百姓融为一起，开启了锦溪古镇绵延不绝的千年文脉。

韩蕲王锦溪练水师 韩世忠（1089—1151），字良臣，延安（今陕西省绥德县）人，两宋之际名将。宋孝宗时，被追封为蕲王，世称韩蕲王，谥号忠武。韩世忠出身贫寒，18岁应募从军。他身材魁伟，勇猛过人，英勇善战，胸怀韬略，在抗击西夏和金的战争中为宋朝立下汗马功劳。南宋建炎三年（1129），金兵再次南下，突破长江天险，攻破建康（今南京）等重要城池。仓皇之中，宋高祖赵构跟随投降势力逃到海上，并任命韩世忠为浙西制置使，防守镇江，镇江其时已处敌后。金兵在江南抢掠后陆续退去。驻守在松江出海口一带的韩世忠率所部八千人急赴镇江，最终困敌十万兵马于黄天荡，交战四十八天，歼敌万余，取得黄天荡大捷。据《(乾隆)陈墓镇志》和《(嘉庆)贞丰拟乘》记载，金兵不习水战，韩世忠利用金兵这一弱点，在陈墓镇西南的长白荡、明卿荡大练水师，以达到封锁长江、消灭金兵的目的。长白荡、明卿荡为松江出海咽喉，水面开阔，水流湍急。韩世忠将兵屯扎于陈墓太平桥、周庄镇侧同村、金泽镇韩上村，韩夫人梁红玉亲执鼓槌，战鼓一响，各路士兵则迅速驾船会聚至明卿荡进行操练，日夜不歇。清陈竺生[②]《韩蕲王战鼓歌》有“嘻嘻出出声何恶，半天虹梁向空落。灵夔一吼灰飞扬，火龙夭矫争腾跃”“闻昔转战黄天荡，将军扫寇如扫箨”“终古功勋劫不磨，岳

① 梦感真人：宋时通神道院住持何中立。

② 陈竺生（生卒年不详）：陈墓镇人。清道光五年（1825）乙酉科解元。

祠流播更铜爵”等诗句，热情颂扬了韩世忠的威武雄姿和将帅风范。《(乾隆)陈墓镇志》记载梁红玉大胜黄天荡所用战鼓，后保存于锦溪镇通神道院玉皇阁中，嘉庆九年(1804)毁于大火。韩世忠夫妇爱护士卒又军纪严明，每次练罢即犒赏兵士，凡其屯兵之地，今常有质粗四钮、两头尖锐的酒瓶（即韩瓶）及装有古钱、为赏兵之用的陶瓮发掘。为表达对韩氏夫妇的敬意，取其谶言，陈墓、周庄及周边村民将“定榫糕”送给军士，纷纷呼韩世忠为明卿，其练兵的湖荡也因此得名“明卿荡”。

高启陈墓咏“八景” 高启(1336—1374)，明代著名诗人，字季迪，号槎轩，长洲县（今江苏苏州）人。洪武三年(1370)，因厌恶官场，隐居于吴淞江畔的青丘，故又自号青丘子。洪武七年(1374)，因苏州知府改修府治作《上梁文》一事，被连坐腰斩，年仅三十九岁。高启十分仰慕唐陆龟蒙“笔床茶灶”的闲淡生活。隐居青丘时，常到陈墓拜谒陆鲁望先生祠，对陈墓地处水乡深处、幽远淳朴的自然风物和风土人情甚为喜爱。他认为陈墓胜景可咏者八，最早提出了由“通神御翰”“陈妃水冢”“锦溪渔唱”“莲池结社”“石音客帆”“古井风亭”“福寿残碑”“谯楼鼓声”组成的“陈墓八景”，并各赋七言律诗一首（参见本志“艺文·诗歌·陈墓八景”)。明中叶时，沈周、祝允明、文徵明、归昌世等吴中才子以及众多乡贤，纷纷作诗歌以和之，“陈墓八景”得以千古流传，闻名遐迩。

文徵明陈墓聚师友 文徵明(1470—1559)，原名壁，字徵明，因先世为衡山人，故号衡山居士，世称“文衡山”，明代画家、书法家、文学家，长洲县（今江苏苏州）人。文徵明为诗、书、画全才，和当时享有盛名的沈周、唐寅、仇英合称“明四家”（“吴门四家”），又与祝允明、唐寅、徐祯卿合称“吴中四才子”，其父文林与世居陈墓、成化十一年(1475)科举“赐进士出身”的吴愈交往甚深。吴愈将自己的三女儿嫁给文徵明。文徵明成为“陈墓女婿”后，又与老师沈周、挚友祝允明等吴中名士，经常聚会于陈墓镇南莲池结社及镇西通神道院文昌阁内，搔首捋须，运思酬唱，为后人留下了大量脍炙人口的诗作，《(乾隆)陈墓镇志》中记有18首之多（沈周9首、文徵明8首、祝允明1首）。这些诗歌描写了陈墓古镇湖光秀丽、景色天成的即时风光，折射出诗人放情山水、悠然自适的人生态度，细腻传神，呼之欲出。

海瑞陈墓救书生 海瑞(1514—1587)，字汝贤，号刚峰，广东琼山（今属海南）人。明代著名清官。隆庆二年(1568)，苏南地区遭受特大水灾，大批农房倒塌，农田颗粒无收。第二年，海瑞升任右佥都御史，外放应天巡抚，来到江南。当他目睹昔日富庶的鱼米之乡，因为水灾变得民不聊生，当即上奏朝廷，请求兴利除害，整修吴淞江、白茆河等，使其通流入海。当时，苏南有很多贫苦百姓的土地被大户兼并，这让海瑞十分憎恨。他一面治水，一面全力摧毁豪强势力，将被大户兼并的土地夺回后交还原主，百姓称他“海青天”。万历年间（1573—1620），海瑞在淞南治水时来到陈墓。里内有一民女，听到海瑞到此，携老带小向其告冤，说家中的田地被富豪掠走，又因水灾交不上公粮，而当地财主却把她丈夫当作抗粮对象，送进苏州的监狱坐牢。海瑞通过仔细了解，得知民女丈夫叫朱良，一介书生，厚道孝顺，便将其无罪释放，并归还其原本的土地。万历十五年（1587），海瑞去世，朱良随灵柩护送至琼山海瑞家中。回来后，为了表示对海瑞的无尽感激，在归还的田地里（今隆福桥北堍）建造了一座庙宇，名海忠介公祠。祠堂高宏宽敞，内有“遗爱千秋”匾额，天师张震麟立，并留砖碑一块，刻朱良《吊海忠介公诗一首》:“批鳞直夺比干志，苦节还同孤竹清。龙隐海天云万里，鹤归华表月三更。萧条棺外无余物，冷落灵前有菜羹。说与旁人浑不信，山人亲见泪如倾。”朱良子孙世守祠旁。

吴伟业陈墓避乱 吴伟业（1609—1672），字骏公，号梅村，江苏太仓人。明崇祯四年（1631）进士，曾任翰林院编修、左庶子等职。清顺治十年（1653）被迫应诏北上，次年授予秘书院侍讲，后升国子监祭酒。顺治十三年（1656）底，以奉嗣母之丧为由乞假南归，此后不复出仕。吴伟业经历了宣告明王朝覆灭的“甲申之变”，曾言“吾一生遭际万事忧危，无一刻不历艰险，无一境不尝艰辛，实为天下大苦人”。崇祯十七年（1644），明朝覆灭，吴伟业由朝廷命官沦为平民百姓。顺治二年（1645），清兵大举南下。获得消息的吴伟业匆忙回家，携家眷百口连夜冒雨到已在陈墓矾清湖定居四世的族亲繇倩、青房、公益兄弟村（今褚家浜村）避乱。吴伟业到陈墓后，发现这里土地肥腴，又有鱼虾菱芡之利，加之出入全靠船只，僻远安静，科徭比别地差缓，物产丰饶，民风良好，“葭芦掩映，榆柳萧疏，月出柴门，渔歌四起，杳然不知有人世事矣。”顿生“卜筑买田，耦耕终老”的念想，不料，“居两月而陈墓之变作”，陈墓发生了陆兆鱼起兵抗清之事，吴伟业只好举家离开陈墓。今存吴伟业组诗《避乱六首》，真切地叙述了吴伟业从闻讯、出逃、行舟以及到达矾清湖时的情景，抒发了“归去已乱离，始忧天地小”的无限感慨以及“定计浮扁舟，于焉得终老”对陈墓宁静祥和的留恋与向往。十余年之后，吴伟业的陈墓族亲吴青房到太仓拜访吴伟业，然而，此时的吴伟业“白发齿落”，“妻妾相继下世”，“穷愁孤独”而感慨“太息者久之”，又逢江南“奏销案”发，不仅吴伟业家败险遭大难，就连吴青房也“毁家纾役，罔有存者”。俯仰身世，倍添沧桑之感。吴伟业抚今追往，又写下了五言长诗《矾清湖并序》（参见本志“艺文·诗歌·矾清湖并序”），“用识吾慨，且以明旧德于不忘也”。

王韬启蒙在锦溪 王韬，中国近代著名洋务政论家，思想家，中西文化交流的重要使者，曾被林语堂称赞为“中国新闻报纸之父”。清道光八年（1828），王韬出生于长洲县甫里村（今苏州吴中区甪直镇）。父名昌桂，字肯堂。母亲朱氏，昆山县陈墓镇人。王家祖上在明代为官宦之家。清兵南下之后，王家惨遭兵燹之祸，遂避居昆山，后又迁居甫里，以设馆授徒为生。王韬兄弟姐妹六人，王韬排行第五，上有三个哥哥、一个姐姐，下有一个妹妹。由于家道中落，经济拮据，加之无暇照顾，王韬的三个哥哥均在出生十日左右因痘疾而早殇。王韬出生后，母亲朱氏便将儿子送往与甫里仅距六七里水路的陈墓娘家抚养。

朱氏娘家是陈墓镇的书香世家，家境殷实。王韬的外祖父朱元理，从小聪明好学，16 岁成为新阳（清时，昆山一度析为昆山、新阳两县）县学生员。成年后得到新阳人唐梧冈的器重。唐梧冈当时担任山东滕县知县，便让朱元理去滕县，并把女儿唐氏许配给他，婚后育有两子两女。后来朱元理从山东回到家乡陈墓，终身从事教学。王韬来到朱家后，朱家人待他视如己出，疼爱不已。外祖母唐氏家学深厚，在她的熏陶教育下，她的两双儿女均能诗会赋，知书识礼。对于小外孙王韬，唐氏也不懈怠，与王韬的母亲一起，从小就对他进行启蒙教育，为他剖析字义，讲授诗词，夏夜纳凉的时候，也为他讲述古代节烈的故事，教导他长大后也要有功国家，福被桑梓，光宗耀祖。

至道光十六年（1836）,9 岁的王韬回到甫里随其父至甫里书塾读书的时候，王韬已经通晓“四书五经”等传统经典及诸史、杂说，成为乡闾人人称赞及羡慕的神童才子。道光二十三年（1843），15 岁的王韬参加县试，受到主试官、县令杨耕堂赏识。王韬回忆说：“见余文，击节叹赏；以余在幼童列，文颇不凡也。”[①]

道光二十四年（1844），王韬在昆山以第一名的成绩考中秀才。三年后去金陵应试却落第不中。在两个陈墓舅舅的热心开导和帮助下，考场失意的王韬再次回到陈墓，在陈墓设馆教书，并在授课的同时，致力于经史之学。胸怀大志却难以施展的王韬，内心激昂而又苦闷，这促使他更加夜以继日地发奋苦读，也培植了他毕生学无止境的根基。

① 王韬：《漫游随录》，社会科学文献出版社，2007 年，第 19 页。

道光二十九年（1849），正在陈墓学馆教书的王韬，接到英国传教士麦都斯的邀请，去上海墨海书馆参与编校译书。在那里，他广泛接触到西方的科学文化和思想方式，同时也向人们介绍西方科学文化，开拓了一番异乎寻常的广阔天地。

沈从文客居陈墓 沈从文（1902—1988），现代著名作家、历史文物研究者。原名沈岳焕，湖南凤凰人。代表作包括小说《长河》《边城》等，学术著作《中国古代服饰研究》《从文赏玉》等。1976 年 7 月，唐山发生强烈地震，北京、天津受到较大程度的波及。此时沈从文刚从五七干校回到北京家中，为避余震，8 月 4 日，沈从文、张兆和夫妇携两孙女转移至苏州，寄居在九如巷张兆和五弟家中。大孙女沈红时年十一岁，正上小学五年级，其母亲张之佩为陈墓镇人。在陈墓的外婆知道此事后，即让沈红的小舅舅前往苏州将沈红接到陈墓，后又进入陈墓中心小学（今锦溪小学）借读。11 月 10 日，张兆和来到陈墓。11 月 16 日，沈从文也来到陈墓，一同看望亲家母及孙女沈红，并客居在亲家母的家中。沈从文居住在陈墓期间，被这里宁静秀美的景色和恬淡淳朴的风土人情所吸引。1976 年 12 月 21 日，他在给儿子、儿媳的信中写道："镇上景色人事给我印象都极好，我每天早晚都去镇上热闹处看看上市种种，还必在门前或观音桥看来去船只许久。"在张之佩妹妹的带领下，沈从文在陈墓镇的街道上转了几大圈，还去沈红就读的陈墓中心小学向老师们一一道谢，对居住在镇上的张家亲戚及邻居们也一一拜会。沈从文亲切和蔼的面容和彬彬有礼的言谈举止，得到了陈墓百姓的热情欢迎和齐声称赞。乡亲们纷纷备好青豆、葵花子、果子糖等茶点，邀请沈从文前去喝茶叙谈，其乐融融，欢笑声不绝于耳。之后，他又给时任教于上海中医学院的张香还写信，信中写道："江南水村大大不同于沅水支流五溪沿河城市，因为前者平衍而后者险急。但相去万里，时隔半世纪，有一点在弟印象中仍十分相同，即农民型小孩、妇女之素朴善良可爱处，竟如同一模印成。"沈从文回京后一直对陈墓这个江南水乡小镇念念不忘。在回京的第二年，沈从文在搜集古代服饰研究资料过程中，再次忆起了陈墓，他曾再三嘱托在陈墓中心小学借读的孙女沈红，为其找一件锦溪妇女传统服饰。沈从文与锦溪，是特殊时代背景下的相遇，更是文人与诗的邂逅。

陈逸飞陈墓画桥 陈逸飞（1946—2005），当代著名油画家、文化实业家。浙江镇海人。代表作品有《人约黄昏》《理发师》《踱步》《占领总统府》等。1980 年旅美后，陈逸飞专注于中国题材油画的研究与创作，其作品受到海内外艺术界人士的关注及肯定。80 年代初，陈逸飞回到上海，在苏州画家刘明义、昆山市文管会程振旅等人陪同下，多次到甪直、锦溪、周庄等江南古镇写生。此间，他以江南水乡为背景，创作了一组名为《故乡的回忆》的油画作品。其中一幅以锦溪里河桥为原型的作品《晨》，被联合国协会世界联合会选中，印在1985年联合国邮局发行的首日封上。作品《晨》中所描绘的锦溪里和桥曾有很长一段时间被误认为是周庄的双桥，直至1990年11月，陈逸飞回到上海参加其大型画册首发式并访问周庄。陈逸飞特意带来了一枚首日封，当时作为接待人员的昆山市文化局陈益发现，首日封上刊印的桥，并非周庄双桥，实乃锦溪里和桥。之后虽然经多方鉴定澄清了事实，但考虑到真相可能对周庄产生负面影响，没有对外宣传和报道。陈逸飞本人关于首日封上的油画，也作了一个巧妙的解释："我画的是江南古桥。你可以说它像什么桥，也可以说它不像什么桥。"可见，包括里和桥在内的江南古桥，已是他心目中永远而珍贵的"故乡的回忆"。

教授、留学生之乡

锦溪学风昌盛，人才辈出。近百年间，在不足2平方千米的古镇区范围内，先后孕育了百位以上的教授和留学生，其中获国务院特殊津贴专家37人，为全国乡镇中所少见，被誉为"教授之乡""留学生之乡"。

教授 据锦溪镇杰出人物馆的不完全统计，截至2010年，在国内外担任教授或具有教授职称和正高职称的锦溪籍人士达110多人。新中国成立以前，有辛亥革命时期在河南大学任教授的蒋明修；20年代在上海南洋路矿学校、沪江大学任教授的唯识论开拓者陈渭士；著名天文学家、上海交通大学教授朱文鑫；金陵女子大学、浙江公立法政专门学校法学教授朱文焯；东吴大学法学教授陈定求；国立中央大学经济学、统计学教授陈华寅；曾出任京师图书馆馆长的中国文字改革先驱，先后于吉林大学、北京高等师范学校、浙江大学等多所高校担任教授的朱文熊；先后于云南大学、苏州东吴大学、上海师范大学担任教授，并曾任上海师范大学图书馆馆长的陈子彝；历任沪江大学、东吴大学、河南大学、复旦大学教授的蔡训仁；毕业于美国哈佛大学，曾任南开大学、厦门大学统计学教授的陈其鹿等。

新中国成立以后，锦溪镇又走出了众多在各个学科领域发挥引领作用的专家、学者，包括2名中国科学院院士，微生物学家陈华癸和电子物理学家秦国刚；共和国将军，曾任解放军炮兵学院南京分院院长、解放军炮兵学院副院长的弹道导弹专家黄建伟；著名历史学家、安徽师范大学教授陈文鹭；先后就任于上海交通大学、浙江大学、武汉大学的土木工程专家丁人鲲；复旦大学外文系教授、从事毛泽东著作翻译和《新英汉词典》编辑的陈华庚；同济大学建筑美术系教授陆传纹；著名翻译家，上海译文出版社原社长、主任编辑孙家晋；中国海底电缆建设总公司总工程师、曾任邮电部海底电缆设计室主任的高级工程师王渭渔等。还有活跃在世界各地高等院校的专家、学者，包括曾任美国佛罗里达州立大学工学院院长的微电子专家陈华伟；曾任台湾中国日报社社长，中国文化大学新闻系主任、教授的丁维栋；美国芝加哥大学终身教授、神经学专家庄晓曦等。

留学生 据锦溪镇杰出人物馆的不完全统计，截至2014年，曾在国外高校留学并获得学位的锦溪籍留学生超过130人，其中获得博士（含双博士、博士后）学位的42人，获得硕士及以上学位的人数超过100人。出国留学人员中，新中国成立以前到国外留学并获得学位的有15人，分别是：清光绪二十七年（1901）获日本明治大学学士学位的陈定求，光绪三十年（1904）获东京高等师范学校学士学位的朱文熊，光绪三十一年（1905）获日本法政大学学士学位的朱文焯，光绪三十三年（1907）获美国威斯康星大学硕士学位的朱文鑫，1919年获美国哈佛大学硕士学位的陈其鹿，1919年获美国芝加哥大学硕士学位的蔡训仁，1920年获美国威斯康星大学博士学位的丁人鲲，1920年获美国伍斯特理工学院硕士学位的陈三才，1921年获美国哈佛大学硕士学位的陈华庚，1922年获美国哥伦比亚大学硕士学位的陈华寅，1933年获法国巴黎国立高等美术学院学士学位的陆传纹，1936年获英国伦敦大学博士学位的陈华癸，1947年获美国华盛顿大学硕士学位的王俊怡和程佳音，1947年获美国华盛顿大学博士学位的陈华伟。

新中国成立后，尤其是1978年实行改革开放以后，锦溪学子继承先贤传统，纷纷漂洋过海，前往异国求学。其中1949—1978年有2人分别获得美国西北大学的硕士学位和俄罗斯莫斯科大学的博士学位；1979—1999年有67人分别获得美国、英国、法国、德国、日本、加拿大、瑞士、新加坡、澳大利亚等国著名高校学位，当中不乏美国哈佛大学、哥伦比亚大学、宾夕法尼亚大学、麻省理工学院、日本东京大学、加拿大多伦多大学等世界名校的硕士、博士学位；2000—2014 年有 36 人获得国外高校硕士及以上学位，其中美国哈佛大学 2 人、加州大学 3 人、加州理工学院 1 人、芝加哥大学 1 人，加拿大多伦多大学 1 人。

水乡　　黄立庆　摄

艺文

锦溪自古崇文尚墨，诗歌、散文、楹联、曲艺、书画等文艺形式丰富多样，具有深厚的文化内涵。仅《(乾隆)陈墓镇志》所录，就有诗歌400余首、杂记20余篇。这些诗文大部分以锦溪为背景，状物抒怀，既有高启、沈周、文徵明、祝允明、王韬、吴伟业、归昌世等名贤才俊的高蹈之作，也有锦溪乡贤的深情咏唱，清丽隽永，意味深长。民国时期，锦溪涌现出一大批以海外留学人员为代表的杰出人才，他们学识渊博，著作繁多，为乡人所景仰。新中国成立后，锦溪镇文艺人才辈出，加上一些作家、艺术家从外地前来游览，创作出一大批具有锦溪特色的佳作、力作。

錦溪

诗歌

问吴宫[①]辞

〔唐〕陆龟蒙

彼吴之宫兮江之那涯，复道盘兮当高且斜。波摇疏兮雾濛箔，菡萏国兮鸳鸯家。鸾之箫兮蛟之瑟，骈筠参差兮界丝密。宴曲房兮上初日，月落星稀兮歌酣未毕。越山丛丛兮越溪疾，美人雄剑兮相先后出。火出姑苏兮沼长洲，此宫之丽人兮留乎不留。霜氛重兮孤榜晓，远树扶苏兮愁烟悄渺。欲摭愁烟兮问故基，又恐愁烟兮推白鸟。

谒陆鲁望先生祠即事

〔明〕高启

长桥短桥杨柳，前浦后浦荷花。
人看旗出酒市，鸥送船归钓家。
风波欲起不起，烟日将斜未斜。
绝胜苕中剡曲，金齑玉脍堪夸。
唼唼绿头鸭斗，翻翻红尾鱼跳。
沙宽水狭江稳，柳短莎长路遥。
人争渡处斜日，月欲圆时大潮。
我比天随似否，扁舟醉卧吹箫。
江庙渔郎晚祭，津亭沽客朝过。
钟边山远水远，篷底风多雨多。

① 唐时，陈墓界浦河（今南北中心市河）以西属长洲县吴宫乡。

饥蟹衔沙落薪，黠禽映竹窥罗。
丫头两桨休去，为唱吴侬棹歌。
横网不遮过客，渡船时载归僧。
炊菰饭胜炊稻，采莲歌如采菱。
烟外晚村弄笛，沙边夜店停灯。
短簑舞拍铜斗，我亦年来稍能。

陈墓八景

〔明〕高启

通神御翰

神仙人世说荒唐，谁识佯狂走四方。
自着一簑忘岁月，曾将片语动君王。
琳宫深锁烟霞台，御翰高悬日月长。
遍种碧桃何处去，年年流水付渔郎。

陈妃水冢

遥闻帝子葬陈妃，未许青山觅翠微。
江底有龙成穴地，水中无辇到泉扉。
千年玉骨今何在，一派清流去不归。
往事悠悠何足问，行人但指白鸥飞。

锦溪渔唱

春风拂拂柳依依，无数莺声燕语时。
红杏碧桃花烂漫，长堤曲港水流漓。
浮梁滩下维鱼艇，野店门前飏酒旗。
此景欲描描未尽，一溪烟雨当迷离。

莲池结社

禅宫锁尽草蒙茸，胜事都成一梦中。
人去独怜莲社散，月来常堕藕池空。
歌流宛转音声脆，花带妖娆妓面红。
尽道化城淹泽国，那知劫外有春风。

石音客帆

古庙崩欹岁月更，门留渔市野烟生。
寒塘隔岸关无迹，流水穿溪石有声。
沙上但容鸥侣宿，风前常见客帆行。
蒹葭满耳秋涛起，又听渔人唱月明。

古井风亭

南塘桥下水泠泠，桥畔长堤柳色青。
一勺清泉涵古井，十分凉思满风亭。
春游坐顾添诗兴，晓汲闻烹唤酒醒。
惟有村翁能领略，渔歌牧唱正堪听。

福寿残碑

福寿前朝旧额遗，禅关弛废剩荒基。
蝶迷芳草花间梦，人诵残碑石上诗。
字迹模糊文间断，世情更改物流移。
山僧不见今何在，只有清风明月知。

谯楼鼓声

寒漏迟迟夜未央，谯楼钟鼓数更长。
客船夜泊疑城市，野店朝开知水乡。
达旦机杼怜妇健，到昏耕凿喜农忙。
太平气象安如堵，何用金吾法禁张。

淀山湖

〔明〕陆容

千顷平湖一叶舟，清风和日可人游。
九峰青拥晴云出，一水光涵大地浮。
泉石旧踪寻野寺，烟霞余癖寄芳洲。
十年空负江湖兵，肉食渐无济世谋。

陈墓八景

〔明〕沈周

通神御翰

翰流恩泽远，墨迹半依微。
燕子知承宠，年年傍栋飞。

陈妃水冢

君恩付流水，无复吊仙姬。
有客捞明月，香魂应借辞。

锦溪渔唱

溪桥郁古木，渔歌托风达。
欸乃三四声，顿与浮名割。

莲池结社

醉客竞诗鞭，碧流净文几。
荒草伴斜阳，风光非昔比。

石音客帆

狂风打船头，路熟人不熟。
关空欲黄昏，何处觅汤粥。

古井风亭

野存未改井，何如去朝苋。
若逐景阳风，一瓣复一瓣。

福寿残碑

衰草迷古迹，夕阳翻骨董。
惟有石上苔，青青补字孔。

谯楼鼓声

野柝杂蛙鼓，不知谁为公。
熙朝弛夜禁，遮莫戍楼空。

溪上题友人园居

〔明〕祝允明

未必邱樊好，幽居趣自深。
迟行避小草，高卧托深林。
抱灌惟知瓮，挥锄不见金。
问渠终岁里，曾有惜葵心？

陈墓八景

〔明〕文徵明

通神御翰

尘世神仙事渺茫，绿簑谁识老佯狂。
华夷日月寻常语，掉首当年动帝王。

陈妃水冢

谁见金凫水底坟，空怀香玉闭佳人。
君王情爱随流尽，赢得寒溪尚姓陈。

锦溪渔唱

斜阳诗思绕寒汀，何处秋风欸乃声。
水渺蒹葭情不极，锦溪桥下白烟生。

莲池结社

满眼溪光迹未陈，百年台殿已沉沦。
只今寂寞莲池水，曾照当年入社人。

石音客帆

物换人移久彻关，石音依旧夕阳滩。
风帆付与溪翁领，却把沙禽一样看。

古井风亭

改邑何妨旧井存，苔花翦翦石栏春。
辘轳声里千年泽，不是邮亭阅过人。

福寿残碑

秋风尘劫草离离，曾是前元福寿基。

愿力未随文字灭，有人下马读残碑。

谯楼鼓声

风雨空村人断行，荒谯寒漏夜冥冥。
不须辛苦论长短，正好诗翁醉里听。

为小江陆君题号兼寓寿

〔明〕王世贞

君家何处住，小割吴江东。
浦色轻桡外，涛声高枕中。
素封千树足，绿友一瓻空。
里社前为寿，兼闻报岁丰。

过陈墓谒陆鲁望先生祠

〔明〕归昌世

落日荒湖曲，春风鲁望祠。
古今固不恨，瞻拜雨如期。
酒措村帘近，舟移小港迟。
殷勤渭阳谊，相虑有余思。

锦溪桥

〔明〕归昌世

柳带萦桥水面齐，沙明日暖鹧鸪啼。
春深两岸桃争放，不是渔人也欲迷。

甲申自述

〔明〕陆世钥

白头老翁溪上坐，髫年失怙无才能。
北堂母氏砺冰操，教之成立如升登。
纷纷雀鼠操戈入，坎坎孤雏几上食。

飘摇余室不堪论，几令此生难自必。
膝下承欢莫暂离，楚囚相对谁瞻依。
失志飘流不择旅，挥金结客事轻肥。
朝游紫陌樗蒲戏，暮宿青楼红粉媚。
黄金散尽无壮颜，黠客含沙堕其计。
自兹兴尽赋归来，仍登溪上钓鱼台。
赖有先人敝庐在，薄田饘粥娱亲怀。
风宁树静无多日，终天抱憾何穷极。
不烦术者择牛眠，术者多言家破即。
蓊郁青松二十春，始知家业无遗存。
吴公三世为廷尉，不封不卜繁儿孙。
人生但得全忠孝，国亡与亡何足道。
枯骨氤氲帝座旁，千秋万祀神皓皓。

矾清湖并序

〔明〕吴伟业

矾清湖者，西连陈湖，南接陈墓。其先褚氏之所居也。“矾清”者，士人以水清，疑其下有矾石，故名。或曰范蠡去越，取道于此湖，名“范迁”，以音近而讹，世远莫得而考也。太湖居吾郡之北，有大山冲击，风涛湍悍，而陈湖诸水停泓演迤，居人狎而安焉。烟村水市，若凫雁之着波面，千百于其中，土沃以厚，亩收二钟，有鱼虾菱芡之利，资船以出入，科徭视他境差缓，故其民日以饶，不为盗。吾宗之繇倩、青房、公益兄弟居于此四世矣，余以乙酉五月闻乱，仓黄携百口投之。中流风雨大作，扁舟掀簸，榜人不辨水门故处，久之始达。主人开门延宿，鸡黍酒浆，将迎洒扫，其居前荣后寝，葭芦掩映，榆柳萧疏，月出柴门，渔歌四起，杳然不知有人世事矣。是时姑苏送款，兵至不戮一人，消息流传，缓急互异，湖中烟火晏然。予将卜筑买田，耦耕终老，居两月而陈墓之变作，于是流离转徙，仅而后免。事定，将践前约，寻以世故牵挽，流涕登车，疾病颠连，关河阻隔。比三载得归，而青房过访草堂，见予发白齿落，深怪早衰，又以其穷愁茕独，妻妾相继下世，因话昔年湖山兵火，奔走提携，心力枉枯，骨肉安在？太息者久之。青房亦以毁家纾役，旧业荡然，水鸟树林，依稀如故，而居停数椽，断砖零甓，罔有存者，人世盛衰聚散之故，岂可问耶！抚今追往，诠次为五言长诗，用识吾慨，且以明旧德于不忘也。

吾宗老孙子，住在矾清湖。
湖水清且涟，其地皆膏腴。
堤栽百株柳，池种千石鱼。
教僮数鹅鸭，绕屋开芙蕖。
有书足以读，有酒易以沽。
终老寡送迎，头发可不梳。
相传范少伯，三徙由中吴。
一舸从此去，在理或不诬。
嗟予遇兵火，百口如飞凫。
避地何所投？扁舟指菰蒲。
北风晚正急，烟港生模糊。
船小吹雨来，衣薄无朝餔。
前村似将近，路转忽又无。
仓皇值渔火，欲问心已孤。
俄见葭菼边，主人出门呼。
开栅引我船，扫室容我徒。
我家两衰亲，上奉高堂姑。
艰难总头白，动止需人扶。
妻妾病伶仃，呕吐当中途。
长女仅九龄，余泣犹呱呱。
入君所居室，灯火映窗疏。
宽闲分数寝，嬉笑喧诸雏。
缚帚东西厢，行李安从奴。
前窗张罜䍡，后壁挂耒锄。
苦辞村地僻，客舍无精粗。
剪韭烹伏雌，斫鲙炊凋胡。
床头出浊醪，人倦消几壶。

睡起日已高．晓色开烟芜。
渔湾一两家、点染江村图。
沙嘴何人舟．消息传姑苏。
或云江州下，不比扬州屠。
早晚安集椽，鞍马来南都。
或云移民房，插箭下严符。
囊橐归他人，妇女充军俘。
里老独晏然，催办今年租。
馌耕看赛社，醵饮听呼卢。
军马总不来，里巷相为娱。
而我游其间，坦腹行徐徐。
见人尽恭敬，不识谁贤愚。
鱼虾盈小市，凫雁充中厨。
月出浮溪光，万象疑沾濡。
放棹凌沧浪，笑弄骊龙珠。
夷犹发浩嗟，礼法胡能拘。
东南虽板荡，此地其黄虞。
世事有反复，变乱兴须臾。
草草十数人，盟歃起里闾。
兔园一老生，自诡读穰苴。
渔翁争坐席，有力为专诸。
舴艋饰余皇，蓑笠装犀渠。
大笑掷钓竿，赤手搏於菟。
欲夺夫差宫，坐拥专城居。
予又出子门，十步九崎岖。
脱身白刃间，性命轻锱铢。
我去子亦行，后各还其庐。
官军虽屡到，尚未成丘墟。
生涯免沟壑，身计谋樵渔。

买得百亩田，从子学长沮。
天意不我从，世网将人驱。
亲朋尽追送，涕泣登征车。
吾生罹干戈，犹与骨肉俱。
一官受逼迫，万事堪欷歔。
倦策既归来，入空翻次且。
念我平生人，惨淡留罗襦。
秋雨君叩门，一见惊清癯。
我苦不必言，但坐观髭须。
岁月曾几何，筋力远不如。
遭乱若此衰，岂得胜奔趋。
十年顾妻子，心力都成虚。
分离有定分，久暂理不殊。
翻笑危急时，奔走徒区区。
君时听我语，颜色惨不舒。
乱世畏盛名，薄俗容小儒。
生来远朝市，谓足逃沮洳。
长官诛求急，姓氏属里胥。
夜半闻叩门，瓶盎少所储。
岂不惜堂构，其奈愁征输。
庭树好追凉，剪伐存枯株。
池荷久不开，岁久填泥淤。
废宅锄为田，荠麦生阶除。
当时栖息地，零落今无余。
生还爱节物，高会逢茱萸。
好采篱下菊，且读囊中书。
中怀苟自得，外物非吾须。
君观鸱夷子，眷恋倾城姝。
千金亦偶然，奚足称陶朱。

不如弃家去，渔钓山之隅。
江湖至广大，何惜安微躯？
挥手谢时辈，慎勿空踌躕。

赠别莲池讲师睿公用扇头韵

〔清〕陈景琇

一水何缘寄锡筇，三车笑演去来踪。
莲开舌上倾豪俊，花送天边乱鼓钟。
此地禅心秋水仰，他山幽岛白云封。
想思几度芦花月，梦入琴川隔数峰。

莲池八景

〔清〕张大钧[①]

莲池阁影

飞阁凌霄直下明，曲堤倒影见人行。
春风桃李湖边艳，秋月芙蕖水底清。
五鹤绕梁呈瑞霭，片云护顶意屏营。
文星朗照东南秀，伫看高骞在后生。

片云钟度

翠绕莲池水殿香，片云钟度自宫商。
每乘灵气穿芳径，肯逐游人出上方。
万籁无声知大雅，一尘不染韵铿锵。
近来谁知宾王句，试与重吟鹫岭旁。

迎晖普照

夜半红轮拥碧空，迎晖楼上晓光融。
四时风物弦歌里，两岸人家图画中。
堤柳送迎忘尔汝，棹声摇曳自西东。

① 张大钧（生卒年不详）：字孟和，号琬香，陈墓镇人。

凭栏凝眺多佳士，冰雪襟怀气吐虹。

画舫晴雪

画舫晴雪景偏幽，古画图中自可求。
此地本非难点缀，昔年曾否有羊裘。
花开遍野红无几，日蔽浮云白未休。
闻说戴逵家在此，冲寒独自放扁舟。

露台荷映

镜湖露冷恰新秋，菡萏花开略未休。
风过娉婷落珠珥，香来窈窕到岐周。
楼台如画春多少，桃李无言足胜游。
隔岸野花晴晒网，羡他早晚白蘋洲。

堤柳鸣禽

莺花箫鼓绮罗春，不与钱塘柳作邻。
细语勾辀休出户，晚晴凝黛似含颦。
钟声莲社怜飞鸟，水泛桃源莫问津。
昔日灵和同宴乐，今来佛地惹红尘。

菱歌晓唱

何处清歌杂晓钟，溪头拔棹采菱翁。
影摇水面疑金质，香引风中敛玉容。
韵入帘栊人未起，味尝午候曲当终。
为怜只隔堤三尺，菱荡莲塘迥不同。

芦荻风帆

漱霞所对荻芦滩，鸿雁飞翔云水宽。
远近客帆回落照，浮沉凫鹥浴惊湍。
晚霞迎月疑无夜，旧雨联舟话宴安。
红蓼开残尘好赏，拟留还别为风寒。

渡范迁湖

〔清〕王韬

朝暾射窗喧雀声，久苦寒雨喜新晴。
舟子晓发叩门至，持书促我锦溪行。
锦溪此去只廿里，风便挂帆顷刻耳。
春水涟漪溪涨平，荡漾荇藻生空明。
小艇摇摇日未午，大河前横路若阻。
烟深岸阔不见人，独听空江响柔橹。
此湖旧以矾清名，水色澈底玻璃清。
或云范蠡迁家至，湖滨卜筑名遂传。
当年功就知机早，一舸载得西施好。
屡散千舍溷俗贾，上士大笑未闻道。
晚年想已厌网罗，乃来此地娱烟波。
嗟予亦为名利缚，何时归钓隐丘壑。

“锦溪宣卷”唱本选段

天堂哪有人间好

宣　卷　男甲、乙二人

帮　膛　女八人

甲（韵白）：党的春风化雨露。

乙（韵白）：如今农村快活多。

甲（韵白）：天堂哪有人间好？

乙（韵白）：宣卷也要唱新歌！

甲（表）：话说江南水乡有个百花村，百花村出了一首《快活歌》。

乙（表）：好，拉起胡琴敲起鼓，听我们唱一首《快活歌》。

甲（唱）：快活世界快活多。

乙（唱）：快活人要唱《快活歌》。

甲（清板）：月里嫦娥下凡尘，百花村里来落户。

乙（清板）：结识对象田状元，一见钟情配夫妇。

甲（清板）：小夫妻种好承包责任田，再养几百只鸡鸭鹅。

甲乙（合唱）：三年晨光不算长，嫦娥家变成富裕户。

甲（表）：结婚以后，田状元和嫦娥夫唱妇随，劳动致富，第四年生了一个独生女儿，长得比嫦娥还要标致，百花村男女老少啥人勿称田状元好福气呀！

甲乙（合唱）：好消息一传传到天河上，牛郎织女不愿再受苦。

甲（清板）：双双下凡到人间，来到百花村找嫦娥。

乙（清板）：牛郎养牛本领大，菜牛奶牛养得壮又多。

甲（清板）：织女报考进工厂，喷气织布不用梭。

甲乙（合唱）：三年辰光不算长，新造楼房有一座。

甲（表）：再讲好消息“得儿”一阵风吹到花果山，齐天大圣快活得搔耳抓腮：“哈哈！你们都到人间去快活受用，也不与俺老孙打个招呼，老孙也跟来了！”

甲乙（合唱）：一个跟斗到百花村，申请承包种花果。

甲（清板）：一片桃园数千棵，结出蟠桃甜又大。

乙（清板）：齐天大圣成了专业户，经验介绍了两淘箩。

甲（清板）：猪八戒听说师兄发了财，也造起猪棚养猪猡。

乙（清板）：只只猪猡养得壮，杀出来油肉少来精肉多。

甲乙（合唱）：吃客人人都称赞，猪八戒跳起芭蕾舞。

甲（表）：再说百花村有一个文艺宣传队，他们经常演出非常闹猛，八仙慕名而来，来仔一帮仙人演出更加精彩！

甲乙（合唱）：铁拐李和吕纯阳跳迪斯科，汉钟离搭仔村姑跳交谊舞。

甲（清板）：韩湘子吹起紫竹笛，何仙姑搭蓝采和登台唱起《双推磨》。

乙（清板）：曹国舅拿把胡琴学拉拉，张果老手敲尺板把指挥做。

甲乙（合唱）：天堂哪有人间好，百花村成仙人窝。

天堂哪有人间好，快活世界快活多。
众（合唱）：天堂哪有人间好，水乡尽唱快活歌。
天堂哪有人间好，水乡尽唱快活歌。

（程锦钰）

锦溪山歌

耘稻歌

耘稻要唱耘稻歌，
两臂弯弯泥里拖；
眼观六尺要看棵里稗，
香草黄草一纳掳。

东南风吹来浪头高

东南风吹来浪头高，
金家庄人种田种到庙泾石灰窑；
有风扯起篷来驶，
呒（无）风拍起两橹摇。

栀子花开来心里青

栀子花开来心里青，
杨家世代出将军；
杨八妹小小年纪七八岁，
白相（玩耍）铜锤八百斤。

山歌越唱越好听

山歌越唱越好听，
私情路越走越殷勤；
娘房里黄酒越陈越好吃，
读书越读越聪明。

天上乌云薄薄行

天上乌云薄薄行，
地上好花满地生；
好男好女村村有，
你呒没姻缘勿要去想。

花鸟鱼带古人（盘歌）

啥格花开来米头多？
啥个鸟身上着绫罗？
啥个鱼掮枪游过长江浪？
啥人头上出外带金箍？

正月里梅花开来米头多，
彩鸟身上着绫罗，
尖嘴鱼掮枪游过长江里浪，
孙行者头上出外带金箍。

啥个花开来白洋洋？
啥个鸟衔泥上高梁？
啥个鱼头上三把夹？
啥人自刎在乌江？

二月里杏花开来白洋洋，

燕子衔泥上高梁，
旗蛙鱼头上三把夹，
霸王自刎在乌江。

啥个花开来暖洋洋？
啥个鸟躲到九霄云？
啥个鱼出须身无形？
啥人剪发卖发沿路寻夫君？

三月里桃花开来暖洋洋，
鱼虎子鸟躲到九霄云，
鲇鱼出须身无形，
赵五娘剪发卖发沿路寻夫君。

啥个花开来一粒焦？
啥个鸟饿得命难逃？
啥个鱼嘴小钻头形？
啥人落难破窑蹲？

四月里蔷薇花开来一粒焦，
鹦哥饿得命难逃，
鲃鱼嘴小钻头形，
吕蒙正落难破窑蹲。

啥个花开来盆里锦？
啥个鸟叫来木鱼声？
啥个鱼身上拖枪出？
啥人手捏锡杖挑开十八层地狱救娘亲？

五月石榴花开来盆里锦，
鸽端鸟叫来木鱼声，
鳜鱼身上拖枪出，
目莲僧手捏锡杖挑开十八层地狱救娘亲。

啥个花开来透水面？
啥个鸟飞到藕潭边？
啥个鱼头上张北斗？
啥人开来嗨出并头莲？

六月里荷花开来透水面，
一对鸳鸯飞到藕潭边，
黑鱼头上张北斗，
吴王开来嗨出并头莲。

啥个花开来叶头长？
啥个鸟飞来身小头颈长？
啥个鱼小脚伶仃沿江走？
啥人舍命到沙场？

七月凤仙花开来叶头长，
白飘飞来身小头颈长，
甲鱼小脚伶仃沿江走，
穆桂英舍命到沙场。

啥个花开来香喷喷？
啥个鸟常常飞来草里蹲？
啥个鱼头硬难打箭？
啥人落难唱道情？

八月里木樨花开来香喷喷，
野鸡常常飞来草里蹲，
淮鱼头硬难打蘚，
何文秀落难唱道情。

啥个花开来霜打红？
啥个鸟常常飞勒河当中？
啥个鱼想把龙门跳？
啥人下甲显金龙？

九月里菊花开来霜打红，
野鸭常常飞在河当中，
鲤鱼想把龙门跳，
小秦王下甲显金龙。

啥个花开来引小春？
啥个鸟起叫守村镇？
啥个鱼身上癞团形？
啥人吃酒醉打蒋门神？

十月里芙蓉花开来引小春，
鹌鹑鸟起叫守村镇，
花鼓鱼身上癞团形，
武松吃酒醉打蒋门神。

啥个花开来雪花飘？
啥个鸟开口喊苦恼？
啥个鱼身小斑斑形？
啥人落难斩王彦章？

十一月里水仙花开来雪花飘，
苦阿鸟开口喊苦恼，
捏塔鱼身小斑斑形，
落难斩王彦章是李存勖。

啥个花开来冷飕飕？
啥个鸟落地打抽抽？
啥个鱼出角穿须出？
啥人取经到西天？

十二月里蜡梅开来冷飕飕，
画眉鸟落地打抽抽，
丫牛鱼出角穿须出，
唐僧取经到西天。

散文

古代散文

陈妃水冢记

〔明〕赵昶[①]

事有可传于后者，固当发其隐而阐其幽，使不至淹没于荒烟寥寞之中，泯而无闻焉。若陈妃之事是也。昶髫年时，窃闻先叔祖以文公暨里之先达，言吾乡之称陈墓者，

① 赵昶（生卒年不详）：字明远，号月窗，陈墓镇人。

由宋朝陈妃墓此而得名也。言虽在耳，事涉无征。迨弘治丙辰间，阅《姑苏志》云："陈墓去郡治之东五十五里，宋光宗妃陈氏葬此。"及考《昆山志》亦云，而所载更详。缘陈墓界属长、昆两邑间，故并收云。既而偕友人曹舜卿放舟，凭吊遗踪，宛然与志相合。闻之耆硕，征之文献，复何疑哉！舜卿首唱以诗，遵正韵，以寓吊古怀思之意，一时唱和珠骈玉集。归而作卷，谋诸西园掌教王先生，处鲈乡泊处。先生曰："子诚好古者流。"遂书《纪原》而归之。吁！吾侪生于斯，长于斯，而耕凿之天又乐于斯，讵忍以乡之胜事汩没无彰也！用求士林高尚，清辞美翰，非惟吊香魂于千载之余，实欲表里名于百世之后也。爰托短引以识之。

陈墓纪原

〔明〕屈儒

姑苏之东南，去郡城二舍许，有陈墓村。村中以河为界，西为长洲，东为昆山。环村四汇为湖、为荡、为淀、为泖、为溪沼。而茭蒲、荷蕖、菱芡、鸬鹚、鸡鹊、凫鹭、鸥鹄……足水乡之美。隐其地者，鼓枻鸣榔，弄月钓雪，潇洒以遣。居诸甚适也。余妇家陆氏，世居河之东，往返有年矣。月窗赵叟谓余曰："子知吾陈墓之自名乎？志有之。陈墓在昆五保湖水中，相传宋孝宗妃陈氏，嘉泰中葬此，墓后构建莲池院，命僧守之。今村南一洲，若浮玉然，莲池、梵院具存，必其葬处无疑也。子为我纪其原，以示来者。"惟南宋都临安，去三百余里。孝宗之葬会稽宝山，去临安又几二百里。南北相望，五百里而遥。孑然孤冢，与水为邻，不得同汉唐妃嫔陪葬帝陵，若可恨矣。然宝山诸陵，胜国初发于妖髡杨琏之手，孝宗帝后并皆不免，斫残焚弃，极其惨酷。当时遗黎痛愤，不忍闻见。若非玉潜唐生毁家取义，收遗骸而潜瘗之，幽草寒璚，不免杂兽髑于滇南之下矣。此冢四百年来，屹然无恙，岂非一大幸欤！百世之后，又得好事如叟，从而著之文字之中，使后世知有帝妃之墓在焉，不待杜宇之哭冬青，而后知其处，不为尤幸欤？余因此而慨，夫帝王陵寝、圣贤坟墓有大于此者，在所无人，不得表树，岂堪一二数哉？故不辞而为之记，所以庆妃之遭也。时正德十三年岁在戊寅冬孟七日，孝廉屈儒汝为氏记。

陈墓小记

〔明〕陆祚兴[①]

陈墓之名何昉乎？昔宋绍兴南渡，于此地择水穴葬陈妃，用是名也。地分茂苑，水接云间，檇李苕溪，近在襟带间也。设关待客，称巨镇焉。风俗淳朴，土壤肥腴，农事女红，克勤匪懈。余家自吴晋以来，世居兹土。族多隐君子，时与骚人逸士啸歌溪上，远追甫里，近溯放翁。德业文章，皆足千古。敢哆人杰，亦维地灵。相传，道院之前，湖光荡漾，水势潆洄，篙楫偶触，辄有声铿然者，为妃冢也。其道院为宋之通神庵，时建以居何真人蓑衣生者也。孝宗时，御笔亲书曰"通神庵"。虽废兴屡经，而宸翰天章犹足冠耀书府。其东，林木郁葱、波涛湍急者，石音关也。石像尚存，而行人估客莫有寄泊者。惟见风帆沙鸟，出没于荒芜滩渚间尔。又东，有井亭，泉水清洌，虽亢旱弗枯。极东，潭水渟泓，花开菡萏，中有水殿，供大士结莲社，乡之耆老每朔望率子弟为乡约所。今群鸟朝噪于枯杨，磷火夜青于颓庙而已。其西，有水一湾曰锦溪。溪边桃杏千株，灿若天孙云锦。浮梁澌水，酒旗飏风，井爨朝烟，渔歌夜月，诚非人间世。今殆无问津者矣。锦溪之西，昔之谯楼丘在焉。敲寒击热，其儆一方之勤惰者乎。其北，有《福寿院记》，元至正间故物也。碑既中截，文复模糊。古云"下马读残碑"，其此之谓乎！凡兹胜景，昔贤如高季迪、文衡山、陈白阳诸名公辈，与余族祖颐斋公暨溪上诸贤相往还，唱和诗篇，历历可考。余生也晚，不获躬逢其盛，得之传闻者半，得之咏歌者半。至于今，道院之湖光如昨，石音共古井空存，锦溪水殿，尽属烟销，而谯楼断碣，鞠为茂草。且也民力渐困，而风俗亦骎骎凋敝矣。悲夫！盛衰有数，兴废有时，风景虽新，典型犹昔，修废举坠，岂异人任乎？余敢不拭目望之也。时崇祯甲申岁修禊日，惕庵陆祚兴撰。

陆氏义塾记

〔明〕朱旻[②]

昆邑淞南距城五十里许，有地一区，环四面皆水也，名曰陈墓。村中以河为界，河之西为长洲，居庐栉比，殆五百余家，民物繁庶，然多务农而不知教。吾昆之巨族，陆

---

① 陆祚兴（生卒年不详）：字仪一，号惕庵，陈墓镇人。

② 朱旻（生卒年不详）：字廷仪，号肃庵，陈墓镇人。

氏元质，号耕逸翁者，每念里中子弟，不知礼仪，尝欲立义塾，以为讲习之所。割田二十余亩，计其所出，以为延师之费。弗果，赍志而没。弘治己酉，邑大夫杨侯以名进士出宰吾昆，始下车，独能奉上令，凡邑中祠宇，非祀典所当祀者，悉撤去神像，以拆毁之。或多改为社学，立师设教，使地无无学之地，民无不学之民。其加惠斯民，至矣！陆氏所居之右偏，旧有三教堂五楹，永乐间致仕知县顾伯皋所建也，岁久顿圮弗治。陆氏购为己有，葺而行之。今年春，元质之季子，上舍生汝辉谋之诸兄曰：吾先君尝有立塾之意，今杨侯又多立社学以教民，宜撤神像使为义塾，可乎？诸兄以为然。遂白之县令。令以为宜。延乡之贤者为师，以训内外之子弟于其中焉。又虑后之族人子弟不知先世之所自，久而复隳，乃具书币介余友尉氏教谕王君元吉，嘱余为文，勒石以纪其实。予谓化民善俗之道，莫先于教。故古之教者，家有塾。盖二十五家为闾，同居一巷，巷首有门，门侧有塾，塾必有师，师必贤者为之。俾民之在家者，朝夕受学于塾，教以洒扫应对进退之节，爱亲敬长隆师亲友之道，以为修身齐家治国平天下之本。教之有裨于世也久矣！奈何世风递降，教日以弛。惟上不知教，则下不知学。上不知教，无以化民；下不知学，无以为善。邪僻淫靡之俗兴，而礼仪愈坏。是以人材治道咸不古若，抑岂细故哉？今杨侯初政，即能去邪崇正，设教导民，是即古人教之遗意欤？陆君汝辉未有民社之责，乃能承邑侯之意，继先人之志，惟以训诲里中子弟是图，岂非君子之用心哉！夫士君子之所为，惟贵乎知所重而已。使今之为守令者，皆能如杨侯之专意立教，化民成俗；凡乡之巨族，亦能如陆君奉上德意，以训里中子弟为心。将见诗书弦诵之声，溢里巷而遍村墟。礼仪之化行，淳庞之俗成，洋洋乎无间遐迩，雍熙太和之治，其庶几乎！是为记。弘治三年乡贡进士、石首教谕、里人朱旻撰文。

陈墓纪原集序

〔清〕陈景琇

由葑水而东，长湖巨浸指不胜屈，而陈墓独浮诸水之上，为东南胜地。相传南宋水葬陈妃于此，故得今名焉。余家大姚，与陈墓止一湖之隔，因得以时往来其间。犹忆少时，读书于万寿庵，咿唔之暇，与二三故老谭，旧址甚悉。水则为泖、为淀、为汀、为浦，环绕不一。其处名胜则通神道院、莲池水殿，屹峙不一。其迹真人名释修炼者于斯，飞锡者亦于斯，不亦地灵而人杰也哉。余自甲子、乙丑联隽官京师，故乡莼鲈之感，未尝一日不萦于怀。迨甲戌解组，以予昆季叔仲俱家陈墓，又复以时得至其地。一日，姜子霍临出其八景诗若干首，皆名贤题咏，里人赵月窗、陆寅斋辈为之唱和。会得纵观而详识之。因念高青邱、文衡山诸先生皆一代巨儒，其欬唾不肯浪掷。即余曾伯祖白阳山人，圭洁自好，后人得其片纸只字，珍若拱璧。苟非其地素有高人逸士，亦何足邀诸君子之顾盼也耶！余既喜获睹名贤余韵，而又羡姜子之好古善于袭珍也，故不惜呵冻而为之序。

时康熙丙子仲冬，题于锦溪之云间草堂，姚水陈景琇。

重修通神道院记

〔清〕邹亮

通神道院，在苏东五十里许，今谓之陈墓者也。陈湖碛砂在其西，而其南通嘉禾，北接甫里，又淀湖、三泖而为松江也。层澜巨浸，汪洋演溢，而天光云影上下交映，风帆沙鸟往来出没于空明澒洞间，草树远近之色葱倩蓊郁。朝暮烟霞变化之态不同，其景物若与尘世敻然相隔也。宋时，蓑衣何真人栖真于郡之天庆观，孝宗知为异人，赐号通神先生，为筑居室，亲洒宸翰，书“通神庵”三字为匾，至今尚存。此道院即其游憩之地也。元天历间，有陆主唐龟蒙先生之裔，尝捐赀重创是观。既又建三清殿，梦感真人指示白金瘗处，寤而果获，用资土木之费。殿既落成，遂以余币创兹道院，延道士陈思澄主之。若干传，迨今住持顾永和氏慨然以兴作为己任，于是殚虑悉力，鸠工庀材，营缮高真殿、东岳殿、蓑衣真人祠及斋庐、门庑、庖湢、库庾，次第就绪。而又缭以修垣，环植嘉木。其用心可谓勤且劳矣。永和同门友周君百川，早得度于神乐观，继主京师东岳庙，克弘玄范，丕振宗风，谓斯道院景幽地胜，乃真仙显化故处。其作始者固不易，而能新其旧，完其费者亦甚难。兹焉毕工，不可无以告来者，因疏其颠末，来属余记。夫至人者，飡六气，饮沆瀣，葆其真，凝其神，壹其性志，炼其行魄，故能乘云气，御飞龙，浮游四海，麾斥八极，翕忽变化，出入有无，与天地相为终始。通神先生其人也，自去兹境盖已有年，安知其无丁令威千载而归之思耶？宜永和究其遗踪，葺其精舍，以学其道，以迟笙鹤之来，以叩长生久视之要，斯固抗高世之志，而非庸俗能窥测矣。奚止于程工营构之勤为可记哉！庸并书之，俾刻诸石。

当代散文

怀古遐思：一溪烟雨描未尽

王家范[①]

“锦溪”，据清《陈墓镇志》说是南宋以前的称呼。我似乎更愿意相信，那是前代文人为自己家乡起的雅号。碧水东流，春风乍起，微兴的涟漪，宛若丝带在水面上轻轻飘动。“锦溪”这名字起得真好，不由自主地会使人在脑海中舞动起独特的联想，进入柳绿河岸、春意盎然的水乡诗境。

离开家乡，求学与任教沪上，再过四年，就满半个世纪了。我在上海的时间已经是在家乡的两倍多，但近年夜深入梦，不管情节如何离奇，背景却多离不开“埂基”上遥望五保湖、长白荡，天水之际见到的白云、孤帆，以及少时结伴而行，踩着碎石路，踞坐拱桥护栏，旁若无人，高声嬉笑的情景。这大概是每一个在外的游子，到了老年都会产生的潜意识心理跃动：梦回故乡啊，那里是我生命的始发地。

从踏上社会后，一直在史学领域里从事教研工作，职业使我喜欢寻根究底：明清江南市镇也是我研究的方向之一。然而，必须坦承，即使像再也熟识不过的故乡，我可以数出她身上的每一根血管，但历史深处隐藏的许多神秘的东西，却会让你捉摸不透。例如，从小就熟悉了乡人对“陈墓”二字的读音，是呼之为“shi–m”的。每次回乡探亲，在昆山汽车站，若遇到有人能够把“陈墓”叫作“shi–m”，我一定激动得不得了。可惜的是，能够说出如此标准“乡音”的人，渐渐少了起来。这时，我突然醒悟：历史正在离我们渐渐远去。何以把“陈墓”叫作“shi–m”？这种读法之奇特，变成了一个哑谜，久久存于我的心底。请教过许多方言专家，都不得而解。多次试图用现代汉字写出乡音，也找不到最合适的字与之对应。这读法，大概是近乎于“池—呒”吧？由此遐想，突然冒出一个杜撰的解释：“陈墓”位于众多湖泊之中，有一个美丽的“金色池塘”，那就是位于镇之南端，夏日荷花盛开、金光闪闪的“菱荡湾”。这“呒”正好成了感叹词，有“多美丽啊！”的意思。这种解释，当然只是我的姑妄言之，决不能作为正式的学术研究成果，但毕竟也不失为对家乡历史的一个美丽猜想。

“锦溪（陈墓）”的早期历史，直至目前，我尚没有能找到宋元时期史志方面的直接佐证。得名于陈妃之墓，均见于明清以来的方志，有光宗、孝宗乃至高宗之妃等多种说

---

① 王家范：锦溪镇人，华东师范大学历史系教授、博士生导师。

法，莫衷一是。明代苏州的大史学家（“国史副总裁”）王鏊，在写《姑苏志》时对此事很谨慎，称之为“世传”，即民间的口耳相传而已，无有实证。在我推测起来，与其说是高宗“南渡”，还不如说光宗许其爱妃陈氏归葬家乡，叶落归根，更富有人情味。到了明代，长洲县在元代浒墅、吴塔之外，增设了“陈墓巡检司”，有洪武十二年《苏州府志》手抄本的记载，已经成了铁证。“巡检司”，家乡人呼为“chen-jiu-si”，我是在看了《明史·地理志》后，才恍然大悟，它的位置大约就在镇西头原来的“陈墓剧场”附近。由此推论，“陈墓”的地名，必在元代或更前的时代就已经存在了。按照明代的制度，巡检司官员的法定月俸为五石米，仅低于知县、县丞一二石米不到，比（苏州）府儒学教授（相当于专区教育厅长）要高出三石米，可见这个机构的地位和重要性了。

陈墓之所以设巡检司，因为它正紧扼苏松水道之咽喉，陈湖在其西北，淀山湖在其东南，四周湖河港汊纵横，为吴县（前后有长洲、元和县改属，均有吴县分出）、昆山县、吴江县、华亭县（后分出青浦县）交界之地，所以流贯镇中的南北市河，古称吴昆之“界浦”（实为界浦南下的一派分支），镇亦有两县分辖。在明洪武初，由宋濂作序的明洪武《苏州府志》《长洲县境图》上，陈湖东南侧，明显标识有“陈墓巡司”，与其西南的“同里巡司”相犄角，在纬度上正成一条直线。由镇南长白荡北上，穿越陈湖，经独墅湖，即可到达苏州的葑门。南经商榻，越淀山湖，可达朱家角。在上海尚未成为万商云集的大都会之前，松江地区的商贾走这条水道，竞相奔赴江南之中心城市苏州，其繁忙的景象，今日已不复想象了。

与“陈墓”二字相关，还有比这更有传奇意味的，就是关于“陈湖”的水底之谜。乾隆《元和县志》载：“陈湖周六十里，一名沉湖，相传邑聚所陷，今湖底街井可见。”太湖流域曾历经多次海侵，“一片汪洋都不见”。古之陈国，都于今之河南淮阳，拥有今安徽一部分。入秦，其后裔逐渐南徙，陈湖或为其后人之迁居地？宗族聚居，沧海桑田，沉浸为湖，其族人东迁至“锦溪”而为“陈墓人”，是否可能？请陈氏后代查一下宗谱。但不管怎么说，在陈墓，陈姓为大族，代出才人，于史有证。此外应数朱、陆两姓，其人才之盛，亦不逊于陈氏。播迁之后，患难之属，多发奋之雄裔，藏龙而卧虎，抑属可信乎？

历史远去，然历史作为一种财富，将永远惠及后人。我锦溪人，不忘水乡古镇由来，善自保护之，弘扬发展之，则不胜幸甚矣。

（原载《锦溪》,《魅力昆山》丛书，西安地图出版社，2003 年）

锦溪，我难忘的故乡

朱彩方[①]

少小离家老大回，乡音未改鬓毛衰。

儿童相见不相识，笑问客从何处来。

——〔唐〕贺知章

光阴如箭，日月如梭。1982 年 9 月，我离开锦溪镇（原名陈墓）赴北京第二外国语学院英语系就学。当年我 18 岁。我村（张家厍）在当地被誉为“大学生村”，但当时还没有一人去 3000 里以外的北京。我的骨子里有着求新和超越的品质，所以毅然直奔北京。大学毕业后留校边任教边进修，一晃又是 18 年，北京成了我的第二故乡。2001 年秋，我考入美国哈佛大学潜心深造。我的学术方向是东西方文化沟通合璧的尝试，尤其致力于探索并体验人生表象下生命的幽玄与意识的绵延。法国创化论思想家 Henri Bergson（伯格森），美国实用主义大师、心理学家 William James（詹姆斯），日本的禅学大师 D.T.Suzuki（铃木大拙），以及也佛也儒的中国现代哲学家梁漱溟（我有幸两次聆听了他的讲课）和熊十力与我甚是投缘。

明年将是我的不惑之年。回首近四十年的人生历程，无疑要从锦溪开始。她是我的根，我的第一故乡，是我虽然身在北京或美国却依然魂牵梦绕的故乡！

追溯往事，我的童年依稀可见，我的少年呼之欲出。最初我家五口人：父亲朱福林，母亲赵荣宝，弟弟朱彩元，妹妹朱彩娥（昵称娥妹），另有一弟王家明幼时过继给王姓家庭。一家五口住在极其狭窄昏暗的旧房里。父亲酷爱书画，他那好几箱藏书无意中熏陶了我。我七八岁时举家迁至邻近的小岛上，盖了四间砖瓦平房。这里视野开阔，风光独好。但时值“文化大革命”，加上要拉扯我们兄妹三人，一家生活十分艰难。好在父母、祖父和外祖母秉性善良，勤劳，宽容，他 / 她们给我的童年留下了种种美好的回忆。对家乡另一种美好的回忆是那一望无际的田园风光，碧波荡漾的湖光水色。且不用说智者乐水，有谁见了那如诗如画的浩渺碧波而不心旷神怡！每次回老家，我都少不了要重温那“赤足走在田埂上”的惬意，少不了要去眺望或是波光粼粼，或是船来船往的五保湖。

据史料记载，五保湖底下有宋朝妃子陈氏之墓。锦溪之旧名陈墓即因此得名。五保

① 朱彩方：锦溪镇人，毕业于美国哈佛大学。

湖的彼岸耸立着锦溪标志性的古文物建筑文昌阁。那里曾是陈墓中学的所在地。当年在文昌阁南面的那间平瓦房和同学们寒窗苦读的情景至今记忆犹新。还记得当年姚烈、余为纲等老师的身影和教诲，记得十眼桥头欢快的城乡交响曲，记得与同学“隐居”镇农科站（如今的敬老院）时的那分宁静。1982 年 8 月，我拿到大学录取通知书的那兴奋之情难以言表，随之一个念头跃然脑海，我要邀请我的老师到我家做客，以表达我这个农民的儿子尊师重教、师恩难忘之情。

二十年来家乡的变化真大。2000 年的春节偕妻子最近一次回家探亲时，村里几乎家家户户都盖好了楼房。从上海虹桥机场出来，经青浦商榻至锦溪的公路已投入使用，大大地方便了我的行程。陈墓中学原址上升起了一座典雅的莲池禅院，与文昌阁匹配，颇具匠心。可惜我不知禅院的历史沿革。近年来从与家人的电话联系中又获悉了家乡的最新变化。听说在镇党委、政府的关心支持和努力下，锦溪已把旅游事业作为一大支柱产业来抓，投入了大量的人力、物力和财力，连续举办了三次“锦溪旅游文化节”，把家乡的旅游事业搞得红红火火，吸引了更多的海内外游客来千年古镇旅游观光。彩元在 e-mail 中还告诉我最近二年锦溪又打造出了一块响当当的广告牌“中国民间博物馆之乡”，至今已开张了古砖瓦博物馆、紫砂馆、古董馆、中华历代钱币馆、根雕馆、张省美术书画馆、锦溪杰出人物馆、华夏天文馆及中华奇石馆等。每次听到这样的消息，总会非常兴奋，但同时却十分惭愧。惭愧自己只顾漂泊，逍遥在外而尚未对家乡的养育之恩有所回报。

在北京时，我常说我来自江苏，苏州或昆山——昆曲的摇篮，顾亭林的故乡。如今在美国，我更得放大口径跟老外讲我是北京人或者干脆是中国人。但如果有人追问详情，我定会告诉他或她那些都是笼统的说法，锦溪才是我最真切的故乡！无论我在北京还是美国，无论我整天以全新的技术和摩登的方法忙着追求哈佛校训所说的“学术的至善”，但锦溪的风土人情，锦溪的父老乡亲，锦溪那十八年的悠悠岁月永远是我意识深处最活跃的信息因子。俗语说：“日有所思，夜有所梦。”生活在快节奏、现代化的美国社会文化氛围中，我无暇日日举头望明月，低头思故乡，但十有八九，我依然会在睡梦中跨越无尽的太平洋，魂飞锦溪——我那彼岸的故乡！

（原载《锦溪》，《魅力昆山》丛书，西安地图出版社，2003 年）

寻找浪漫去锦溪

田挠明

有一个柔美的地方叫锦溪，这条包孕在江南水乡五湖三荡间的河流，历来就有“金波玉浪”的美誉：夹岸桃李纷披，花叶尽洒河面；晨辉夕照之中，满溪跃金，灿若锦带。这就是“锦溪”名字的由来。

古老的溪流驮起了一座古老的锦溪镇。千百年来，这里的人们枕河而居，与水为邻，亲密无间。街道依水而筑，房屋临水而建，桥梁越水而过；正是“春风拂拂柳依依，无数莺声燕语时。红杏碧桃花烂漫，长堤曲港水流漓，浮梁滩前维渔艇，野店门前飚酒旗。此景欲描描未尽，一溪烟雨当迷离”。

正是早春二月，烟雨迷离时节，我们走进了江苏昆山市的锦溪古镇。小镇宁静而优雅，湖光水色里，掩映着白的墙、灰的砖、黑的瓦、栗色的门窗。青石铺就的老衔，几株虬劲的老树直立在道旁，一簇簇青藤垂挂在苍颜斑驳的围墙上，一丛丛绿竹在墙角悄悄凝视着行人，一股股油煎的鱼香，一声声丝竹的音韵，从路边那半开的窗口飘逸而出……看着淡雨薄雾中联袂的拱桥与蜿蜒的水巷，戴望舒的《雨巷》便进入了眼帘：“撑着油纸伞，徘徊在悠长悠长的雨巷，希望遇着一个丁香一样的姑娘……”丁香姑娘没有碰上，年轻的导游姑娘在陈妃墓前却给我们讲了一个凄婉动人的传说。南宋绍兴年间金兵入侵，太子赵玮带陈、葛二妃登战船，由杭州赴苏州，抗击金兵，途经锦溪。一场激战中，陈妃为保护赵玮，舍身挡箭，身负重伤，不久病殁，水葬锦溪。赵玮登基做了孝宗皇帝后，难忘陈妃，难忘锦溪！下旨在五保湖畔构筑古莲禅寺，为陈妃护墓诵经。也许是陈妃情动苍天，800 多年来，不管有多大的洪水，即使湖岸上的房屋都进了水，陈妃土冢却从来没被淹没，那湖中的孤岛总是矗立在水面上，摇曳着芳草萋萋的情思。

锦溪是多情而美丽的，无论是饱经沧桑的石驳岸，还是历尽岁月风霜的石拱桥，抑或庭院深深的长街水巷，都记忆着动人的故事，充满了迷人的魅力。

“锦溪碧汤汤，落花时泛香。钓船频往返，渔唱复悠扬。”站在石拱桥上，低吟着古人的诗句，放眼桥上桥下风光，的确有一种醺醺然的感觉。

锦溪的生命是水做的，锦溪最引人入胜的也是湖光水色。当我们划着小船在河里穿行，石桥的圆拱在头顶闪过，稳实的驳岸散发出湿润的气息，似乎觉得走进了悠远的历史。一位初到锦溪的日本朋友，在水巷里流连忘返。她说：“水巷是一张柔软的床，睡在床上，能做人间最美妙的梦。水镇是飘在湖面上的一片荷叶，我真想成为荷叶上的一颗水珠……”

“柳带萦桥水面齐，沙明日暖鹧鸪啼。春深两岸桃争放，不是渔人也欲迷。”美丽的江南水乡锦溪古镇，引得南来北往、朝朝代代的多少文人墨客，留下几多名联佳作。而小镇却像睡梦中的少女，始终不惊不宠，以她平和绵延而又柔韧坚毅的个性，不仅孕育文化，而且包容文化、理解文化、欣赏文化、保护文化。日积月累、渐深渐厚，不知不觉间，锦溪传承了太多太多的文化内涵。从这里走出了中国第一代留学生，近百年间只有4万多人的小镇，在英国、日本、加拿大、德国、俄罗斯、法国、美国的留学生就有100多人，不愧为中国的“留学生之乡”。而悠久深厚的历史积淀，也催生了这里一个又一个民间博物馆的诞生。从金石篆刻、古砖瓦博物馆到历代钱币、紫砂壶艺、根雕、古董博物馆，珍藏门类相当丰富。这个“中国民间博物馆之乡”，传承与延续了锦溪灿烂而丰富的历史文脉。

浓浓水乡风情包裹着的千年古镇锦溪，充满着迷人的浪漫气质。找一个烟雨飘飞或是细风斜阳的时节，去锦溪看水看景看人，读文观联听故事，划船游桥走曲巷，寻找浪漫的情调，一定很美！

（原载《人民日报》海外版2009年2月26日第08版）

著作篇目选录

锦溪人文荟萃，人才辈出，明代以前著作不可考，清及近代以来，各类著述颇丰，涵盖天文、地理、历史、哲学、法律、经济、医学、科技、艺术等众多领域，其中不乏在学界享有盛誉的经典巨著，汇成一条璀璨夺目的智慧星河。

明清时期

陆　完　《水邨集》

陆世鎏　《岁寒余事草》《永观堂集》《尚论纪闻》《馂古绪余》《述训绪言》《澄心

录》《招遗草》

郑文康 《平桥稿》(见《四库全书总目提要》)、《平桥漫录》1 卷、《介庵杂编》6 卷、《郑氏家谱》1 卷

屈 儒 《陈墓纪原》

陆祚兴 《陈墓小记》

张 圻 《学仕要箴》5 卷(见《四库全书存目丛书》)、《虚隐楼文集》、《感应篇合注》、《昆山县城隍庙续志》1 卷、《龙门心法》、《道德经注解》、《珠口真机》

张观澜 《四书集解》40 卷、《蒙斋文钞》10 卷

张成栋 《飞来集》

俞万选 《鹤峰集》

张廷鋆《传鉴诗》

陈载锡 《云间草堂集》

陆世鏻 《偕勉录》

李文楷 《存立篇》1 卷、《朱丝玉壶随笔》24 卷、《五集集览》4 卷

陈景琇 《陈墓纪原集序》

陈尚隆、陈树谷 《(乾隆)陈墓镇志》

民国时期

朱文鑫 《中国教育史》《攀巴司(Pappus)切园奇题解》《史记天宫书恒星图考》《历代日食考》《历法通志》《天文学小史》《中国历法史》《史志月食考》《天文考古录》《织女传》《明史天文志考证》《槃亭文稿》《淮南天文训补注》《十七史天文诸志之研究》《算式集要》《微分方程式》《星团星云实测录》

朱文熊 《三 S 平面几何学习题详解》《江苏新字母》

朱文焯 《法学通论》《刑法通义》《国际私法》

陈华寅 《人口统计》《经济论》

蔡章儒 《植物遗传学》

陈其鹿 《统计原理与实习教材》《统计图示法》《经济学》《银行学》《初级统计学》

陈渭士 《黄陶楼先生年谱》、《成唯识论显诠》3 卷、《唯识二十颂今释》、《八识规矩颂显诠》

陈子彝 《中国纪元通检》、《寰宇贞石图目》、《江苏省立苏州图书馆刊》(主编)

陆　钰　《昆山游览指南》

新中国成立后

陆传纹　《西方雕刻欣赏》《英法中美术词汇》

陈文鹭　《宇宙之展开》、《二次世界大战史料》（六卷本）、《二次世界大战史初探》

陈华癸　《土壤微生物学》《微生物学》

沈以行　《工运史鸣辩录》《上海工人运动史》

王诗恒　《传染病学及流行病学》

陈兆龙　《城市街道与道路》、《中国大百科全书·土木工程卷》（参与编写）

孙家晋　小说集《株守》，散文集《风云侧记》《落日秋风》，译著小说《克雷洛夫寓言》、莱蒙特《农民》（4卷）、安德森《小城畸人》、里维拉《漩涡》、托尔斯泰《哥萨克》《塞瓦斯托波尔的故事》、纪伯伦《流浪者》、泰戈尔《园丁集》《流萤集》《鸿鹄集》《茅庐集》《吉檀迦利》《情人的礼物》《心笛神韵》《泰戈尔抒情诗选》等。

陈华伟　《线性网络设计与综合》《线性系统分析》《机器人时代》

陈定伟　《桥梁的故事》《砖烟囱设计与施工》

朱承豪　《统计学原理》《应用数理统计》

陈中孚　《漫谈微生物遗传学》《微生物遗传学实验》《好热性细菌》

孙善澄　《小麦与偃麦草远缘杂交的研究》《黑粒小麦黑玉米黑苦荞》《黑粒高营养小麦种植与加工利用》《华南小麦品种志》

朱章珊　《狂犬病的新进展》《肝肾综合症的发病机制》等

顾　坚　《透视人生》

彭德洪　《中国页岩油工业》

夏昌求　《营房工程预算》

葛维栋　《美国自动化经济问题》（译著）、《西德矿用电器设备规程》（译著）

王　璆　《复变函数》《快速 FOUYIY 变换（FFT 介绍）》《快速 Fourier 变换（FWT）介绍》《特殊函数》

朱章森　《找矿员手册》《金沙江地区锡铅锌矿找矿靶区预测》

孙善平　《国内外火山碎屑分类命名回顾及展望》《岩浆岩岩石学》《西藏羊应乡地热田的形成特点及评价》等

王天麟　《光电测距》（上、下集）、《球形金属罐容量》、《测量学》等

蔡华同 《锦绣中华与古典诗歌丛书》《雄辩风流——历代谈辩对话艺术》《周恩来谈辩艺术》

杨锦鑫 《浙江省中药泡制规范》《浙江天目山药用植物志》

陈剑宏 《无机痕量分析中的分离和预浓集方法》《分子发光分析法——荧光法和磷光法》《氢键流体模型》《流动注射分析——湿法分析中的新技术》

陈国平 《电真空工艺》《薄膜物理与技术》

冯曙伦 《中国家蚕品种志》《江苏蚕品种性状调查》《中国八十年代实用蚕品种与繁育技术要览》

王家范 《中国历史通论》《百年颠沛与千年往复》《史家与史学》《漂泊航程：历史长河中的明清之旅》《明清江南史研究三十年（1978—2008）》

陈幼林 《食品化学》《仪器科学论文集》

戴仕熊 《苏州评弹流派曲调》《西洋服装史》《中国服装史》《服饰文化沙龙》

吕传龙 《现代应用文体写作大辞典》（与人合著）、《基础写作新论》、《现代经济写作》

陆天才 《食源性疾病》

陈兆弘 《文史论考》《吴中识小》

陆宜泰 《当代锦溪人才录》《历代文人咏锦溪》《陈三才》

朱宏恢 《中国古典文学辞典》《中国古典诗词分类鉴赏辞典》

叶慧贞 《开关稳压电源》《新颖开关稳压电源》

王家林 《石油重磁》《中国典型含油气盆地综合地球物理研究》《珠江口盆地和东海陆架盆地基底结构的综合地球物理研究》《石油综合地球物理方法与应用》

陆家衡 《陆家衡画集》《陆家衡书法作品集》《中国画款题类编》《玉峰翰墨志》

王思焜 《袁宗道诗话》《徐祯卿诗话》

陈　益 《十八双草鞋》《水巷里的浮雕》《欲望漫思录》《我的先祖是蚩尤》《心同山河——顾炎武传》《天吃相》

万　芊 《流年》《紫璋》《悟茶》《游进城里的鱼》《最后的航班》

顾　宁 《美国文化与现代化》《知情者说——历史关键人物留给后世的真相》《世界妇女教育》

邹采荣 《多维数字信号处理理论及其应用》《神经智能》

张焰林 《灵秀锦溪》

沈火全 《迁徙》

张雪芳 《学会倾听》《蓄满烛光的夜》

胡权权 《蓝月光》

楹联

莲池禅院崇善堂中间对联

崇德即崇功自京师漏泽园开到处遵规咸播泽

善前须善后继甫里同仁堂建此间接壤好扬仁

莲池禅院漱霞所朝外对联

佛地涌莲花对此池疑太液

天香攀桂密到来座近文昌

莲池禅院鸳鸯厅后面对联

一派挐音流欸乃

半房清梵出林於

菱荡湾石埂牌坊对联

（东）

长堤映月水冢香散白荡雪鸥寻故知

飞阁凌霄片云钟度禅院梵音有新声

题额：水乡佛国

（西）

枯灯夜读桃李春风胜秋色

故土梦萦锦溪金波逐玉浪

题额：文星朗照

虬泽武帝庙大殿前后柱联

（前）

临大节而不可夺也

非圣人若是其能乎

（后）

至大至刚塞乎天地

讨乱讨贼志在春秋

文昌路北首入口牌坊对联

（中）

云锦贯五湖桥系千年水韵

碧溪通三荡窑孕百载民风

（边）

昔日陈妃遗旧迹岁月无痕香冢犹存凭添胜景留后世

今朝古镇换新容天地有情碧溪长流别具风韵映神州

陈妃水冢牌坊对联

芳魂守节陈妃水冢悲歌一曲惊天地

皓月当空禅院莲池碧浪千重映古今

水冢悠悠万顷碧波涵香骨

梵宫寂寂千秋冷月伴芳魂

风吹依旧道池浪起三千顷
雨洗犹新水冢香凝九百年

秋收 锦宣 摄

大事纪略

錦溪

陆辑安及其后代护藏《天下郡国利病书》

《天下郡国利病书》是昆山先贤顾炎武花费20余年心血写成的一部史地类目的著作，探治国之得失，究民生之利病，深有鉴益。明崇祯十二年（1639），27岁的顾炎武开始动笔，直至清康熙元年（1662）52岁时脱稿。其间，明清鼎革，社会动荡，顾炎武投身抗清，几遭不测。44岁时，顾炎武背井离乡北上，客寓他乡。康熙二十一年（1682），不幸病逝于山西曲沃。《天下郡国利病书》手稿遂为其外甥徐乾学所获。康熙二十八年（1689），徐乾学辞官回乡，筑传是楼搜藏天下图书及顾炎武《天下郡国利病书》等遗著、遗稿。后徐氏中落，传是楼的藏书也随之散佚。之后，《天下郡国利病书》手稿转辗市井，数易其主。宣统元年（1909），经昆山县官府多方努力，终于在苏州吴纳士家找到原稿，并接受了吴纳士的捐赠，由位于马鞍山东斋的顾亭林祠堂收藏保管。1929年，转移至新建成的昆山县图书馆收藏。

1935年，上海商务印书馆着手影印《天下郡国利病书》手稿，并列入《四部丛刊三编》。1937年8月13日，淞沪会战爆发，昆山县图书馆馆长王颂文连夜将《天下郡国利病书》手稿及宋明珍贵善本（共计两木箱）由沪转昆，移送到其挚友陆辑安（陈墓人）家中请其保存。陈墓绅士陆辑安深知《天下郡国利病书》这一手稿的来之不易极其珍贵价值，为确保绝对安全，陆辑安把这两个藏有贵重珍本的木箱砌入家室的隔墙中。嗣后，陈墓沦陷，日本某宪兵队进驻陈墓。陆辑安家被日本宪兵队数度侵占，几经检查，图书幸未为所获。

之后不久，敌伪探悉到顾炎武珍贵手稿藏于镇上的消息，便四处探听。昆山日伪政府也派员到陈墓查询，欲将《天下郡国利病书》手稿献媚日汉奸。1942年春，敌伪大举清乡，陆辑安承受着巨大的压力，一时卧病不起。陆辑安叫来儿子陆千里，将其护藏顾炎武《天下郡国利病书》手稿的秘密原原本本告知，并嘱咐他誓死也要将手稿保护好。

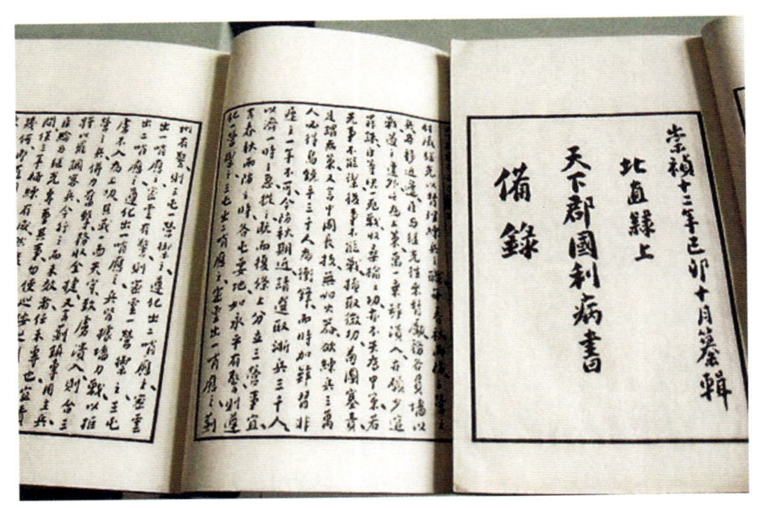

涵芬楼影印稿本《天下郡国利病书》"北直隶"编

不久，陆辑安、王颂文几位长者相继去世。陆千里牢记父辈的嘱托，机智地摆脱了敌伪的纠缠，绝口不露手稿的秘藏之处。

1945 年，迎来抗战的胜利。1946 年 4 月 28 日，陆千里从家室的隔墙里取出这两个装有珍贵善本的木箱，将箱内包括《天下郡国利病书》手稿等 132 种、419 册善本，无一遗损地送还给了昆山县图书馆。之后，又转送至南京博物院作永久收藏，受到行政院和江苏省政府的高度褒奖。兵燹之中，陆氏父子历尽艰辛，终将手稿保护完好，为一代经典的传世做出了不灭的贡献。

1938 年马援庄惨案

1938 年 1 月 26 日（农历腊月二十五）上午，驻扎在马援庄村的国民党军队路有才部与淀山湖中航行的 18 艘汽轮上的日军发生了激烈的交战。交战中，日军汽轮很快靠岸，100 余名日本士兵疯狂地冲了上来。路有才部在日军的追击下，一路阻击，一路向

马援庄惨案遇难同胞纪念亭

西北的计家墩村撤逃。正沉浸在迎新年喜庆气氛中的马援庄村民，看到日本兵冲进村，纷纷四处逃散。出逃途中，村民们有的幸免于难，有的被日军杀害。但大部分村民未能逃脱，只能在村中躲藏。日军包围了马援庄村，随即挨家挨户进行大搜查。他们把搜到的村民逼到户外集中，用绳索将村民手连手捆成一列，每列 10 ~ 20 人不等，押到淀山湖边，用刺刀戳、马刀砍、枪杀等手段，残酷杀害手无寸铁的村民。

马援庄惨案共造成 108 人遇难，其中村民 92 人，国民党士兵 16 人。被烧毁房屋 394 间，牛棚 66 间，船舫 8 座，农船 4 艘，风车 1 部，制酒工具 1 套，稻谷 369 吨，杀死耕牛 35 头，抢走银圆 1000 块。1989 年 1 月，锦溪镇人民政府为了让子孙后代铭记日军在马援庄村的暴行，在马援庄村南淀山湖边兴建马援庄遇难同胞纪念碑（亭），纪念碑背面刻有被日军杀害

马援庄惨案幸存者李小根（锦溪镇周家浜村人，2010 年去世，享年 88 岁）讲述马援庄惨案发生经过

的 108 名死难者中 82 名村民的姓名。2003 年，碑（亭）迁入锦溪镇息安公墓内的革命烈士陵园南侧，以作永久的纪念。

2000 年古镇旅游售出第一张门票

2000 年 5 月 1 日，锦溪古镇正式对外售出历史上第一张旅游门票。门票采用联票制，包括古莲寺、文昌阁、陈妃墓、十眼桥、古砖瓦博物馆、天水桥、金龙花园 7 个景点，一票通行，门票价格 10 元。同时举办锦溪第一届民间民俗文化艺术节，来自全国各地的千余名游客和万余名当地群众一起观看了演出。

是日上午，上千名群众演员在古镇的 4 个景点表演了具有浓郁水乡风情的民俗节目。在古砖瓦博物馆前，镇文化站的业余文艺演出队表演了传统的戏曲节目，桥上、河岸边站满了观看的群众，不时爆发出阵阵掌声。文昌阁前，来自锦溪周边的各村农民表演了打莲湘、唱宣卷、打腰鼓、骑马灯、舞龙、包花、舞狮等水乡民俗活动。其中抬花轿格外引人注目，新郎官胸戴大红花，骑着高头大马，新娘羞羞答答坐在轿中，媒婆一手叉腰、一手拿着手绢，一步一扭，嘴里唱着流行歌曲《九九女儿红》，引得来自全国

锦溪古镇售出的第一张门票

2000 年 5 月 1 日，锦溪镇举行第一届民间民俗文化艺术节。图为艺术节研讨会现场

各地的游客不停地拍照。表演的群众，全部包头花巾、碎花大襟衣服、圆口布鞋，一招一式，表演得十分专注。他们以传统的喜庆方式，为古镇售出第一张门票喝彩。

下午，举行锦溪民间民俗文化艺术研讨会。昆山市领导和来自市文化、艺术、书画界的专家、学者，就锦溪古镇旅游的未来发展进行探讨。16 座形态各异的水乡古桥，全国唯一的古砖瓦博物馆，文昌阁、陈妃水冢以及遍布镇内的老街、水巷等具有很大的旅游开发价值，并对锦溪售出第一张古镇旅游门票表达了衷心祝贺。

2003 年举行纪念天文学家朱文鑫 120 周年诞辰暨中国天文学术研讨会

2003 年 12 月 8—11 日，纪念天文学家朱文鑫 120 周年诞辰暨中国天文学术研讨会在锦溪镇隆重举行。会议由中国科学技术史学会、中国科学院自然科学史研究所、中国科学院国家天文台以及中国科技馆、香港科学馆、台湾高雄天文学会等多家单位联合主

2003 年 12 月 8—10 日，纪念天文学家朱文鑫 120 周年诞辰暨中国天文学术研讨会在锦溪镇举行

办。中国科学院自然科学史研究所所长刘钝，中国科学院紫金山天文台台长严俊，中国科学院院士、上海天文台研究员朱能鸿，全国人大常委、中国科学院院士叶淑华以及朱文鑫的后人等 80 余位中外专家、学者参加了会议。大会共收到论文 50 余篇，其中陈美东、李元、杜升云、刘次源、李迪、陈久金等 44 位学者在会上报告了论文。这些论文比较全面地介绍了朱文鑫不平凡的一生，对其天文、历法史的研究成果和天文普及工作进行了客观的评述，阐明了重要贡献与历史地位，同时也对中国古代历法、天文仪器、宇宙理论、天象记录的现代应用、中国近现代天文学家的研究等作了深刻的探究。多数论文是尚未发表的最新研究成果，具有较高的学术质量。为表彰朱文鑫的天文业绩，会议全体成员一致建议为朱文鑫命名一颗小行星，以为永久的纪念。

2012年锦溪古镇入选《中国世界文化遗产预备名单》

2012年11月17日，在全国世界文化遗产工作会议上，国家文物局公布更新后的《中国世界文化遗产预备名单》，锦溪古镇作为“江南水乡古镇”的重要组成之一，成功入选《中国世界文化遗产预备名单》。

按照《保护世界文化和自然遗产公约》的规定，列入联合国教科文组织的《世界文化与自然遗产预备名单》是申报世界遗产的先决条件，至少每10年修订一次。该次更新公布的《中国世界文化遗产预备名单》，由原来的35个项目，除开平碉楼与村落、福建土楼、五台山、郑州天地之中历史建筑群、杭州西湖文化景观、元上都遗址等文化遗产已成功申遗外，调整并增加至45个项目。其中，“江南水乡古镇”项目由原来的周庄、甪直、乌镇、西塘4个古镇，增加江苏的锦溪、千灯、沙溪、同里和浙江的南浔、新市6个古镇，使“江南水乡古镇”项目主题脉络更加完整。

水乡小景　　王国中　摄

附录

錦溪

吴梅村矾清湖诗考

〔清〕陈子彝

“世事有反复，变乱兴须臾。草草十数人，盟歃起里闾。免园一老生，自诡读穰苴。渔翁争坐席，有力为专诸。舴艋饰余皇，蓑笠装犀渠。大笑掷钓竿，赤手搏于菟。欲夺夫差宫，坐拥专城居。”此吴梅村矾清湖诗中句也。二百余年，读吴诗者皆失其解，庸知是寥寥十余言，乃隐藏一可歌可泣之伟迹。表而彰之亦诗史之鳞爪欤，祭酒自序云：“矾清湖西连陈湖，南接陈墓……吾宗之繇倩，青房，公益兄弟，居以此四世。余以乙酉五月（1645），闻乱仓皇携百口投之，……居两月而陈墓之变作。”陈墓距苏州五十五里，离昆山三十余里，分隶两邑，巨浸之周，最近者为矾清湖。明季清兵下江南，太学诸生陆兆鱼世钥毁家举义旗於其地。陆氏固陈墓大族，世钥为倜傥雄奇之士。而吴诗称为免园老生，盖梅村入清，懼触时忌，自不得出于贬辞。至云：“大笑掷钓竿，赤手搏于菟。”则当时遗民制梃而挞，不顾成败之勇气，固可于此徵之。

吴序所云乙酉为顺治二年。据明洪武《苏州府志》：“是年六月乙卯，清师至苏州。士民争迎降，属县以次皆定。……闰六月癸巳，薙发令下，湖寇突入葑门，头缠白布乱民从之，一时汹汹。兵部侍郎李延龄，巡抚土国宝，遣兵追捕，立即解散，而城中几遭屠戮。”陈墓在葑门之外，祭酒于是年五月，寄寓湖上。距六月适为两月。则《府志》所指湖寇与乱民，即吴诗所谓陈墓之变，亦即陆氏义军也。吴诗又有“早晚安集掾，鞍马来南都。或云移民房，插箭下严符。囊橐归他人，妇女弃军俘。”之句。则当时清兵南下，民苦淫掠，可知闻变响应固宜，乃灵山以此遭屠。苏州亦几为嘉定扬州之续。陆氏虽未成事，其足以震撼清兵，亦可徵矣。

吴伊仲注梅村诗：“吴江沈士炳君晦，戴之儁务公，同起兵陈墓。君晦兵败自经，务公为吴胜兆所擒，说胜兆反正，事败见杀。”陈墓义兵，兆鱼实为主谋，事败，遁为淄

流，故诗注及之。(《安徽通志列传》:“六月清军陷苏州，因驰檄命降官谕，江浙各郡，湖州以一无赖书生挟二仆如丐，奉片纸受大郡降。重遂于太湖义师遥戴楚藩通城王盛澂起兵，磔降者，时大将黄蜚职方主事吴易，道臣钱棅各拥兵万余，屡挫清师。重说长兴义军韩绎祖出广德，复太平。据采石之险，黄蜚以太湖兵走京口，迳袭南京，潘国瓒以一旅疾赴钱塘，复杭州，出奇制胜，作将帅之气。而洞庭蔡允心侠士也，倾家财十数万以助军，值中秋夜酹酒盟於洞庭，重命军中皆缟素，兵楫器械备具。有王元震者，字长卿，短小精悍，胆力绝人，既受重方略率乌给枪船数十艘为钞击，清兵屡却。重出军昆山，与诸豪杰举义旗者会师。一夕大风雨，舟缆自绝，夜半中军豹纛折，所部船悉吹散，重下令退湖州，舟中击楫，慷慨挥涕，谓元震曰:‘举大义马革裹尸分也，恨未与敌将殊死战，而天下不欲我成功，如此，不亦悲乎’。”)

《明史吴易传》:“扬州失，吴江亦失，易走太湖，与同邑孙兆奎、沈自[illegible]、自炳、吴福之等谋举兵，旬日得千余人，屯长白荡，出没旁近诸县。”易曾受唐王及鲁王兵部侍郎职，乙酉八月事败，孙等死之。翌年易再起，复败遇害。长白荡在陈墓西北，与矾清湖相连。考文荪符《姑苏名贤续纪·太学陆兆鱼先生传》:“先生名世钥，兆鱼其字也。世居长洲之陈湖，以赀雄里中，鼎革之际，先生与进士吴阳，诸生戴之儁等，立寨湖中，湖中人日惟掠薙发人杀之，以立威。并劫诸巨室以供食，惟先生严整从人，毁家具饷，纤毫不扰，清兵下陈湖，诸立寨者，或降或被擒，甚则去而为盗，先生独弃家遁入浙深山中。事解乃归。吴都督圣兆闻先生名，延致幕中，先生知其不可共事，遂坚辞之。后吴事败，株连者甚众，惟先生不预，人咸多其智，未几，殁於家。”自炳即士炳，吴阳即吴易，吴圣兆即吴胜兆。所云世居长洲之陈湖，湖字当为墓字之误。是沈吴诸人皆赏参与陆氏义军而为清兵指为湖寇者，亦即祭酒所谓“草草十数人，盟歃起里闾”者。至兔园老生，则为专指兆鱼益显。

兆鱼有此伟举，苏昆二志，俱失其传，盖清廷视为逆迹，官书中不得不讳言之，惟昆山志云:“陆世镗自陈墓卜居城中，乙酉六月，从兄世钥，倡义陈湖，邀与共事，谢弗往，既而邑人起兵，世镗首先输饷，世钥欲以义旅五百助守，未就，城陷，世镗死之。”又云:“乙酉五月，大兵下江南，传檄至昆，闰六月十二日传令，期五日，尽薙发，迟则死，邑人汹汹，传闻陈墓陆家兵已克苏城，遂推王佐才为帅，於望日誓师。”是则世钥当有一忠义之弟，而昆邑义师，实与陈墓相应，称之为陆家兵。则当时陆氏义军，声势亦非细欤。《陈墓镇志》:“陆世钥，字兆鱼，号汝莱。六岁而孤，十三游成均，倜傥负大志，遇不平事，挺身为白，无少顾虑。崇祯末，当事徵公团练义勇，保护乡里，遂倾资结死士，立赛湖中。及清兵南下，弃家高蹈。隐为僧，号静修，有同事招之往，知事不可为，坚却之。大吏奇其人，檄令相见，亦弗出。戊子四月，归南湾，作辞世偈而逝。所著有《梦余诗草》行世。"《陈墓镇志》陈尚隆辑，成于乾隆间，其时文纲严正，故作者不敢明言其事。又叶石农《昆山人物传》："陆世钥，号汝莱。父用中，梦躍鲤之祥生公，故原名鲤，字兆鱼，六岁而孤，赖叔父幼衡守中保持之。十三岁遊成均，即驰闻贤豪间。……崇祯末，当事征公团练义勇，保护乡邑。乙酉夏，江南失守，公忼慨发愤，立寨湖中。毁家具饷，毫不扰民。北兵下陈湖，弃家入浙之深山为僧，号静修和尚，或称义溪钓叟。闻从弟世镗殉围城，叹云，我之不死，有愧吾弟矣。同事图再举，招公往，谢弗应。太史奇公，檄令相见，亦弗出。戊子四月，疾亟乃归。……廿一日卒。作辞世偈云：'五十年前产此儿，倏忽已是五十岁，完成孩提今日归，仰不怍今俯不愧。'……所著有《梦余存草》。"所云同事拟指士炳大吏拟指胜兆，纪述最详者，当推赵氏《逸乘》，其传世钥云："兆鱼陈墓镇人，为太学诸生，家巨富，陈墓在苏城之东南，四面皆泽国，人尽习水，出没湖荡间，亦豪客之薮也，当先帝既崩，清兵至苏，兆鱼有弃家为僧之意，及苏城大乱，陈墓豪杰张行甫、王元寿等，谋起兵攻苏，以告兆鱼，兆鱼从之，适有通城王者，朱氏裔也，避乱太湖，欲至浙中，众遂迎奉为主。兆鱼散家财以募士，士皆响应。是时昆山知县杨永言与邑人顾锡畴，王南阳，顾无藏等。拥瑞平王为主，通好於兆鱼，欲合兵拒清，兆鱼报命。南阳率兵守真义桥，以遏清兵。时太仓人夏如玉，辅史阁部，阁部败，亦遁就南阳，谋兴复，所建义旗，与陈墓相同，称大明义师。俱乞援於吴昇嘉，昇嘉时为吴淞总兵，能得将士死力，清将吴圣兆、李花嘴等，将攻松江，道由昆山。闻变，遂攻昆。凡七日，城破，顾锡畴拥瑞平王由海道至福建，杨知县等走兆鱼营，清兵遂屠昆，兆鱼心沮，值浏河游击鲁斯若引兵至，遂合以攻苏。斯若中箭死，陈墓之兵大溃。通城王与杨知县为浙人邀去。兆鱼知友戴武公，走松江入吴圣兆幕，说之叛清。连合舟山王家宾，逓知兆鱼，兆鱼使张行甫大集舟师。颁旗号於枫泾桥，十余里不绝。散亡之众咸集。会松江将士内变，擒圣兆送清军。兆鱼等大沮，遂潜散其众。松江乱定，清军擒张行甫，杖杀之。求兆鱼不获，籍其家，妻孥得亲知营护，赖不辱，兆鱼遁而为僧，晚年乃归里，未久而卒。"幸有此赵氏《逸乘》一传乃得略悉陈墓义师之事迹。期间情状复杂，固非草草歃盟而起者，传中所云，王南阳即王佐才，戴武公即戴之儁，杨永言字岑立，昆明人。案赵氏《逸乘》仅见抄本。世钥殁后，

从兄世鋆哭以诗云：

今日犹传正气歌，浩然长借壮山河。
黄冠不死文丞相，铜柱应标马伏波。
处士寸心荒草碣，顽民千载首阳阿。
临风无限兴亡恨，湿尽青衫血泪多。

又其婿吴愉哭之云：

草莽留臣节，如公复几人。
破家思报汉，蹈海不称臣。
抱志甘薇蕨，藏名晦水滨。
三年时溅泪，一病独伤神。
未睹南阳气，先归蒿里身。
丹心终诉帝，白骨更依亲。
后命无私事，遗书谥逸民。
五男同蓼苦，十口共辛酸。
正士为麟泣，佥夫尚犬狺。
昊天须有意，终得慰荒榛。

又陈再锡过陆汝莱墓诗：

义胆高悬日月同，岂因成败笑英雄。
丈夫意气香留骨，故国河山梦亦忠。
紫塞寒笳悲夜月，白杨孤冢泣西风。
偶从衰草看残碣，青史何堪不记公。

碧血长存，青史失载，诸诗叹惜陆氏遗恨何穷耶。世钥《梦余存草》，访之有年不获，殆与孤忠同化矣。仅陈墓诗存录其《踏青感怀》云：

犹见苍苔带雨痕，春光何忍掩柴门。
花间舞蝶庄生梦，枝上啼鹃望帝魂。
绿柳有情依古渡，青山无意对孤村。
避尘欲问桃源事，喜得渔郎携酒论。

望帝鹃魂，竟成谶语，又咏寄《顾南征》云：

苍然倚碧空，秀室入云峰。

独挺冰霜操，长存霄汉容。
陈枝栖野鹤，斜日卧虬龙。
伴我芸窗下，情高不愿封。

托物感兴，节操可见。《昆山人物传》亦录其过《枫桥一绝》云：

片帆斜挂一江风，霜叶层层映日红。
客思萧条回首处，寒山寺锁暮烟中。

亦不胜彼黍离之感也。陈墓有街曰长隶，廊房曲折，长百数丈，相传为陆兆鱼储粮处。又俗於初夏赛船，集船数十艘於长白荡，艘各十壮丁。据舷鼓棹而进，其疾如矢，俗称摇快船。相传为兆鱼水兵操练遗制。殆即吴诗所谓舴艋饰余皇欤。是兆鱼固足以继美史阁部瞿忠宣者，岂得以成败论之哉。梅村之礬清湖诗，即谓为特传陆氏之孤忠而作也可。

陈子彝卅年代撰

清光绪三十二年（1906）版《江苏新字母》自序

朱文熊

我国言与文相离，故教育不能普及，而国不能强盛。泰西各国，言文相合，故其文化之发达也易。日本以假名书俗语于书籍报章，故教育亦普及，而近更注意言文一致，甚而有创废汉字及假名而用罗马拼音之议者，举国学者，如醉如狂，以研究语言文字之改良，不遗余力，余受此刺激，不觉将数年来国文改良之思想，复萌于今日矣。呜呼！余读上海沈君之切音新字，直隶王君之官话字母，未尝不钦美而称羡之也。顾切音新字，形式离奇，难于识别；官话字母，取法假名，符号实多。余以为与其造世界未有之新字，不如采用世界所通行之字母，用是采取欧文，或仍其旧音，或变其读法又添造六子以补其不足。凡字母三十二字，变音二字，双声十一字，熟音九字。变音以点为符，双声合两元音成一音，熟音合两仆音而成一音。上考等韵，下据反切，旁用罗马及英文拼法，以成一种新文字，将以供我国通俗文字之用。而先试之于江苏，命曰“江苏新字母”，而所注国字，暂以苏音为准。曰“江苏新字母”者，乃就其一端而言之，其实各省音及北京音均能拼切，但略加其音调高低缓急之号可矣。余学普通话（各省通行之话），虽不甚悉，然余学此时所发之音，及余所闻各省人之发音，此字母均能拼之，无不肖者。即就我江苏论之，人口千四百万中能读国文者几人乎？虽无确实之调查，而吾知其为少数也审矣。今余于课余研究此字，已五阅月，规则略备，以供国民之用，非欲尽弃国文也，使不能读国文者，读此文字，则亦可写信记账，而涨知识，又读此文字而后读国文，则亦易为力矣。凡学此者，如已读过西文之人，则五分钟可悉，一点钟可竟，一日可娴熟，二日可应用。已通国文而知苏音者，一点钟可悉，一星期可应用。不识字者，必有人教之而后知，虽为愚者，经一月之练习，无不能书其言语思想于纸矣。

光绪丙午三十二年五月既望，中国朱文熊书于日本东京小石川林町冰川馆。

追怀朱贡三先生

高鲁

亡友贡三，少负瑰奇之气。读书于吴县，不满教师等迂腐，及同学之随和，毅然脱离，为醒社会之运动，家人虑其危于官吏，乃以出洋求学，转移其观念；于是遂有美洲之游。余知贡三年少杰出之举，祇此而已；盖得诸其族人所述者。学成归国，立学校，树风教，而复孜孜于考古，方其友余也，先之以通信，并赠予《史记天官书星图考》；板本宽大，印刷精良，富丽堂皇，殆为石印书中所少见。厥后晤面，谈艺益欢，介入中国天文学会，时余虽知其考古甚笃，犹未审其于古天文学用力之专。迨余奉命使法，贡三始将所著《天文考古录》，及《历法通志》各书，付与书商出版。虽在海外，仍得尽读其书，益欣幸吾道之不孤焉。匆匆十载，邂逅多疏，忽于重庆山城，惊传噩耗，追忆吾友多年之积学，不禁感慨系之。

贡三历次发表之著作，大抵为天文国故之检讨。最近学术界，探求整理古史方法；约分五个阶段；钱氏玄同，顾氏颉刚，曹氏聚仁诸家，主张大略相同。所谓五阶段者，一辨伪，二校勘，三诂释，四整理，五探究。贡三著作之已发表者，《天文考古录》当属于诂释，《历代日食考》当属于整理，《历法通志》当属于探究；其未曾发表者，闻尚有多种。今后同志，整理国政，其勿忘贡三之前驱。

余追忆贡三，余尤忆未识贡三前，默合之事迹。盖在民国十一年，青岛收回时，余与青岛观象台高平子先生，通信最密，商量古天文学之整理，经检讨之下，平子先生，提出对案，原案仅三原则，十二大纲对案扩为四原则，十七大纲。贡三著作，即大纲中之一部分，余斯时尚未与之通信为友焉。平子先生方案，实名为“古历数之研究”；附记如下：

原则四项

（一）以科学方法，整理历代系统。

（二）以科学方法，疏解并证明古法原理。

（三）以科学公式，推算疎密程度。

（四）以科学需要，应用古测天象。

大纲十七条

（一）各家术语名义异同。

（二）观测法之变迁沿革。

（三）仪器之制度沿革。

（四）干支及岁月日时诸名称之起原沿革。

（五）中星列宿之起原及沿革。

（六）有史以来纪年之整理。

（七）中历制度之共同原则，及其历次之因革。（岁首，置闰，进朔，超辰等事属之。）

（八）改历演撰法之索隐。（章，节，历元，调日法，等属之。）

（九）诸历用数之变迁。

（十）诸历推步法之概要。

（十一）古法推算得数，与现代天学公式推算得数，之课校。

（十二）观测记录之考求，及用现代公式校核。

（十三）历代数理上发明。

（十四）历代观测法之发明。

（十五）推算结果，与实测结果之分别。

（十六）后人伪撰之考核。

（十七）传写脱误之订正。

根于上列各条研究，函件往来，商榷进行方法者，经过时间，至逾二三载，以大纲第六条，及第十条之辩论为尤多。其后复有国史纪年研讨委员会之设置，该会宣言规则，兹姑从略；惟将函稿可稽者，录之如次：

前略。

对于整理年代用新法推算，觉得未妥，且郑重申明，举例为证，用意极为周密，佩佩。鄙见以为，倘不打破旧观念，不独史前年代，即有史以后之年代，亦恐永无清理之期。古历因联带关系，不能解决者，或因术踈，或因算错，或为记载偶舛；春秋之世，又有经讹传讹，而互异更多。至今无敢以大刀阔斧，断定其疑问者；欲求正当解决，自非一二私人推算，足以压倒前人。若果集合多方面之力量及见解，根据学理，精密追寻，说明某某病在术踈，某某病在算错，由政府交与国立学术机关，聘请中外专家，慎重探讨而决定之，公布而后，作为永久共同遵守法案；否则终为一人，或一时之私议，纷争无时或息也……

整理旧历法与考古，分为两事。从古以来，不拘何种学术，均是由粗而精。若以今之科学精密方法，绳墨古人，于理似有难通；故关于此类之推算，不能以考古称之，祇能认为整理疑案。因整理而选用算法，更有讨论之必要。范景福尝云：步春秋日食者，黄南雷用西法，阎伯诗用中法，中法以授时为最精，西法以时宪为最备，何者适用，未易言之，将来得到实施机会，当先比较算法，说明过程，精求细数，然后提供专家採择。

后略。

吾友贡三，今已不获共同负此重责；所幸贡三实施于前。吾辈策应于后，互相勖励，黾勉进行，依整理古史之五阶段为经，合四原则十七大纲为纬，使古天学蔚成伟绩，其亦史乘之光欤。

（原载《宇宙》第十卷第十一号《朱文鑫先生逝世周年纪念专号》，1940 年 5 月）

记陈三才

郑振铎

像晴天霹雳似的，朋友们传说着陈三才先生被捕的消息。没有理由使我们相信：陈先生会遭逢这个不幸的。虽然在那个时候，个个沦陷在敌人后方的人，生命的安全随时会发生危险，但像他那样的人，似乎最不容易有社么“牵惹”。

他是一个典型的美国留学生，出身于清华学校，做了好几年的北极公司经理，和通惠机器公司董事。他是那样的和现在的政治隔绝。谁也不能明白这一次他怎么会被牵涉到“政治”漩涡里去的？

他被捕后，不到三个月，便被汉奸杀死；就义的地点是南京，雨花台。

汉奸们那么公开的宣布杀人，恐怕还是破天荒的第一次。他们向来惯用的鬼鬼祟祟的暗杀手段，为什么这一次会这样的“大张旗鼓”呢？如果没有什么深仇大恨，他们怎么敢下这个辣手呢？

在陈先生就义后，才有人传说，他是负着重要的地下工作的使命的。他计划着一个锄除汪逆精卫的布置。可惜布置未就，他是计划，却被汉奸的特务们所发现了。

他在监狱里，曾寄出好几封信，在就义的前两天写给他家属的一封长信，可以说是最后的一封，也可以说是他的遗嘱。原信是英文，他的家属曾把它译出。

“在沪六日，可谓最苦。备尝悬吊及各种肉刑。而廿四小时后之处置，尤为严厉。住所，食物，绝非人情所能忍受。”

“迁移后的待遇，确是好得多。生活很有规律，也合卫生。不啻于又恢复了我的学校生活。不过这里的学生待遇是有等级的，分了头、二、三三等。……我侥幸作了头等生，事实上我和其他四位还作了特等生，有机会和教授先生们谈话，并享几种为其他头等生所不许的特权，譬方可以公开吸烟，而别人只能背地吸。”

“我的健康的确有进步。照起镜子来，显然我的气色比前好，眼睛也比较的有光。在我自己可以说是比初来时还年轻了几岁，也未可知。这次南京短期旅行，于我益处很多，身体上的改进，就是其中之一。”

“第二是内心的进步。长日的闲暇，迫我静心思索，对于过去生活，感觉无限空虚。这种反省，固然在一年前就已开始，可是直到最近，才深切领悟真理的全部。约近一年以前，决意创造我的新生命，那正是我去香港之后。因为在那次旅行，得到机会遇见多年阔别的老朋友，给我新的刺激。我可以清清楚楚地把那些朋友们，分为两派。一派只图自己享乐，其他一派则生活有一定的目标，并且不辞劳作，以求达到目的。前一派人，以外貌观之，无忧、无虑，快乐，友善。但是他们的友善，总不免于虚伪。他们服装讲究，出入华贵之门，固然常为纨绔子弟所称羡，但是他们的生命同岁月，不知所谓地流荡过去，毫无成就。后一派人，外貌看来严肃，缺少生气，可是一旦得到他们的友谊，就会持久不变。他们虽然深藏不露，而识见极稳定。这一派人似乎不及前一派那些人聪明，但是有毅力，终会很稳健的达到他们的目的。正当第一派人向下坠落的时候，后一派人不停的向前努力；这不用智者就会知道在生命竞走上是谁占先。我识别了这两派不同的人，却在表面上保持着同样的友谊；……不待我认清自己，众人早已这样决定，一直认定我是一个轻浮、没有思想的留学生，只知道寻欢、作乐，不肯埋头苦干。噫，何种的认识，何种的觉悟！”

“我的朋友不见得全是错误。他们的判断，该是对的。我该是属于第一派。仅仅这次在香港，我才发现我不情愿属于第一派。只有改变我的生活方式。也许你已经留心到，我正在努力改变，不饮酒，不吸烟，对于赌博，也是尽量减少。渐渐避免同我从前那样生活方式的朋友来往——使我大为惊奇的，自从和这一些人疏远以后，我往来的朋友，简直没剩下几个。我素以为自己朋友很多，这一来，我的虚荣心不免受了重大的打击。也正可以证实，我的朋友大半都是属于这一流，而我自己也不能除外。既经觉悟，我不必太懊伤枉费了多年的时力来结交这些朋友。从新开始还不为晚啊！”

“最近两月，我得以反省的机会。思想的结晶，坚定我前者的决心。而这一次的特点是加上了道德的信念。我自信过去的生活，自私而无用。同时，我相信，将来唯一的幸福是建立在为他人服务的生活上。我差不多费了十三年的工夫来了解：一个人的幸福不在乎自己有所得，而在乎为别人服务。我愿上帝赐我恩惠，使我死心塌地有坚决的信心。”

他的转变，在这信里，写的是那么恳挚而真切。香港之行，使他与爱国者们之间取得了密切的联系。他的地下工作大约便在那时开始的。他有很好的社会关系，和很好的工作掩护。汉奸们决不会怀疑到他的。所以他的初期工作，大约相当成功。但不久，终于被出卖了。他对于出卖他的人，竟也宽恕着：

“希望我的性灵也能得到改善。新约我已读了好几遍，也学会祈祷。虽然我还没有成一个真实信徒，至少已接近基督的教义。比方说，我已经能抑制自己不去仇恨这次演成事变的人们，反而怜悯他们，认为他们的行为如果有罪，将来自有公正的处罚。我是什么人，怎配来裁判？一切的事，许都是上帝的旨意。如果南京之行，于我不利，正因为我过去生活的放荡而有应得之责罚，反而言之，若此行于我有利，那就许是上帝的旨意。无论如何，我都无怨尤。”

这已是“仁人”的用心了。志士和仁人原是分别不开的。他的见道之言，证实了这次的中日之战，虽然显现了自私自利的卑鄙无耻的汉奸们的面目，同时也觉醒了无数的青年们，放弃了过去的生活方式，而从事于祖国的解放战争。战争使我们分辨出，黑与白，邪与正，忠与奸来。战争使社会的“渣滓”们沉沦了下去，而使清新的分子浮现了出来。虽然那些清新的分子们被牺牲，被杀害了不少，而留下来的却都是建国之宝。可惜的是，陈三才先生却永远不能参预这个建国的大业了！

三才先生名定达，江苏昆山人，生于清光绪廿八年，殉难于民国廿九年十月二日，年三十九。

（原载上海《周报》1945 年 10 月 20 日）

《陈华癸先生诞辰 100 周年纪念文集》序

陈文新

陈华癸先生是我国著名教育家、杰出微生物学家和土壤学家。2014 年是他诞辰 100 周年，华中农业大学和农业微生物学国家重点实验室为了纪念一代宗师，汇编了《陈华癸先生诞辰100周年纪念文集》，收集了他的学生、生前好友及同事对先生的缅怀和感恩的文章。主编邀我为该书作序，我既感欣幸，但也觉得力不从心，但作为先生在武汉大学创办的农业化学系第一班学生，毕业后还一直受先生关怀、教诲，却又义不容辞。

陈先生1940年从英国学成归国后，作为我国当时仅有的少数几位农业微生物学家之一，终生效力于我国农业科技事业与人才培养，推进我国土壤、肥料、微生物诸学科的发展，成果丰硕。他1946年在北京大学担任教授时创办了我国第一个土壤学系；1947年在武汉大学筹建农学院农业化学系。他白手起家，四处招揽教师，建设实验室开展研究工作，于1948年开始招收第一届农业化学系本科生，很快形成了该系的规模教学。新中国成立后，他更热情高涨，积极引导师生学习苏联土壤学、微生物学。1952年全国院系调整并建立华中农学院，陈先生担任土壤农化系主任，他于1953年开办了全国第一个土壤微生物学三年制研究生班，一次就招收了5名研究生，1977年创办微生物学本科专业，1994年建立微生物学系。陈先生长期培养土壤肥料和微生物学本科生和研究生，并接收全国许多高校微生物学教师来进修或短期培训。陈先生的学生已遍布全中国，其中有不少人已成为我国土壤、肥料和微生物学领域的知名教授和学术骨干，他在武汉大学创办的农化系第一班8个学生中就有1名中国科学院院士和2名中国工程院院士。

为了提高全国相关领域教学质量，陈先生非常重视教材建设，他亲自撰写和组织编写了不少土壤和微生物学科高水平的教科书和参考书。他主编的《微生物学》（第1、2版）及和南京农业大学樊庆笙教授合作主编的《微生物学》（第3、4版）一直被农林院校广泛使用，第4版被评为全国优秀教材。先生在生病住院期间还指导改编该书第5版，并于2000年出版，在2002年获得教育部全国优秀教材一等奖。陈先生对我国高等农业教育有很多精辟、独到的见解，贡献卓越。他认真贯彻党的教育方针，坚持学以致用，理论联系实际，亲自带学生去农场进行教学实习，教育学生要“授人以渔”，重视独立工作能力的培养。

在农业微生物方面，陈先生进行了开创性的研究，根瘤菌共生固氮是他重点研究对象。早在三十年代，他在英国研究三叶草根瘤菌时首次发现豆科植物根毛的伸长和弯曲与根瘤菌产生激素的作用有关，论文发表在Nature上。他的博士学位论文揭示了无效和有效根瘤的结构与固氮作用的关系，认为，结瘤豆科植物的固氮量决定于下列诸因素：①根瘤的数量；②每个根瘤含菌组织的体积；③含菌组织的寿命。澳大利亚著名学者 Bergersen 认为这一概念是很重要的，适用于研究不同组合共生体有效性的指标，以及根瘤菌固氮能力遗传缺陷在结构上的表征。陈先生回国后继续进行根瘤菌研究，他和徐明光于四十年代初在我国首次分离获得紫云英的共生菌，当时根据互接种族概念称其为紫云英根瘤菌。八十年代末我的课题组用陈先生实验室收集的紫云英共生菌株进行了数值分类和 DNA-DNA 杂交等表型和遗传型研究，确定其为一根瘤菌新种，为纪念我的老师率先开展对紫云英根瘤菌的研究，将其定名为华癸根瘤菌（Rhizobium huakuii Chenetal.,1991），并在国际系统细菌学杂志上发表。之后我新定了中慢生根瘤菌属（Mesorhizobium），同时发现之前国内外学者放在根瘤菌属（Rhizobium）中的许多新种均应放入中慢生根瘤菌属中，便和有关学者联名将它们转入该属，所以这个种改名为华癸中慢生根瘤菌（Mesorhi-zobium huakuii）。

陈先生也很重视根瘤菌的应用，在六十年代国际上发生能源危机，不少国家广泛开展了根瘤菌接种豆科植物以加强生物固氮，减少化学氮肥用量。陈先生将研究成果用于生产实际。1965 年开办紫云英根瘤菌肥料的工厂规模生产和大面积使用。陈先生建议并组织老农、老师和学生相结合的的技术组去农村进行接种示范，有力地推动了紫云英根瘤菌肥料的推广应用，这对当时我国发展双季稻种植和保证早稻基肥起了重要作用。在基础研究方面，陈先生领导的研究团队对根瘤菌的生物学、生态学、遗传学、分子生物学、多样性等诸多方面都有很好的研究，重点是紫云英根瘤菌。

陈先生在我国还开创了水稻田植物营养元素生物循环的研究，揭示了绿肥翻耕后氮和磷等营养元素转化规律。他和他的学生发现了水稻土中兼厌氧硝化作用，并获得了亚硝酸细菌纯培养体。

陈华癸院士对我国农业教育和农业科学的发展贡献繁多，毋庸赘述。作为先生早期的学生和助教，让我感受最深的是先生高度的爱国热忱，他在我国抗日战争期间回到了千疮百孔的祖国，在极端困难的条件下积极投入农业教育的建设事业；特别是新中国成立后，他总以创新思维不遗余力地工作着，这是先生一生取得如此成就的重要基石。陈先生是我们后辈的楷模，是我们永远怀念的好老师。

主要参考文献

〔清〕陈尚隆、陈树谷纂:《(乾隆)陈墓镇志》。

昆山市地方志编纂委员会编:《昆山县志》，上海人民出版社，1990 年。

锦溪镇志编纂委员会编:《锦溪镇志》，中国大百科全书出版社，1993 年。

郭子著:《锦溪》，古吴轩出版社，1999 年。

陆宜泰编著:《当代锦溪人才录》，中国社会出版社，2004 年。

李忠主编:《昆山民族民间文化精粹·文艺卷——玉连环：锦溪宣卷》，上海人民出版社，2007 年。

昆山市地方志编纂委员会编:《昆山市志(1981—2010)》，江苏人民出版社，2013 年。

《锦溪镇志》编纂委员会编:《锦溪镇志(1988—2006)》，江苏人民出版社，2014 年。

编纂始末

遍及祖国各地的中国历史文化名镇，承载着丰富生动的传统文化和历史记忆，传承着中华文明血脉，在地方经济、社会、文化发展进程中发挥着重要作用。锦溪镇地处太湖流域下游，据出土文物考证，早在5000多年前的良渚文化时期，就有先民在此繁衍生息，春秋时期遂为集镇。两千多年来，勤劳聪慧的锦溪人，用自己的双手创造了富裕而又美好的幸福生活，也创造了独具水乡特色的地域文化，为我们留下了十分宝贵和丰厚的文化遗产。先后被住房城乡建设部、文化部、国家旅游局、国家文物局等部门公布为中国历史文化名镇、国家AAAA级旅游景区、国家特色景观旅游名镇、中国民间文化艺术之乡，入选《中国世界文化遗产预备名单》。

2015年10月，锦溪镇被列入中国名镇志文化工程。镇党委、政府随即成立《中国名镇志丛书·锦溪镇志》(以下简称《锦溪镇志》)编纂委员会和编纂办公室，镇党委书记王文任编纂委员会主任，2019年4月，王文调离锦溪，镇长李猛任编纂委员会主任，镇党委委员田野兼任办公室主任，统筹推进《锦溪镇志》的编纂工作。

2016年3月，名镇志编写工作正式启动。镇研究室副主任金明林担任志稿撰写工作，袁巧生、裴宏伟（兼）、张德睿（兼）等负责资料的搜集、整理、校核等编务工作。启动过程中，编委会成员参加了苏州市地方志办公室组织的名镇志编纂培训辅导以及昆山市巴城镇、太仓市浏河镇、吴中区东山镇等志书纲目评审会，进一步明确了名镇“名”与“特”的内涵要求，为《锦溪镇志》编写工作的开展打下了扎实基础。5月19日,《锦溪镇志》纲目评审会举行。苏州市地方志办公室主任陈兴南、昆山市地方志办公室主任蔡坤泉和锦溪镇领导王文、田野等出席会议。会上，锦溪镇党委书记王文作工作汇报；陈兴南、蔡坤泉分别对《锦溪镇志》编纂工作作全面指导和具体部署；苏州市地方志办公室陈其弟、傅强、丁瑾，昆山市地方志办公室徐秋明、沈明等先后就名镇志的体例、入志的资料图照、行文要求作了说明，并对具体纲目提出修改建议。

经过半年多时间的努力，2016年年底，《锦溪镇志》初稿基本完成。锦溪籍文史专家、昆山市文化局原副局长陈益对志稿进行了全面细致的审阅修订和批注，提出了许多宝贵意见。苏州市地方志办公室傅强从其他名镇志编写的经验教训角度，对志稿的材料取舍、篇目安排提出了全面、细致而又系统的修改要求。经过反复修改与完善，2018年5月，《锦溪镇志》初稿通过了昆山市地方志办公室初审。9月，又通过了苏州市地方志办公室的复审。2018年12月12—13日，江苏省地方志办公室副主任蔡金良率专家组对《锦溪镇志》进行了终审。专家组一致认为志稿资料全面翔实、内容处理得当、文字简洁流畅、特色鲜明突出，符合《地方志书质量规定》和《中国名镇志文化工程实施方案》要求，准予通过终审。

《锦溪镇志》在坚持志体的前提下，题材运用、篇目设置、资料选择等作了适当创新，详市（县）镇志之所略，突出名镇的“名”与“特”，执简驭繁，文约事丰，易于阅读，利于普及。志书上至事物发端，下限断至2017年年底，概述开篇，专志设11个类目，志后设附录、主要参考文献和编纂始末，445千字，图照290余幅。

志书编撰工作涉及面广、工作量大。锦溪镇党政办、宣传办、统计站、镇旅游公司、古保办、经服中心、文体站等部门单位给予充分的理解、支持与配合，提供了大量翔实的资料与图照，为志书编撰工作的顺利开展，提供了可靠的保障。居民陆宜泰长期搜集锦溪杰出人物史料，成果丰硕，对志书历史人物佐证，起到了很大的帮助作用。在对古镇历史遗迹的寻访过程中，还得到了广大市民的热情响应，获得了许多一手史料。书中引用了部分已经出版或发表过的关于锦溪镇历史、文化、艺术、科学的专著、志书、文章等相关资料。我们还得到了其他热心宣传锦溪经济、文化、社会事业发展的相关群体和个人的大力支持。在此表示诚挚的谢意！

由于编者水平有限，加之时间较为紧迫，书中难免会出现疏漏和不足，敬请读者批评指正！

编　者

2019年8月